HANS-OLAF HENKEL

DIE EURO-LÜGNER

HANS-OLAF HENKEL

DIE EURO LÜGNER

Unsinnige Rettungspakete,
vertuschte Risiken –
so werden wir getäuscht

HEYNE ‹

Verlagsgruppe Random House FSC® N001967
Das für dieses Buch verwendete
FSC®-zertifizierte Papier EOS
liefert Salzer Papier, St. Pölten, Austria.

Copyright © 2013 by Wilhelm Heyne Verlag, München,
in der Verlagsgruppe Random House GmbH
Umschlaggestaltung: Hauptmann & Kompanie Werbeagentur, Zürich
Satz: C. Schaber Datentechnik, Wels
Druck und Bindung: GGP Media GmbH, Pößneck
Printed in Germany 2013

ISBN 978-3-453-20058-6

www.heyne.de

Inhalt

VORWORT

Von Lügnern und Fantasten

Wir sind zum Glück ein freies Land. Die Welt bewundert uns für unseren Wohlstand und unsere Liberalität. Auch für die Meinungsfreiheit, die bei uns herrscht. Zu Recht sind wir stolz auf diese Errungenschaft der Demokratie, die uns über jene Staatsformen erhebt, in denen man das, was von der offiziellen Sicht abweicht, nicht offen sagen darf. Bei uns kann man das. Jedenfalls theoretisch.

Mit der Praxis sieht es ein wenig anders aus. Wer allzu sorglos dieses Vorrecht der Demokratie in Anspruch nimmt und aus seinem Herzen keine Mördergrube macht, kann sich ganz schnell im Abseits wiederfinden: Man hat etwas gesagt und entdeckt am nächsten Tag in den Medien, dass man erledigt ist. Wie man in vergangenen dunklen Zeiten missliebige Menschen einfach verschwinden ließ, entfernt man sie heute aus der Öffentlichkeit. Die Ansichten, mit denen sie Anstoß erregen, finden sich nicht mehr in den Medien. War da was? War da wer? Er lebt noch, gewiss, aber er existiert nicht mehr.

Wer das vermeiden möchte, gewöhnt sich im Kontakt mit den Medien eine doppelte Buchführung an: Offen sagt man, was man sagen kann, ohne Anstoß zu erregen. Und *off the record*, sozusagen hinter vorgehaltener Hand, fügt man hinzu, was man eigentlich gern auch offen sagen würde. Aber nicht kann, ohne die eigene Position zu gefährden.

Automatisch teilt sich ein solches Gespräch in ein Vorher und ein Nachher auf: Vorher äußert man, was gedruckt oder gesendet wird – nachher, was nicht zur Publikation geeignet ist, was der Journalist aber wissen muss, um das offen Gesagte richtig einordnen zu können.

Diese vorsichtige Zweiteilung scheint nicht mit dem Recht auf Meinungsfreiheit vereinbar zu sein. In Wahrheit jedoch ermöglicht sie es: Wer klug ist und nicht alles offen sagt, was er denkt, dem bleibt die »Meinungsfreiheit« erhalten – die Freiheit nämlich, seine Meinung auch weiterhin gedruckt und gesendet zu sehen. Diese simple Verhaltensregel wird von allen beherzigt, die vor Mikrofonen und Kameras stehen und auch nach dem Interview noch ihre Posten als Politiker, Mandatsträger oder Beamte innehaben möchten. Auch ich habe mich an diese Regel gehalten und meiner öffentlichen Botschaft immer – schon aus Selbsterhaltungsgründen – einige diskrete Bemerkungen angefügt.

Seit ungefähr einem Jahr aber hat sich das Blatt gewendet. Nun sind es die Journalisten, die nach dem Interview gern etwas *off the record* loswerden möchten. Es drängt sie förmlich dazu, mir einzugestehen, dass sie der offiziellen, auch von ihrem jeweiligen Medium vertretenen Sichtweise nicht länger folgen können. »Ich sehe das ganz ähnlich wie Sie, Herr Henkel«, sagen sie dann. »Aber ich kann das nicht schreiben.« Oder: »In unserer Redaktion wäre diese Sichtweise vielleicht sogar mehrheitsfähig, aber wir bringen sie nicht.« Was normalerweise heißt, dass der Chefredakteur sie nicht will. Basta.

Um welche Sichtweise geht es hier? Natürlich um die auf den Euro. Selten wurde eine Währung mit solch tiefer, geradezu sakrosankter Bedeutung befrachtet. Der Euro ist heute Glaubenssache, scheint über Krieg und Frieden, Sein oder Nichtsein zu entscheiden. Jahrelang waren die Journalisten der offiziellen Meinung treu gefolgt. Bis die Krise kam, die eine Eurokrise war, aber den harmloseren Titel »Schuldenkrise« verpasst bekam.

Was bedeutet diese Krise für uns? Dass man europäische Freunde, auch solche, die einen gar nicht mögen, aus ihrer Schuldennot befreien muss. Koste es, was es wolle. Um dieser heiligen Pflicht willen werden immer neue, immer tollkühnere Rettungsschirme beschlossen. Am Ende sind sie so tollkühn, dass die Retter im Ernstfall selbst einen Schirm brauchen werden. Nur dass dann kein Dummer mehr da sein wird, der ihn aufspannen könnte.

Wer dies öffentlich sagen will, muss sich warm anziehen. Seit es um den Euro ging, hatte ich in den öffentlich-rechtlichen Talkshows einen schweren Stand. Es zeigte sich nämlich, dass mir gerade dann besonderer Applaus gespendet wurde, wenn ich die kostspielige, vermutlich sogar unbezahlbar teure Rettungsphilosophie kritisierte. Das schien den Redaktionen, wenn nicht sogar den Intendanten, zu missfallen. Zumindest kam es mir vor, als glaubten die Redaktionen, es könne ihrem Intendanten missfallen. Diese Art von Selbstzensur nennt man wohl vorauseilenden Gehorsam.

Irgendwann begannen die Moderatoren, mich an der Darstellung meiner Sichtweise zu hindern, indem sie mich ständig unterbrachen oder einem anderen das Wort erteilten. Dass dieser mir dann vehement widersprach, war zu erwarten – nicht aber, dass ich von Rettungsschirm-Befürwortern förmlich eingekreist wurde. Ermutigt vom Moderator, spielten sie Meinungs-Pingpong, möglichst ohne mich zum Zug kommen zu lassen. Vermutlich sollten sie sicherstellen, dass beim fernsehenden Millionenpublikum kein Unmut über die Regierungspolitik aufkam. Da aber, wie Umfragen bewiesen, über drei Viertel der Deutschen die Rettungsaktionen ablehnten, während nur eine kleine Minderheit ihnen zustimmte, schien es mir unlogisch, dass in den Diskussionsrunden das Verhältnis umgekehrt war.

Um nicht den ständigen Unterbrechungen und Anfeindungen ausgesetzt zu sein, beschloss ich im Herbst 2011, nicht mehr in Talkshows zu gehen. Ich wollte versuchen, der Öffentlichkeit meine Meinung zu präsentieren, ohne die voreingenommenen Medien in Anspruch zu nehmen. Einem Konzertveranstalter schlug ich vor, statt David Garrett, Patricia Kaas oder den Toten Hosen einmal den lebendigen Henkel zu bringen. Die DEAG-Agentur war einverstanden, zumal ich kein Honorar verlangte und sogar meine Reisekosten zu bezahlen versprach. In Münster, Hamburg und Berlin waren die Säle gefüllt mit jeweils 300 bis 400 Zuhörern. Und seltsam – sie hörten mir zu, unterbrachen mich nicht, buhten mich nicht aus für meine Ablehnung des Euro.

Einmal stellte ich zu Beginn des Vortrags die Frage: »Wer von Ihnen könnte sich vorstellen, den Euro durch einen Nord-Euro zu ersetzen?« Ungefähr 10 Prozent hoben die Hände. Nach meiner Rede, die ich ohne Podium oder Manuskript hielt, wiederholte ich die Frage. Nun waren es mindestens drei Viertel meiner Zuhörer, die mir recht gaben. Zweifellos würden alle Deutschen so reagieren, wenn Sie die Gelegenheit bekämen, meine Argumente für den Abschied vom Euro und den Einstieg in den Nord-Euro zu hören.* Meine kleine Aufklärungstournee »an den Medien vorbei« wurde übrigens ein voller Erfolg.

Wenn ich sage, ich wollte meine Botschaft an den Medien vorbei vortragen, so ist mir dies allerdings auch in einem unbeabsichtigten Sinn gelungen: Die Presse blieb meinen Vorträgen meist fern. Obwohl die Konzertagentur über genügend Er-

---

* Man findet die Argumente zusammengefasst in meinem Buch *Rettet unser Geld!*, 2010 bei Heyne erschienen.

fahrung mit PR-Maßnahmen verfügt und »die Werbetrommel rührte«, rührte sich kein Blatt im Blätterwald. Wenn sich aber doch ein Journalist in meinen Vortrag verirrte, dann berichtete er über unpassende Meinungsäußerungen aus dem Publikum wie »Wir brauchen Europa nicht!«. Die hatten zwar mit meinem Vortrag nichts zu tun, rückten mein Anliegen aber in ein schiefes Licht. Plädierte ich dagegen für eine Aufnahme der Türkei in die EU, wurde das verschwiegen, weil es dem »rechten« Etikett widersprach, das man mir anheften wollte. Natürlich war auch kein einziges Wort darüber zu lesen, dass die Zuschauer bei allen drei Veranstaltungen von der Idee des Nord-Euro sehr angetan waren.

Dafür spekulierte man aus der Distanz, was mich zu meinen drei Auftritten getrieben haben könnte. Natürlich, so hieß es, hinge es damit zusammen, dass ich eine Partei gesucht hatte, die meine Alternative zum Euro in ihr Programm aufnehmen könnte. Da ich offenbar nicht fündig geworden wäre – wer würde sich schon für etwas so Absurdes hergeben! –, hätte ich kurzerhand beschlossen, selbst eine Partei zu gründen. Meine Auftritte seien dafür die Versuchsballons gewesen. Das war reiner Unsinn, aber es las sich gut, und nur darauf kommt es im Endeffekt an.

Der *Stern*, der die falsche Spur ebenfalls aufnahm, fragte mich damals, ob es überhaupt jemanden in Deutschland gebe, der eine solche Partei gründen könne. Ich nannte Friedrich Merz, den einstigen ökonomischen Hoffnungsträger der CDU, den Angela Merkel weggebissen hatte. Und was machten einige Zeitungen, allen voran die *Bild*, daraus? Henkel hätte bei Merz angefragt, ob er nicht mit ihm eine Partei gründen wolle. Dabei hatte ich nie mit ihm über derlei gesprochen.

Wie bei Intrigen üblich, wurde der CDU-Mann indirekt zu einem Dementi gezwungen, das mich beschädigen sollte. »Ich habe Herrn Henkel einen Brief geschrieben mit der Aufforderung«, so schrieb er harsch, »davon Abstand zu nehmen, meinen Namen im Zusammenhang mit einer Parteigründung weiterhin zu nennen.« Nie hatte ich an eine Parteigründung mit Friedrich Merz gedacht – und doch warf man mir die ganze dreiste Erfindung vor die Füße.

Neben der gezielten Beschädigung meiner Person habe ich auch deren Pendant, die gezielte Unterstützung meiner Gegner, kennengelernt. Als ich nach fast einjähriger Abstinenz im Frühjahr 2013 wieder an einer Talkshow, *hart aber fair*, zum Thema Euro teilnahm, traf ich dort auf die üblichen Verdächtigen, die keine andere Funktion zu erfüllen hatten, als den Euro in den höchsten Tönen zu loben. Neben dem einstigen Finanzminister Hans Eichel, der in seiner dozierenden Art von dessen unermesslichen Vorteilen für unser Land zu schwärmen pflegt, saß dort auch der eher gemütlich wirkende Hermann Gröhe, Generalsekretär der CDU. Erwartungsgemäß stimmte auch er in das Loblied des Euro ein, was mich nicht weiter beschäftigt hätte, wäre mir nicht eine eigenartige Koinzidenz aufgefallen: Als er etwas vermeintlich Überzeugendes gesagt hatte, begann im Publikum die zweite Reihe rechts zu klatschen. Alle gleichzeitig, wie auf geheime Verabredung. Dieser schlafwandlerische Automatismus, bei dem eine eng zusammensitzende Gruppe in plötzliche Begeisterung ausbrach, amüsierte mich. Ich konnte die Gesichter nicht erkennen, erinnerte mich aber, eine solche Gruppe – es dürften mindestens fünf Leute gewesen sein – vor der Sendung im Warteraum gesehen zu haben. Auf meine Frage, ob sie denn alle in der Sendung aufträten, hatte ich die Antwort erhalten, nein, sie »gehörten zu Herrn Gröhe«. Seltsam, dachte ich, zu mir »gehört« hier keiner.

Als sich nach der Sendung Moderator Frank Plasberg dafür entschuldigte, mich unterbrochen zu haben, wies ich auf Herrn Gröhes Begleitkommando hin. Eine solche organisierte Claque hatte ich sonst nur im Theater erlebt, wo sie mir schon lächerlich genug vorgekommen war. Und sie traten auch noch wie ein Verein auf! Dass die Gröhe-Leute nichts dabei fanden, so auffällig zusammenzusitzen, statt sich über den Zuschauerraum zu verteilen, hing wohl mit dem Umstand zusammen, dass das Millionenpublikum vor den Fernsehern nur ihren Applaus hörte, sie aber, im Gegensatz zu mir, beim Klatschen nicht sehen konnte. Bei den Fernsehzuschauern, die sich per Internet zu Wort meldeten, schien die Manipulation zum Glück nicht zu verfangen. In den Kommentaren zur Sendung, die eine junge Dame verlas, unterstützte eine deutliche Mehrheit meine eurokritische Position. Es würde mich nicht wundern, wenn die Bank, auf der Gröhes Stimmungstruppe saß, eigens für sie reserviert worden wäre. Denn der Euro-Fanatismus, der angeblich von allen geteilt wird, in Wahrheit aber solch künstlicher Unterstützung bedarf, ist auch in den Fernsehanstalten Dogma. Man glaubt einfach, dass der Euro gut für Deutschland ist und die Euro-Gegner dumm, böse oder einfach lächerlich sind.

Beim Begriff »Dogma« erinnere ich mich an meine Zeit als Messdiener in Hamburg. An der St.-Elisabeth-Kirche in Harvestehude lernte ich alles über Marias unbefleckte Empfängnis und wie Jesus von den Toten auferstanden und gen Himmel gefahren sei. Ich staunte. Nicht, dass es mir freigestellt gewesen wäre, diese Vorstellungen anzunehmen oder abzulehnen. Sie waren ein unantastbares Muss. Der Rotwein, den die Priester tranken, war echtes Blut Christi, die Hostie, die ich essen musste, sein wirkliches Fleisch. Allerdings wunderte ich mich, dass es nicht wie Fleisch, sondern wie Oblate schmeckte. Heute wundere ich mich, dass unsere Politiker ihre Liebe zum Euro wie eine Hostie vor sich hertragen. Und wehe, einer sagt, es handle sich um ein Stück Selbstgebackenes, von dessen Genuss abgeraten werden muss.

In fundamentalistischen Staaten wird umgebracht, wer einem Dogma den Glauben verweigert. Bei uns wird man nur mundtot gemacht. Man büßt es, anderer Meinung über den Euro zu sein als die Kanzlerin und die Presse. Dann wird, um des vermeintlich moralisch Guten und der Völkerfreundschaft willen, über einen gelogen, dass sich die Balken biegen. Aber es gibt auch vernünftige Medien in Deutschland, die sich vom Dogma nicht einschüchtern lassen. Was früher tabu war, wird von ihnen offen angeprangert.

Wenn ich heute mit Journalisten der *FAZ*, der *Wirtschaftswoche*, dem *Handelsblatt* oder *Manager Magazin* spreche, höre ich von ihnen kritische Worte über diese verzweifelten Rettungsmaßnahmen, die zugunsten der künstlichen Währung und zulasten der realen Steuerzahler gehen. Je höher die Bürgschaften, umso schärfer wird die Kritik daran. Und diese bleibt längst nicht mehr auf den diskreten Bereich des *off the record* beschränkt. Sie wird auch gedruckt, was unsere Politiker freilich nicht beeindruckt.

Offen werden in den Medien neuerdings die Rettungsmaßnahmen kritisiert, durch die ganze Nationen in Geiselhaft genommen werden. Lautstark empört man sich über die Kanzlerin, die ihre fatalen Entscheidungen als »alternativlos« verkauft: »Schluss mit dem Milliarden-Wahnsinn der Bürgschaften!«, rufen viele in der Presse. »Schluss mit den immer gewagteren Versprechen, für andere Schulden abzutragen, für die man selbst Schulden aufnehmen muss!«

Aber seltsam – das, wofür gebürgt wird, genießt weiterhin den Schutz der Medien und der Öffentlichkeit: der Euro. Die Währung, die uns das Desaster gebracht hat, bleibt unantastbar. Gerade auch die Journalisten, die in Sachen Rettungsschirme meiner Meinung sind, fügen am Ende des Gesprächs regelmäßig hinzu: »Aber der Euro soll bleiben.«

Der Euro soll also bleiben. Doch die Maßnahmen, die sein Überleben garantieren sollen, nicht. Offenbar ist keinem meiner

Gesprächspartner die Unlogik dieser Sichtweise aufgefallen: Ohne unsere Bürgschaft von Hunderten Milliarden Euro gibt es keinen Euro. Aber man will den Euro. Um jeden Preis. Auch wenn damit die Logik auf den Kopf gestellt wird.

Ich nenne das Euro-Schizophrenie. Vor ihr sind nicht einmal Wissenschaftler geschützt, die sonst Hochachtung verdienen. Nehmen wir Hans-Werner Sinn, den Chef des ifo-Instituts, das übrigens zur Leibniz-Gemeinschaft gehört, deren Chef ich einmal war. Unabhängig davon habe ich ihn immer gegen Angriffe in Schutz genommen: Als man ihn unberechtigterweise als Verharmloser des Nazireichs outen wollte oder Peer Steinbrück ihn in seiner zartfühlenden Weise als »Professor Unsinn« abkanzelte, habe ich ihm beigestanden.

Dennoch: Bei aller Verbundenheit muss ich Hans-Werner Sinn heute doch entgegenhalten, dass auch er die Sprengkraft dieser Währung unterschätzt. Er beklagt die Rettungsmaßnahmen, aber hält fest an dem, was auf unsere Kosten gerettet wird. Der sonst so kluge ifo-Chef hat sich dem großen Euro-Dogma gebeugt, auch wenn er, nach längerem Zögern, inzwischen den Austritt Griechenlands befürwortet. Sein Beharren erinnert mich an die lateinische Warnung *fiat iustitia, et pereat mundus*, zu Deutsch etwa: Das Gesetz muss durchgesetzt werden, auch wenn die Welt darüber zugrunde geht. Meine Variante würde lauten: Der Euro muss durchgesetzt werden, auch wenn Europa darüber zugrunde geht.

Was geht hier eigentlich vor? Jeder will den Euro behalten, koste es, was es wolle. Doch unter vier Augen bekennen immer mehr Gesprächspartner, dass ihnen die Kosten doch zu hoch sind. Unbemerkt ist Deutschland zur »Vieraugengesellschaft« geworden. Nach außen die Nibelungentreue, das Bekenntnis zum Euro – nach innen die Zweifel an den Rettungsmaßnahmen, der Ärger über die Verschuldungsspirale und, als deren Folge, die Angst vor zukünftiger Inflation. Aber keine Sorge, die ist längst da. Man hat es nur noch nicht bemerkt.

Nicht zum ersten Mal findet Deutschland sich zweigeteilt – in das, was man offen sagen kann, und das, was man nur im Vertrauen weitergeben darf. Ein »Vieraugenland« gab es schon zur Hitler-Zeit, dann im sozialistischen Arbeiter- und Bauernstaat, und in beiden Fällen war es überlebensnotwendig, den Unterschied zwischen offen und vertraulich zu kennen. Auch bei uns wird heute auf Wohlverhalten und *Political Correctness* größter Wert gelegt. Das Dogma, das alle vereinigen und jeden Andersdenkenden abschrecken soll, ist der Euro.

Dabei ist die Bundesrepublik doch ein freies Land, in dem jeder sich seine eigene Meinung bilden kann. Bilden ja, aber ob er sie sagen kann, ohne die Folgen tragen zu müssen, ist eine andere Frage. In der Treue der Deutschen zum Euro sehe ich ein massenpsychologisches Phänomen. Man ist krank, aber da alle krank sind, glaubt man, gesund zu sein. Man könnte die Euro-Schizophrenie als neue Volkskrankheit bezeichnen.

Trotz der Angst der Deutschen »vor der nicht durchschaubaren Eurokrise«, so das *Handelsblatt* im April 2013, scheinen sie sich immer mehr »von Euroskeptikern in Euro-Befürworter zu verwandeln«. Zwar wenden sich in anonymen Umfragen rund 80 Prozent gegen neue Hilfen für Griechenland, Zypern oder andere klamme Mittelmeerstaaten – doch zugleich stehen, laut *Forsa*-Umfrage, knapp 70 Prozent eisern zur Brüsseler Kunstwährung. Tendenz steigend. Ja, so meinen sie, wir alle wollen den Gemeinschafts-Euro, aber bitte zum Nulltarif. Wasch mich, aber mach mich nicht nass. Dem öffentlichen Bekenntnis folgt das vertrauliche Geständnis, dass man »Brüssel« satthat. Nur übersieht man, dass Brüssel der Euro ist. Wenn der Euro scheitert, dann scheitert –

nein, nicht Europa, wie uns weisgemacht wird. Dann scheitert Brüssel.

Am wenigsten wollen dies unsere Politiker, deren Parteifreunde in der Europazentrale sich ans großzügige Geldverteilen gewöhnt haben. Um das darüber besorgte Wahlvolk zu beruhigen, passen sich die Parteien der herrschenden Euro-Schizophrenie an. Schlau bedienen sie beide Seiten. Sie singen das Hosianna des Eurogeldes und lassen gleichzeitig Kritiker der Euro-Rettung von der Leine.

Zu den Politikern, die scheinbar der Vernunft das Wort reden, gehört der FDP-Mann Frank Schäffler. Mit gut durchdachten Argumenten zieht er durch die Lande, um seine Hörer vom Unsinn der Euro-Rettung zu überzeugen. Wie es gerade kommt, predigt er leidenschaftlich gegen die diversen Griechenland-Hilfen, die Bankenunion, die deutschen Zypernmilliarden und das ganze ungebremste Schuldenmachen. Das spricht dem Publikum aus dem Herzen.

Aber wo es um Wahrheit geht, sind Leidenschaft und Herz nicht genug. Die Wahrheit ist, dass Europa nicht durch die Krise des Euro, sondern durch den Euro selbst bedroht ist. Wer an ihm festhalten will und sich gleichzeitig gegen seine Rettung wehrt, ist schizophren – aber diese Krankheit ist unter Politikern weitverbreitet.

Unter Parteien ebenfalls. Der sonst so kluge Frank Schäffler scheut die Einsicht, dass der Euro nicht die Lösung, sondern das Problem darstellt, wie der Teufel das Weihwasser. Hinter dieser Inkonsequenz des zeitweiligen FDP-Vorstandsmitglieds steht niemand anderes als seine Partei. Sie benutzt ihn für das Doppelspiel, einerseits im Schulterschluss mit der CDU/CSU die Euro-Rettung zu unterstützen, um sich andrerseits in Gestalt Frank Schäfflers davon zu distanzieren. Sie lässt ihn im Bundestag polemisieren und sogar die eigene Parteispitze ordentlich kritisieren, und reserviert ihm im Gegenzug, unbeeindruckt von seiner Schelte, einen hoffnungsvollen Listenplatz in Nordrhein-Westfalen. Der gute Herr Schäffler ist also nur ein Bauer auf dem Schachbrett seiner Partei. Ob er das Spiel völlig durchschaut, bezweifle ich.

Anders Peter Gauweiler, der durchaus weiß, welchen Dienst er der CSU leistet. Regelmäßig tritt er, sprachgewaltig und publikumswirksam, vor die Mikrofone, um als schwarzer Rebell gegen die Euro-Rettung aufzubegehren, zu deren Abwendung er sogar vor das Bundesverfassungsgericht zieht. Doch bei allem Kanonendonner hütet er sich, gegen die Einheitswährung aufzutreten. Und eine Rückkehr zur D-Mark oder gar die Einführung eines Nord-Euro kommen für ihn nicht infrage. Schon 2011 sagte er der *Bild*-Zeitung: »Mein Ziel ist es, die Grundlagen des Maastricht-Vertrags, die Geschäftsgrundlage des Euro, wiederherzustellen.« Dabei ist der Maastricht-Vertrag schon im Mai 2010 eines gewaltsamen Todes gestorben. Genauso könnte man am Grab eines geliebten Verwandten verkünden: »Mein Ziel ist es, ihn wieder zum Leben zu erwecken.« Bei genauerem Hinsehen erweist sich der edle Kämpfer für Bürgerrechte als nützlicher Parteisoldat. Die CSU weiß sehr wohl, was sie an dem vermeintlichen Querdenker und -treiber hat: Mit seiner Kritik hält er ein Hintertürchen für jene Massen an Wählern offen, die mit den immer neuen Milliardenbürgschaften nicht einverstanden sind.

Eine traurige Rolle in diesem Spiel hat auch die Wirtschaft übernommen. Mir kommt es wie der reine Trotz vor, dass sie an etwas festhält, das auch für sie zum Vabanquespiel geworden ist. Im September 2011 wurde ich vom Bundesverband der Deutschen Industrie (BDI), dessen Präsident ich von Anfang 1995 bis Ende 2000 gewesen war, zur Jahrestagung eingeladen. Lange Zeit hatte ich den BDI gemieden – warum ich jetzt die Einladung annahm? Vielleicht weil ich hoffte, dass hier irgendwann in Sachen Euro die Vernunft obsiegen würde.

Auf eine Enttäuschung war ich eingestellt, nicht aber auf die Blamage, deren Zeuge ich dann wurde. Aufs Podium trat der damalige BDI-Präsident Hans-Peter Keitel und begrüßte die Ehrengäste: In der ersten Reihe saß neben Kanzlerin Merkel der griechische Ministerpräsident Papandreou, von dem man inzwischen weiß, dass er die Kunst der politischen Lüge perfektioniert hat. Keitel, der dies nicht ahnte, zelebrierte dem Griechen ein wahres Hochamt an Bewunderung und Schmeichelei, und die Versammlung geriet beim Vortrag des griechischen Sozialisten förmlich aus dem Häuschen.

Den Gipfelpunkt seiner Rede bildete das Versprechen »Ich kann garantieren, dass Griechenland seine Verpflichtungen erfüllen wird«. Und er krönte dies noch mit dem seit Obama klassischen Ausruf: »Yes, we can!« So beschwor Papandreou die neu geschmiedete Schicksalsgemeinschaft zwischen griechischem Sozialismus und deutscher Großindustrie.

Der Saal applaudierte begeistert und lange, nicht viel fehlte zur *Standing Ovation*. Über so viel Naivität konnte ich nur den Kopf schütteln. Wäre man nicht dem Dogma vom unbefleckten Euro verfallen, hätte man sich kaum von diesem windigen Menschen so hinreißen lassen.

Mich wunderte nicht, als Papandreou bald darauf ungeniert erkennen ließ, dass er die hochmögenden Industriellen vom BDI samt der ihm gewogenen Kanzlerin an der Nase herumgeführt hatte. Alle Versprechungen wurden von ihm gebrochen, alle guten Vorsätze, für die man ihn in den höchsten Tönen gelobt hatte, über den Haufen geworfen. Sein Wortbruch gipfelte in dem Entschluss, zu allem, was er den Deutschen als *Fait accompli* vorgetragen hatte, erst einmal »das Volk zu befragen«, wozu es dann allerdings nicht kam, da er sein Amt verlor. Die Einstellung unserer Industriellen hat das nicht im Geringsten verändert: Einmal Euro, immer Euro. Augen zu und durch.

Schon Monate vor der Jubeltagung des BDI hatte ich erfahren, dass Gerhard Cromme, damals noch Aufsichtsratsvorsitzender von ThyssenKrupp, Anstoß an mir nahm: Ihm missfiel, dass ich die Euro-Politik der Bundesregierung kritisierte. Als treuer Verbündeter, so kolportierte man, wurde er bei Angela Merkel vorstellig, ob es nicht angebracht sei, die Einheitswährung einmal als Erfolgsstory flächendeckend zu propagieren. Zusammen mit deutschen und französischen Kollegen, so soll er ihr vorgeschlagen haben, wollte er in allen großen Tageszeitungen Anzeigen zum Lobpreis des Euro schalten – was nebenbei auch als Ergebenheitsadresse an die Euro-Kanzlerin zu verstehen war. Angela Merkel, so hieß es, sei über den Plan höchst erfreut gewesen, und Cromme sammelte die erwünschten Unterschriften.

Die ganzseitigen Anzeigen erschienen, pompös bis zur Geschmacklosigkeit, und man fragte sich, ob es mit einer Währung, die derlei Unterstützung nötig hatte, allzu weit her sein konnte. Abgesehen von der Fragwürdigkeit der ganzen Kampagne, die eine »Ware« anpries, die längst »gekauft« war, wies ich in einem Kommentar für das *Handelsblatt* darauf hin, dass die Lobhudelei auch einige sachliche Fehler enthielt. Nicht, dass ich die geschätzten Unterzeichner als Lügner bezeichnen wollte – aber mir erschien doch sehr fragwürdig, was Millionen Zeitungslesern als »Wahrheit über den Euro« angeboten wurde.

»Erstaunlich ist die Aussage der französischen und deutschen Kollegen«, so schrieb ich im *Handelsblatt* als Reaktion auf die Anzeige, »dass mit der Einführung des Euro auch ein gemeinsamer Markt entstanden sei. Ist ihnen entgangen, dass der europäische Binnenmarkt schon lange vor Einführung des Euro entstanden ist? Und dass sie – zweitens – munter in die zehn EU-Länder exportieren können, die den Euro nicht haben (wollen)? Und dass – drittens – der Anteil ihrer Exporte in die Euro-Zone seit Einführung des Euro gesunken ist?« Damals schloss ich mit den versöhnlichen Worten: »Seien wir froh, dass die Unterzeichner ihre Unternehmen besser führen als die Politiker den Euro.« Heute würde ich nachfragen, warum sie sich nicht besser informierten, bevor sie über ein so fragwürdiges Objekt in Begeisterungsstürme ausbrechen.

Dass alle Unterzeichner ihre Unternehmen gut führen, lässt sich ebenfalls nicht behaupten. Auch der Initiator des Euro-Jubels Gerhard Cromme hat gegen Grundprinzipien der Unternehmensführung verstoßen – ausgerechnet als Vorsitzender der »Regierungskommission für gute Unternehmensführung«. In dieser Funktion stellte er allerlei Regeln auf, die er deutschen Managern ans Herz legte, während er selbst einige von ihnen im eigenen Interesse verletzte. Für Skandale seines Unternehmens, die zu seiner Amtszeit gehäuft auftraten, weigerte er sich, die Verantwortung zu übernehmen. Sie perlten an ihm ab, weshalb ich ihn im *Handelsblatt* den »Teflonmann« nannte. Die Aufforderung an ihn, den Hut zu nehmen, wurde im Januar 2013 von der Vereinigung der deutschen Aufsichtsräte bekräftigt. Worauf Berthold Beitz ihn an die Luft setzte.

Keiner der 20 deutschen und 30 französischen Unternehmensfürsten, die auf Crommes Aufforderung hin den Treueschwur unterschrieben, würde sich in seiner eigenen Firma eine solche Nachlässigkeit erlauben. In Vieraugengesprächen gaben das einige der Unterzeichner auch zu: Sie hätten gar nicht gewusst, was Cromme da hineingeschrieben hatte. Und so, wie es da stand, fügten sie beschämt hinzu, hätten sie das nie genehmigt. Ihre Scham, fand ich, war berechtigt. In existenziellen Angelegenheiten, die über Wohl und Wehe von einer dreiviertel Milliarde Menschen entscheiden, ist äußerste Gewissenhaftigkeit gefordert. Und daran haben es die Euro-Jubler fehlen lassen.

Es gibt Ausnahmen. Anders als die Mehrheit der DAX-30-Chefs macht sich der zurzeit wohl erfolgreichste von ihnen, der

Vorstandschef der Linde AG Wolfgang Reitzle, über die Kunst-währung keine Illusionen. Im *Spiegel* hat er 2012 die Euro-Poli-tik der Bundesregierung kritisiert und dem Währungsverbund eine düstere Prognose gestellt. »Wenn es nicht gelingt«, sagte er, »die Krisenländer zu disziplinieren, muss Deutschland aus-treten.« Auch eineinhalb Jahre später sind diese Länder, nüch-tern betrachtet, von der erforderlichen Haushaltsdisziplin wei-ter entfernt denn je – und werden es wohl immer bleiben. Genauso wie Deutschland im Währungsverbund bleiben wird, koste es, was es wolle.

Damals wurde kolportiert, dass Wolfgang Reitzle nach sei-nem kritischen *Spiegel*-Gespräch einen Anruf aus dem Kanz-leramt erhielt. Die Botschaft: Er möge künftig derlei Kritik an der Politik der Kanzlerin unterlassen. Merkels Etikett für Gedanken, die nicht auf ihren Radarschirm passen, lautet be-kanntlich »nicht hilfreich«. Ich kann gut verstehen, dass Wolf-gang Reitzle nicht aus dem Nähkästchen plauderte – vor allem da es sich um das der Kanzlerin handelte.

In einem Buch über die Euro-Lügner darf Angela Merkel nicht fehlen. Nicht, dass ich sie für eine Lügnerin halte, aber 2013 verlieh ihr der *Spiegel* den Ehrentitel Kanzlerin »Gespal-tene Zunge«. Diese wenig schmeichelhafte Bezeichnung trifft zumindest insofern zu, als sie wie keine andere Persönlich-keit der Gegenwart die Zweiteilung unserer Gesellschaft ver-körpert – in das, was man sagt, und das, was man lieber nicht sagt. In das, was man sagt, und das, was man eigentlich damit meint. In das, was man sagt, dass man tun will, und das, was man dann tut. Oder eben nicht tut. In dieser Aufspal-tung der Politik in *open agenda* und *hidden agenda* ist Angela Merkel einsame Meisterin. Vielleicht würde es ohne ihre dop-pelte Buchführung gar keine Euro-Schizophrenie geben, würde unsere Öffentlichkeit nicht von Euro-Lügnern in die Irre ge-führt.

Zugegeben, »Lügner« ist ein hartes Wort. Es brandmarkt den Betroffenen, es schneidet ihm förmlich die Ehre ab. Zu Recht wehren sich jene, die als Lügner bezeichnet werden, vor Gericht. Es ist dann Sache eines weisen Richters, zu entscheiden, ob jemand wissentlich und willentlich die Unwahrheit gesagt hat oder ob er sich einfach getäuscht hat, also versehentlich die Unwahrheit sagte, die er für die Wahrheit hielt. Oft ist nachträglich gar nicht mehr festzustellen, ob jemand log oder sich täuschte.

Schwer auseinanderzuhalten ist auch, ob jemand sich täuschte oder andere täuschte. Oder ob jene, die sich getäuscht glaubten, sich selbst getäuscht haben, weil sie nicht begriffen, was ihnen gesagt wurde. Wie oft täuscht man sich im Lauf eines Tages? Andrerseits – wie oft täuscht man andere im Lauf eines Tages? Das ist keine juristische, sondern eine Gewissensfrage. Ob jemand gelogen hat oder nicht, ist dagegen keine Gewissensfrage, sondern eine Tatsache.

Der Unterschied zwischen Lüge und Täuschung besteht auch darin, dass es zur Täuschung keiner Worte bedarf. Eine Lüge ist immer an Worte gebunden, folglich auch aufschreibbar. Alles Geschriebene aber ist ein Dokument. Ob es der Wahrheit entspricht oder unwahr ist, lässt sich als Tatsache feststellen. Eine Unwahrheit wird aber erst zur Lüge, wenn ein Zweck nachweisbar ist, lateinisch *cui bono* – »Wem nützt es?«. Ohne Nutzen keine Lüge. Ein Spinner lügt nicht, sondern faselt, fantasiert, fabuliert.

Politiker sind normalerweise keine Spinner. Ihr ganzes Dasein ist einem praktischen Zweck gewidmet, nämlich dem, ihre politische Anschauung durchzusetzen. Oft kollidiert diese mit der Wirklichkeit, und um seiner Linie treu zu bleiben, passt man entweder die eigene Überzeugung der Wirklichkeit an oder die Wirklichkeit der Überzeugung. Da Politiker nur selten ihr Parteibuch wechseln, ist der zweite Fall die Regel. Man stellt die Dinge so dar, dass sie ins eigene Weltbild passen. Dessen

Zweck ist einem wichtiger als die wandelbare Welt. Der Politiker sagt den Menschen nur das, was seinem Ziel nützt. Dabei laufen Mikrofone, wird mitgeschrieben. Der Text wird mit der Wirklichkeit verglichen, und oft genug wird der Widerspruch offenbar: Der Politiker hat gelogen.

Im Fall Europa und Euro klaffen Wunschvorstellung und Wirklichkeit schon lange auseinander. Deshalb versuchen Politiker mit allen Mitteln, den Abgrund, der sich zwischen ihrer leidenschaftlichen Überzeugung und den deprimierenden Fakten aufgetan hat, mit Worten zu füllen. Sie lügen zu einem Zweck, den sie für einen guten halten, aber Lüge bleibt Lüge. Solange ich lebe, habe ich Politiker beim Lügen ertappt. Doch niemals so viele auf einmal, die alle mit der Unwahrheit hausieren gingen. Das mag auch daran liegen, dass schon die Entstehung der Einheitswährung und der Beitritt neuer Kandidaten von Anfang an Schwindel waren. Der Zweck, den Euro zu etablieren, so scheint es, hat alle Mittel geheiligt.

In einem Buch, das vom großen Euro-Schwindel handelt, lässt sich das Wort »Lüge« deshalb nicht vermeiden. Bei den Akteuren – von den Konstrukteuren der Hilfspakete und den Hinterbänklern, die blind dem Rettungsschirm zustimmen, bis zur Regierung, die den Beschluss durchs Parlament peitscht – werde ich mir damit keine Freunde machen. Andrerseits: Wer möchte schon jemanden zum Freund haben, der in einem Buch über die Euro-Lügner vorkommt?

Allerdings wird der Leser im Buch selbst vergeblich nach dem Wort »Lügner« oder »Lügnerin« suchen. Jemanden persönlich des Lügens zu bezichtigen, ist ein harter Vorwurf, der einen schnell vor den Richter bringt. Deshalb stelle ich dem Leser anheim, seine eigenen Schlüsse zu ziehen und dieses Wort dort einzusetzen, wo ich selbst zurückhaltender formuliert habe. Mir scheint die Sache ohnehin so klar, dass es dieses Wortes überhaupt nicht mehr bedarf.

Während ich an diesem Buch schrieb, ist mir immer wieder ein Bonmot Friedrich Nietzsches durch den Kopf gegangen: »Der Fantast verleugnet die Wahrheit vor sich, der Lügner vor anderen.« In welche Kategorie er gehört, mag jeder unserer euroverliebten Politiker und Medienvertreter selbst entscheiden.

HANS-OLAF HENKEL
Berlin, Juli 2013

PS: Gern können Sie mir eine E-Mail mit Ihrer Meinung senden: *henkel@hansolafhenkel.de*

KAPITEL EINS

Die Profis der Täuschung

1. Jean-Claude Juncker

Die Ehre, das Lügen in der Politik offiziell zur Staatskunst erhoben zu haben, kommt nicht zufällig dem Mann zu, der den Spitznamen »Mister Euro« trägt: Luxemburgs Ministerpräsident Jean-Claude Juncker, der im ersten Jahrzehnt des neuen Jahrtausends im großen Euro-Theater die Hauptrolle spielte. Natürlich wurde schon vorher gelogen, vermutlich solange es Politiker gibt, laut Bibel sogar, solange es Menschen gibt. Aber es gab keinen, der sich wie der langjährige Chef der Euro-Gruppe hinstellte und nicht ohne leisen Stolz sinngemäß sagte: Hier lüge ich, ich kann nicht anders.

Dass Politiker lügen, ist ja nichts Neues. Aber sie haben es entweder nie zugegeben oder sind, wenn überführt, zurückgetreten. Das ist guter demokratischer Brauch. Juncker hat genau das Gegenteil gewagt. Er hat die Lüge salonfähig gemacht. Denn ohne sie, das wusste er, wäre der Euro nie entstanden und auch in der Gegenwart nicht mehr zu retten.

Wenn man ein politisches Ziel nur erreichen kann, indem man lügt, dann muss es um dieses Ziel, in diesem Fall den Euro, schlecht bestellt sein. Doch mit stillschweigender Berufung auf den Zynikerspruch, dass der Zweck die Mittel heilige, hat Jean-Claude Juncker offen zugegeben, was sonst vertuscht wird. Ja, ich lüge. Und warum lüge ich? Weil es um das Überleben des Euro geht.

Natürlich hat es der brillante Redner, schlaue Verhandler und Träger unzähliger internationaler Preise nicht mit exakt diesen Worten gesagt. Aber vermutlich exakt das gemeint. Bei einer Finanztagung in Brüssel im Mai 2011 erklärte er ganz offen: »Wenn es ernst wird, muss man lügen.« Da die europäische Politik, in der Wohl und Wehe von Hunderten Millionen Bürgern auf dem Spiel stehen, immer eine ernste Angelegenheit ist, gehört die Lüge inzwischen immer dazu.

Wie ein roter Faden zieht sich dieses machiavellistische Rezept durch die Geschichte des Euro. Nur hat es keiner gemerkt. Erst als die dreiste Lügerei der Griechen bekannt wurde, wachten einige auf. Unbemerkt blieb aber, dass die anderen Europäer, unter anderen auch Finanzminister Hans Eichel, mitschuldig geworden waren, indem sie wegschauten. Viele deutsche Ökonomen hatten vor einem Beitritt Athens gewarnt – auch ich als BDI-Präsident, obwohl dem Euro gewogen, war dagegen und protestierte damals öffentlich. Aber als es politisch erwünscht war, wurde so getan, als sei mit dem Beitrittskandidaten alles in Ordnung. Auch das nenne ich Lüge.

Nun darf man nicht vergessen, dass einer der Nationalhelden der Griechen Odysseus ist. Zu seinen wirkungsvollsten Waffen gehörte die Unwahrheit. Der große Odysseus war ein großer Täuscher. Ungefähr 2800 Jahre nach Homer, 2010, hat der griechische Finanzminister Giorgios Papakonstantinou von seiner damaligen französischen Amtskollegin Christine Lagarde eine CD erhalten, die von einem diebischen Schweizer Banker erworben worden war. Auf ihr befanden sich die Namen von 2059 Griechen, die Konten bei der Genfer Dependance der Großbank HSBC unterhielten. Konten, die den griechischen Steuerbehörden unbekannt waren.

Natürlich hätte Herr Papakonstantinou beglückt sein müssen. Denn ein Grund der schweren Schuldenkrise, die sein Land erschütterte, lag auch in der Steuerflucht seiner wohlhabenden Bürger. Und in Genf lag ein zweistelliger Milliardenbetrag, an dem der Athener Fiskus sich nun hätte bedienen können.

Er tat es nicht, konnte es nicht tun. Denn die Steuer-CD mit den Namen der potenziellen Steuersünder verschwand. Der Finanzminister konnte sich nicht erinnern, wusste nicht einmal, wie das passieren konnte. Dass er überhaupt zugab, sich an nichts erinnern zu können, lag daran, dass zwei Jahre später sein Nachfolger Giannis Stournaras nach der Liste suchen ließ. Und da er nichts fand, fragte er bei Papakonstantinou nach. Dann tauchte die Liste plötzlich doch wieder auf, als USB-Stick in einem Umschlag, der am Amtssitz des Ministerpräsidenten Antonis Samaras abgegeben wurde. Absender war Evangelos Venizelos, der Nachfolger Papakonstantinous, der erklärte, er habe eine private Kopie auf den Speicherstick gezogen. Von der CD fehlte weiterhin jede Spur.

Bei einem Abgleich mit der französischen Original-CD stellte man fest, dass auf Venizelos' Stick drei Namen fehlten: Es waren die von Verwandten Papakonstantinous, des Finanzministers mit der Gedächtnisschwäche.

Brechen wir an dieser Stelle ab. Ja, es gibt nun einen Untersuchungsausschuss, der Papakonstantinou des Rechtsbruchs überführen soll. Aber was ist mit all den anderen, die das Spiel mitgespielt oder zumindest weggeschaut haben? Was ist mit den zahllosen Griechen, die den Eintritt des Schuldenstaats erzwangen, indem sie bei den Zahlen gelogen haben? Im Stil ihres homerischen Nationalhelden Odysseus. Dabei müssen sie sich heute nicht einmal mehr auf den »listenreichen Odysseus« berufen. Der Chef der Euro-Gruppe selbst, der eigentlich, da es um viel Geld geht, Schutzheiliger der Wahrheit sein müsste, hat ihnen sein Placet gegeben: Lüge gehört zum Geschäft. Lügt also dreist, und im Zweifel beruft euch auf mich.

Wenige Tage nach seinem offenherzigen Geständnis erteilte Juncker der Öffentlichkeit praktischen Anschauungsunterricht: Als er in Luxemburg fünf Finanzminister und den EZB-Präsidenten zu einer Beratung über die Griechenland-Krise empfing, ließ er seinen Regierungssprecher vor Journalisten erklären: »Es gibt kein Treffen in Luxemburg.«

Dabei bot der Ausrutscher, der wie Ehrlichkeit klang, oder die Ehrlichkeit, die wie ein Ausrutscher klingen sollte, einen überraschenden Einblick: Wer die Gemeinschaftswährung durchsetzen will, muss jene, die mit ihr zahlen sollen und dafür dann zahlen müssen, hinters Licht führen. Man fragt sich, wie oft in der Geschichte solch gewaltige Mittel aufgewendet wurden, um einen fragwürdigen Zweck wie die Abwendung des Euro-Zusammenbruchs zu erreichen.

»Wenn es ernst wird, muss man lügen.« Auch dem Ministerpräsidenten von Zypern, Nikos Anastasiades, scheint dieses Motto des obersten Euro-Lenkers eingeleuchtet zu haben. Er soll dem Vernehmen nach mit seinem Insiderwissen Verwandten ermöglicht haben, Millionenbeträge aus dem Land zu schaffen, bevor alle Konten über 100 000 Euro geplündert wurden. So ersparte er seiner Familie den 40-prozentigen *haircut*, also die staatliche Teilenteignung ihrer Guthaben, die sich nun alle bessergestellten Sparer gefallen lassen müssen. Im April 2013 hat der Präsident erklärt, dass der inzwischen eingesetzte Untersuchungsausschuss nicht nur seine Verwandten, sondern auch seine eigene Anwaltskanzlei überprüfen wird. Im Übrigen habe er sich nichts vorzuwerfen. Hatte er dabei im Hinterkopf, dass Schummeleien schon immer zu den Usancen der Euro-Gruppe gehören? Dass ihr mächtigster Vertreter davon bei Bedarf Gebrauch machte? Und wann herrschte kein Bedarf?

Die Macht des Schummlers Juncker stand in umgekehrtem Verhältnis zur Größe seines Landes. Luxemburg hat so viele Einwohner wie Hannover, aber mehr Einfluss in Europa als jedes deutsche Bundesland, teilweise als die ganze Bundesrepublik. Das liegt daran, dass Luxemburg seine Nachbarn Frankreich und Deutschland – wie Grimms tapferes Schneiderlein die Riesen – gegeneinander ausspielt.

Keiner beherrschte dieses Spiel besser als der polyglotte Jean-Claude Juncker. Von 2004 bis 2012 war er als Vorsitzender der Euro-Gruppe maßgeblich an der Rettung der Einheitswährung beteiligt, die sich für die Geberländer irgendwann zur finanziellen Katastrophe auswachsen wird. Nicht dagegen für Luxemburg, das nur für einen winzigen Bruchteil dessen haftet, was seine großen Nachbarn zu zahlen haben.

Dass das kleine Herzogtum in Gestalt Junckers einen solch prägenden Einfluss auf Europa nehmen konnte, lag nicht zuletzt am Naturell seines Ministerpräsidenten. Allzeit heiter, entspannt, für jeden Scherz zu haben, muss man ihn einfach mögen. Als »Handaufleger Europas« hat ihn der Euro-Kritiker und Spitzenkandidat der Berliner Sektion der »Alternative für Deutschland« für die Bundestagswahl Joachim Starbatty bezeichnet. Und das war nicht einmal im übertragenen Sinn gemeint. Der Mann, der tatsächlich seine Hand auf Europas Finanzen gelegt hat, ließ sie auch, jovial und kumpelhaft, auf den Schultern aller Politiker ruhen. Widerstand zwecklos.

Sein Begrüßungsritual, so hat Starbatty in seinem Buch *Tatort Euro* augenzwinkernd notiert, variierte zwischen »der Art zweier Boxer, die ihre Hände gegeneinander knuffen« (Josef Ackermann), herzlicher Umarmung (François Hollande), Handauflegen auf den Rücken (EU-Parlamentspräsident Martin Schulz), Kuss auf die Stirn (Präsident Zyperns) oder einem sanften Auflegen seiner »linken Hand auf der rechten Schulter« Angela Merkels.

Um auch meine persönliche Erfahrung mit Junckers Körpersprache beizutragen: Bei einem Besuch der Salzburger Festspiele – meine Frau war gerade einkaufen – trank ich auf einem Platz nahe Mozarts Geburtshaus einen Latte macchiato. Plötzlich fühlte ich, wie jemand seine Hände auf meine Schultern legte und sich spielerisch aufstützte. Ich drehte mich um, es war Jean-Claude Juncker. Nicht, dass wir vorher ein Vertrauensverhältnis gehabt hätten, das derlei kumpelhafte Gesten gerechtfertigt hätte. Zwar kannte ich ihn, aber mit der politisch üblichen Distanz. Durch seinen überraschenden Zugriff aber, das spürte ich sofort, hatte er ein Scheinvertrauensverhältnis geschaffen, das einen schlicht entwaffnet. Man legt die Vorsicht ab – und ist gefangen. In diesem Fall folgte ein ganz entspanntes Gespräch über die amerikanische Immobilienkrise, die nun auch Europa erfasst hatte.

Der Mann, der sein jeweiliges Gegenüber mit sprachlichem und körperlichem Charme unmerklich auf seine Seite zog, bediente sich, so Starbatty, auch »schmutziger Tricks«. Denn zur Rettung des Euro war ihm jedes Mittel recht. Schon 1999 gewährte er Einblick in seine Trickkiste, als es darum ging, die nationalstolzen Europäer zur teilweisen Aufgabe ihrer Souveränität zu zwingen: Man muss es ihnen so sagen, dass sie es nicht begreifen – und wenn sie nicht aufmucken, tut man es einfach. Hat man dann »vollendete Tatsachen« geschaffen, bleibt den Bürgern nichts übrig, als diese abzunicken.

In seinen eigenen Worten: »Wir beschließen etwas, stellen das dann in den Raum und warten einige Zeit ab, was passiert«, so sagte er dem *Spiegel* 1999. »Wenn es dann kein großes Geschrei gibt und keine Aufstände, weil die meisten gar nicht begreifen, was da beschlossen wurde, dann machen wir weiter – Schritt für Schritt, bis es kein Zurück mehr gibt.« Die Aufgabe eines Europapolitikers bestand für ihn also darin, gerade nicht zu tun, was sein Volk von ihm erwartet, sondern sein Volk zu dem zu zwingen, was er von ihm erwartet: die Aufgabe seiner Souveränität.

Die Schliche des Luxemburgers, der sich als *everybody's darling* gibt, lassen sich auf einen einfachen Nenner bringen: Er nimmt es mit der Wahrheit nicht immer so genau. Oder er verdreht sie, wie es ihm gerade passt. So schlug er 2010 als Patentlösung für die Eurokrise gemeinschaftliche Anleihen vor, sogenannte Euro-Bonds. Seine Motive lagen auf der Hand: Die vier kreditwürdigen Nordländer der Euro-Zone, allen voran Deutschland, sollten für die Schulden der Südländer bürgen. Letztere kämen durch niedrige Zinsen leichter an billiges Geld, während Deutschland dreimal so hohe Zinssätze zahlen müsste. Nur sagte er das nicht. Was zeigt, dass man auch lügen kann, ohne ein Wort zu sagen.

Das Modell, dem der Charme des real existierenden Sozialismus anhaftet, hat einen Konstruktionsfehler: Muss der Leistungsträger für die Schulden jener bürgen, die weniger Leistung bringen, fehlt für Letztere der Reiz, überhaupt noch Anstrengungen zu unternehmen. Dagegen gibt es bei den Leistungsempfängern die enorme Versuchung, Schulden zu machen. Da diese vergemeinschaftet sind, ist am Ende niemand mehr für sie verantwortlich. Und zahlen muss ganz einfach der, der noch etwas übrig hat.

Im Juni 2012 kommentierte Kanzlerin Merkel die Euro-Bonds mit der als sensationell empfundenen Versicherung, diese würde es nicht geben, »solange ich lebe«. Nun lebt sie doch noch, obwohl etwas Ähnliches wie die Euro-Bonds im September 2012 unter dem solider klingenden Pseudonym »Europäischer Stabilitätsmechanismus« (ESM) eingeführt wurde. Wie zu erwarten, weckte die verdeckte Schuldenvergemeinschaftung auch innerhalb Deutschlands Begehrlichkeiten. Bald meldeten sich Vertreter der 13 Nehmerländer, die, bereits am Tropf des Länderfinanzausgleichs hängend, nun ihrerseits »Deutschland-Bonds« forderten.

Die verlockende Idee, neue Schulden zu den niedrigen Zinssätzen der reichen Nachbarn aufnehmen zu können, schien überzeugend. Wenn zum Beispiel Nordrhein-Westfalen mit der Bonität der Geberländer Bayern, Baden-Württemberg und Hessen Schulden machen könnte, würde das Land jährlich rund 100 Millionen an Zinsen sparen. Unerwähnt bleibt, dass dieses eingesparte Geld dann in den Ersparnissen der Geberländer fehlen würde.

Und wozu werden die eingesparten Zinsen von den Nehmerländern verwendet? Zum Schuldenmachen! Ohne die Niedrigzinsen des Euro wären griechische oder italienische Politiker gar nicht erst in der Lage gewesen, solch gewaltige Schuldenberge aufzutürmen. Junckers Vorstellung, die Nehmerländer würden mit den niedrigeren Zinsen sogleich alte Schulden begleichen, ist so weltfremd, dass er wohl selbst nicht daran glaubt. Sie erinnert mich an ein Bonmot von Franz Josef Strauß, das, leicht abgewandelt, lautet: Eher legt ein Hund in seiner Hütte einen Wurstvorrat an, als dass ein Nehmerland eingesparte Zinsen zur Rückführung alter Schulden verwendet.

Dieses windige Produkt stattet Länder wie Griechenland quasi mit der Lizenz zum Geldausgeben aus, während Deutschland nur die Hoffnung bleibt, nie in Haftung genommen zu werden. Darauf wollte Angela Merkel sich vorläufig nicht einlassen. Sie stoppte Junckers Lieblingskind – zumindest in dieser Form und für diesen Augenblick.

Der »ehrliche Makler« aus dem Zwergstaat gab sich indigniert. In Wahrheit, so behauptete er wahrheitswidrig, seien die Euro-Bonds das ideale Instrument, »unsolide Staaten zu mehr Haushaltsdisziplin anzuhalten«. Als die Bundesregierung dieser offensichtlichen Unwahrheit widersprach, legte Juncker für einen Moment die Maske der Liebenswürdigkeit ab: »Deutschland denkt da ein bisschen simpel«, sagte er der *Zeit*. Da blitzte sie wieder auf, die Keckheit des tapferen Schneiderleins gegenüber den doofen Riesen.

Als deutsche Politiker sich im Sommer 2012 ernsthaft mit einem Ausschluss Griechenlands aus der Euro-Zone beschäftigten, erklärte Juncker, es handle sich dabei nur um den durchsichtigen Versuch, die um ihre Ersparnisse fürchtenden deutschen Wähler zu beruhigen. Welch nationaler Egoismus! Das hinderte ihn aber nicht, nun selbst in die Trickkiste der Abwiegelung zu greifen. Man werde, so vertröstete er, erst dann konkret über Griechenland sprechen können, wenn der Troika-Bericht vorliege. Das sollte von den Deutschen so verstanden werden und wurde auch so verstanden, dass die Beratungen über den Pleitestaat ergebnisoffen seien. Man durfte also hoffen, den Albtraum der rebellischen Bankrotteure bald beendet zu sehen.

Die Hoffnung trog, Mister Euro hatte den deutschen Riesen wieder einmal an der Nase herumgeführt. Denn für ihn hat es wohl hier in Wahrheit nie etwas zu besprechen gegeben, geschweige denn, dass er je vorgehabt hätte, den Verbleib der Hellenen am Euro-Futtertrog infrage zu stellen. Nein, für ihn gehörte Griechenland zur Euro-Zone wie diese zu Europa – offenbar untrennbar in alle Ewigkeit. Damit stand Juncker beileibe nicht allein, denn auch der französische Präsident Hollande wiederholte Mantra-artig: »Griechenland bleibt drin.«

Eigentlich hätte die deutsche Regierung zumindest ihre Irritation zeigen müssen. Aber wie im Fall des »simplen Denkens« hielt sie still. Einem Charmeur wie Juncker, so zeigte sich, konnte sie einfach nicht böse sein. Bald fand sich seine linke Hand wieder auf Angela Merkels rechter Schulter. Zwei Jahre später waren auch seine Euro-Bonds – indirekt als ESM und dann schon direkter durch die Zusage Mario Draghis: »Ich werde alles tun, um den Euro zu retten« – eingeführt. Wie sagte Mister Euro so schön? »Wenn es ernst wird, muss man lügen.«

Oder Druck machen. Mit Lügen Druck machen, versteht sich. Für den Neujahrsempfang der Presse 2013 hatte sich der Luxemburger Ministerpräsident einen merkwürdigen Kommentar ausgedacht. Er wies die anwesenden Journalisten darauf hin, dass 1913 das letzte echte Friedensjahr vor den beiden Weltkriegen war. Das luxemburgische RTL-Radio, sozusagen *his master's voice*, deutete das dahingehend, »das Jahr 2013 könne ein Vorkriegsjahr werden wie das Jahr 1913, wo alle Menschen an Frieden glaubten, bevor dann der Krieg kam«.

Diese ungeheuerliche Anspielung, die mit der Wahrheit oder auch Wahrscheinlichkeit nicht das Geringste zu tun hatte, kann getrost als eine der Zwecklügen des scheidenden Euro-Gruppen-Chefs verbucht werden. Den Deutschen, deren Europamüdigkeit mit Händen zu greifen ist, rief er damit in Erinnerung, dass sie sich schon zweimal gegen Europa gestellt und dafür totale Zerstörung und Inflation geerntet hatten. Man nennt das eine Drohkulisse, und sie soll den Adressaten einschüchtern.

Zwei Monate später trieb der Luxemburger seinen Zynismus – mir fällt kein passenderes Wort ein – noch weiter. Dem *Spiegel* sagte er, dass man einen Krieg unter Europäern schneller haben könne, als man glaube. »In der Debatte um die Zukunft der Währungsunion«, so referierte das Magazin, »warnte Juncker davor, dass sich die Konflikte in Europa gefährlich zuspitzen könnten.« Originalton Juncker: »Wer glaubt, dass sich die ewige Frage von Krieg und Frieden in Europa nie mehr stellt, könnte sich gewaltig irren. Die Dämonen sind nicht weg, sie schlafen nur.« Schlimmer noch: »Mich frappiert die Erkenntnis, wie sehr die europäischen Verhältnisse im Jahr 2013 denen von vor 100 Jahren ähneln.« Welch hanebüchener Unsinn, als stünden sich die Panzer schon am Rhein gegenüber. Und doch: Gibt es eine raffiniertere Art, mit Lügen Druck auszuüben?

Euro-Lügen, wohin man blickt: Präsident François Hollandes Ex-Haushaltsminister, Jérôme Cahuzac, der eigentlich oberster

Spürhund für Steuersünder sein müsste und dies, unter dem Applaus der heimischen Medien, auch bekräftigt hat, musste zugeben, dass er selbst Schwarzgeldkonten in der Schweiz und in Singapur unterhielt. Auch Finanzminister Laurent Fabius, einem der angesehensten Politiker Frankreichs, wurde von der *Libération* vorgeworfen, über ein Schwarzgeldkonto in der Schweiz zu verfügen. Fabius, oberster Euro-Funktionär des Landes, hat erst mal dementiert.

Auch der wegen seiner Seriosität in Deutschland hochgeschätzte Ministerpräsident Spaniens, Mariano Rajoy, steht unter Korruptionsverdacht: Die Rede ist von schwarzen Kassen, verdeckten Parteispenden, unversteuerten Zahlungen an Parteifreunde, sogar Sonderzahlungen, die er selbst erhalten haben soll. Mittlerweile musste Rajoys Schatzmeister Luis Bárcenas wegen Fluchtgefahr seinen Pass abgeben. Einen gerichtsnotorischen Rechtsbrecher wie Silvio Berlusconi muss man wohl nicht eigens erwähnen.

Dies alles sind führende Vertreter der Nehmerländer, denen wir unsere Milliardenbürgschaften anvertrauen. Dies sind die Garanten dafür, dass wir unsere Milliardenkredite irgendwann zurückbekommen. Dies sind die Galionsfiguren, die in der Öffentlichkeit für die Solidität der Einheitswährung stehen. Und denen doch jedes Mittel recht scheint, dieselbe Öffentlichkeit zu belügen, womöglich zu bestehlen und zu hintergehen.

Wenn man nun glaubt, dass der Euro-Gruppen-Chef, der Kommissionspräsident oder die deutsche Kanzlerin hier einschreiten und Ehrlichkeit anmahnen, täuscht man sich. Man teilt zwar großzügig Kredite aus, über die Kreditwürdigkeit der Empfänger scheint man sich aber keine Gedanken zu machen. Oder gilt hier das Wort von der Krähe, die der anderen kein Auge aushackt? Was die Kanzlerin betrifft, so schließt sie zumindest vor dem Tun der Krähen die Augen.

2. Die Euro-Trickser und ihre Opfer

Auch eine der imponierendsten EU-Politikerinnen, die Justiz-kommissarin Viviane Reding, scheint das Motto ihres Lands-mannes Juncker gelegentlich zu beherzigen. Eigentlich bewun-dere ich sie, seit sie 2006 die Telefongesellschaften zwang, die horrenden Gebühren für Handy-Auslandstelefonate zu senken. Doch scheint auch sie vom Euro-Fieber dermaßen gepackt, dass sie, wie fast alle Brüsseler Funktionäre, zwischen Wahrheit und Wunschdenken nicht mehr klar zu unterscheiden weiß.

Als sie im September 2012 beim deutschen Juristentag die Ab-schaffung der *No-bail-out*-Klausel verteidigte, bestritt sie gera-dezu, dass eine bindende Klausel im Lissabon-Vertrag je wirk-lich existiert hatte. Selbst wenn dort eine automatische Haftung ausgeschlossen sei, so Reding, bliebe es doch jedem Staat un-benommen, bedrängten Euroländern freiwillig zu Hilfe zu eilen. Das konnte im Zeitalter der »Solidarität« nur heißen, dass dort, wo der juristische Zwang nicht ausreicht, der moralische an seine Stelle tritt. Geholfen muss werden, koste es, was es wolle.

Als weiteren Punkt der Argumentation, mit dem die Luxem-burger EU-Kommissarin die Deutschen endgültig über den Tisch zu ziehen glaubte, verwies sie auf den meist übersehenen Ver-tragsartikel 122, in dem ausdrücklich festgehalten sei: Die EU-Minister könnten mehrheitlich finanziellen Beistand beschlie-ßen, wenn ein Mitgliedsstaat sich »aufgrund außergewöhnlicher Ereignisse in Schwierigkeiten befindet«. *Touché,* so schien es. Nur leider hatte Frau Reding den Satz, der als Todesstoß für alle *No-bail-out*-Fans geplant war, unvollständig zitiert. Im Wort-laut heißt es nämlich: »… aufgrund außergewöhnlicher Ereig-nisse, die sich seiner Kontrolle entziehen.«

Damit waren zweifellos Naturkatastrophen oder Epidemien gemeint, die im englischen als *act of God* bezeichnet werden, da sie eben kein *act of man* sind und sich menschlicher Kontrolle entziehen. Im Fall der wilden, teilweise sogar betrügerischen Staatsverschuldung war das Gegenteil der Fall: Politiker haben sie sehenden Auges herbeigeführt. »Da die Haushaltsdefizite«, so Joachim Starbatty, »Jahr für Jahr vom griechischen Parlament beschlossen wurden, kann man nicht behaupten, die finanzielle Misere habe sich seiner Kontrolle entzogen.«

Junckers Nachfolger, der holländische Finanzminister Jeroen Dijsselbloem, war offenbar nicht in die Geheimnisse der politischen Lüge eingeweiht worden. Nachdem im März 2013 das Rettungspaket für das überschuldete Zypern unter seiner Leitung verabschiedet worden war, beging er einen unverzeihlichen Fehler: Er sagte die Wahrheit.

Die rigiden Maßnahmen samt Konfiszierung von Spareinlagen, so verriet er der Presse, würden in Zukunft die Blaupause für alle Rettungspakete abgeben. Mit anderen Worten: Wenn es den Banken schlecht ging, würden die Sparbücher vom Staat geplündert. Angela Merkels 2008 gegebenes Versprechen gegenüber den Sparern, »dass ihre Einlagen sicher sind«, erwies sich jetzt als Makulatur.

Die Reaktion von Medien und Wirtschaftswissenschaftlern auf Dijsselbloems Offenheit fiel einhellig aus: Der neue Chef am Verhandlungstisch hatte recht. Zudem war er nur der Pflicht gefolgt, die Menschen auf das vorzubereiten, was ihnen demnächst blühen dürfte. Aber wo es um eine so heikle Sache wie den Euro geht, zählen weder Recht noch Pflicht. Es zählen die Märkte, und die reagierten verschnupft. Aktien und Euro gingen auf Talfahrt. Sogleich wurde Dijsselbloem von seinen Kollegen in die Mangel genommen. Die Wahrheit sagen – so etwas tat man einfach nicht! Was blieb dem Holländer übrig, als zurückzurudern? Mit Bedauern nahm er seine Aussagen zurück, versicherte hoch und heilig, Zypern sei ein Sonderfall, und begründete seine peinliche Selbstkorrektur mit der sinnentleerten Floskel, man habe ihn »falsch interpretiert«.

Vermutlich hatten die Euro-Finanzminister ihren unerfahrenen Kollegen darüber aufgeklärt, dass in Sachen Euro die Wahrheit ein viel zu fragiles Gut ist, um sie der breiten Masse anzuvertrauen. Aber diese breite Masse, die man systematisch belügt, ist bei uns der Souverän. Oder ist das ebenfalls eine Lüge?

Mittlerweile hat sich herausgestellt, dass auch Herr Dijsselbloem nicht der Bannerträger der Ehrlichkeit ist, für den man ihn gehalten hat, sondern ein würdiger Nachfolger des Lügenbarons Juncker. Er wird nämlich verdächtigt, bei seinem Lebenslauf geschummelt zu haben. Gegenüber den Staats- und Regierungschefs gönnte er sich in der englischen Version seiner Bewerbung um den Vorsitz der Euro-Gruppe ein Upgrade: Von einem Fachmann für Agrarökonomie, der sein Diplom im unbekannten niederländischen Wageningen erhielt, verwandelte er sich in einen Betriebswirtschaftler, der seinen Masterabschluss an der irischen Universität Cork (UCC) gemacht hatte. Zur Beurteilung seiner Qualifikation als Euro-Gruppen-Chef lag darin ein erheblicher Unterschied. Laut *Independent* vergibt die UCC gar keinen derartigen Masterabschluss. Dijsselbloem habe dort lediglich für ein paar Monate im Bereich *Food Business* geforscht. Das wird wohl kaum der Grund dafür gewesen sein, dass Angela Merkel Anfang Juni 2013 einer weiteren französischen Forderung nachgab: in Zukunft einen hauptamtlichen Euro-Gruppen-Chef mit der Führung der Finanzminister der Euro-Zone zu beauftragen. Sie begründete diesen Meinungswechsel mit der Unerlässlichkeit »einer vertieften Zusammenarbeit«.

Zur allgegenwärtigen Euro-Lüge gehören auch die Rettungspakete. Als 2010 das erste für Griechenland beschlossen wurde – es handelte sich um läppische 110 Milliarden Euro –, ließ man die Bürger in dem Glauben, es sei auch das letzte. Der »Einzelfall« machte Schule. Bald folgte der vorläufige Euro-Rettungsschirm EFSF, 2012 nahm der dauerhafte Stabilisierungsmechanismus ESM die Arbeit auf. Als das zweite Griechenland-Paket auf den Weg gebracht wurde, belief es sich auf die stolze Summe von 164 Milliarden Euro. 2010 folgten Kredithilfen an Irland mit 85 Milliarden, an Portugal mit 78 Milliarden und 2012 an Spanien mit rund 40 Milliarden. Da fallen die 2013 gewährten 10 Millionen an Zypern kaum mehr ins Gewicht. Man fühlt sich an den Kantinenspruch »Wer will noch mal, wer hat noch nicht?« erinnert.

Selbst ein europafreundlicher Journalist wie Heribert Prantl brach im April 2013 in die Klage aus: »Die ganze Euro-Rettung basiert auf Entrechtlichung.« Und der ehemalige Verfassungsrichter Paul Kirchhof meinte zur gleichen Zeit: »Hätte man das Recht beachtet, gäbe es keine Eurokrise.« Wer aber das Recht bricht, der nimmt es auch mit der Wahrheit nicht genau.

Das Tollste an dieser Verteilungsaktion deutscher Ersparnisse, die im rechtsfreien Raum stattfindet: Die Empfänger werden zu wenig oder nichts verpflichtet. Und sollten sie sich verpflichtet haben, heißt das noch lange nicht, dass sie sich auch daran halten. So ist das mit Südeuropa, und dafür hat man in Brüssel nur noch ein Achselzucken übrig. Verfolgt man das Prozedere vom Hilfsersuchen bis zur Auszahlung, zeigt sich immer das gleiche Schema. Für die zur Kasse gebetenen Geber gilt: Man möchte nicht, aber muss doch. Für die zum Sparen verdonnerten Nehmer dagegen: Man möchte gern, aber kann nicht.

Bekanntlich werden die Sparziele, von denen die Rettungsmilliarden abhängen, von der sogenannten Troika, einem reisenden Schnellgericht, ausgehandelt. Die Troika hat keinerlei demokratische Legitimation, aber schreibt jedem Land vor, was es zu tun hat. Die Troika-Mitglieder von EU, EZB und IWF einigen sich mit dem betreffenden Land auf dessen Sparziele, die einzuhalten es hoch und heilig verspricht. Im Gegenzug setzt sich die Troika in Brüssel dafür ein, dass die erbetenen Gelder fließen, immer vorausgesetzt, dass das Land seine Versprechen erfüllt.

Kaum sind die erbetenen Gelder geflossen, Milliarden über Milliarden, sagen die Nutznießer des Transfers: »Halt, einen Moment. Es geht doch nicht. Als Folge unserer Sparanstrengungen wächst unsere Wirtschaft nicht mehr. Weil unsere Wirtschaft nicht mehr wächst, kriegen wir keine Steuereinnahmen. Ohne Steuereinnahmen jedoch, versteht sich, können wir die gesteckten Ziele nicht erreichen.« Hier beißt sich die Schlange in den Schwanz, und die spendablen Nordländer sehen sich ein weiteres Mal geprellt.

Zum Falschspiel gehört, dass auf europäischen Fernsehschirmen aufgebrachte Südländer zu sehen sind, die alle unmittelbar vor dem Ruin zu stehen scheinen und deshalb Angela-Merkel-Puppen aufhängen und Deutschland verfluchen. Was wiederum ihrer Regierung nur recht sein kann, da es den Geldgebern drastisch vor Augen führt: Der Geist ist willig, aber das Fleisch ist schwach. Die Regierung war zur Einhaltung der Troika-Ziele bereit, aber das Volk hat sich leider geweigert. Man nimmt also das Geld der Deutschen, und dafür bekommen sie ein Hitler-Bärtchen angemalt.

Soll man das Verhalten der Rettungspaketempfänger nicht beim Namen nennen dürfen? Sie alle lügen sich, wie man sagt, in die eigene Tasche. Und als Dank dafür, dass das Geld aus unserer Tasche kommt, werden wir als neue Nazis verleumdet. Wobei es nicht weiter verwundert, dass unsere Politiker das Trauerspiel unkommentiert vorüberziehen lassen und keine Sekunde daran denken, ihre zahlenden Mitbürger dagegen in Schutz zu nehmen. »Gar net erst ignorieren«, scheint die Devise zu lauten. Und keiner tut den Mund auf und sagt: Welch ein Unding ist es, uns für unsere Großzügigkeit zu verleumden! Aber das ist die Realität in der »schönen neuen Euro-Welt«.

Für mich gibt es keinen Zweifel, dass Jean-Claude Juncker für alle Euro-Verfechter zum heimlichen Vorbild geworden ist. Verstand er es doch wie kein anderer, den Bürgern Maßnahmen schmackhaft zu machen oder als unausweichlich hinzustellen, deren Nachteile er verschwieg. Oder deren Vorteile er mit viel Überzeugungskraft heraushob, auch wenn es sie gar nicht gab. Das heißt, meist gab es sie, vor allem für die Schuldenländer.

Der restriktive Umgang der Euro-Politiker mit der Wahrheit, den Juncker erfolgreich vorgelebt hat, legt den Verdacht nahe, es handle sich um eine Verschwörung. Zwar gehöre ich nicht zu den Verschwörungstheoretikern, die nach Dan-Brown-Art überall ein Komplott wittern. Doch wenn eine Gruppe von Menschen sich heimlich verabredet, etwas Unrechtes zu planen und durchzuführen, gibt es zur Beschreibung nun einmal kein besseres Wort.

Den Ausgangspunkt bildet immer die Lüge. Um nicht durchschaut zu werden, zieht sie immer neue Lügen nach sich. Lügner, so heißt es, müssen ein gutes Gedächtnis haben. Aus kleinen Anfängen entwickelt sich bald eine Eigendynamik, die immer mehr Menschen mitreißt, denen als unbezweifelbare Wahrheit gilt, was eigentlich ein Ideenkonstrukt ist. »Eine Lüge ist wie ein Schneeball«, sagte Martin Luther, »je länger man ihn wälzt, umso größer wird er.«

Der Euro-Schneeball ist so groß geworden, dass man die, die ihn rollen, nicht mehr sieht. Er scheint sich verselbstständigt zu haben, walzt alles nieder, was sich ihm in den Weg stellt. Und es ist nur eine Frage der Zeit, wann er auf eine schiefe Ebene gerät und abstürzt.

Einer, der unauffällig mitschiebt, ist der polnische Ministerpräsident Donald Tusk. Er führt sich als ganz besonders überzeugter Euro-Enthusiast auf. Seine Mitbürger aber sind weit davon entfernt.

Zwar leidet auch Polen inzwischen unter der konjunkturellen Schwäche seiner westlichen Nachbarn, doch verzeichnet es schon seit Jahren ein stärkeres Wachstum als die Länder der Euro-Zone. Und es kommt ohne den Euro aus. Wie rätselhaft muss es allen Euro-Fanatikern erscheinen, dass die Länder, die mit dem Euro zahlen, derlei nicht vorzuweisen haben. Die Polen jedenfalls sind mit ihrem Złoty zufrieden. Das hindert ihren Ministerpräsidenten allerdings nicht, den Euro über den grünen Klee zu loben. Er preist die Einheitswährung in höchsten Tönen, ohne dabei Gefahr zu laufen, sie einführen zu müssen.

Laut einer Umfrage im April 2013 steht, so die *FAZ*, »die polnische Bevölkerung der Einführung der europäischen Gemeinschaftswährung mehrheitlich ablehnend gegenüber«. Immerhin zwei Drittel »befürchten, dass sich die Lage in der heimischen Wirtschaft dadurch verschlechtert«. Nun hat sich Polen aber beim EU-Beitritt 2004 zur Einführung des Euro verpflichtet – fragt sich nur, wann das geschieht. Die Regierung Tusk spielt auf Zeit. Wirtschaftsminister Piechocinski hat bereits signalisiert: ohne mich. Das offiziell angepeilte Datum 2016 nennt er unrealistisch.

Dennoch vergeht kein EU-Treffen, ohne dass Tusk das Loblied auf die Währung singt, die sein Volk nicht haben will – und er selbst vermutlich auch nicht. Charmant küsst er Merkels Hand, drückt die Kanzlerin innig an sich. Nur wer genau hinsieht, bemerkt, dass hier ein Blender am Werk ist.

Wie sehr der Euro auch in anderen Nicht-Euroländern an Attraktivität eingebüßt hat, erfuhr ich bei einer Konferenz nahe Stockholm, die Mitte 2012 von einer Stiftung veranstaltet wurde. Hier traf ich viele Bekannte wieder, darunter John Adams, einen Kollegen aus alten IBM-Zeiten, und den *Zeit*-Herausgeber Josef Joffe.

Während der Gespräche, die wir in der Mittsommernacht im Freien führten, erinnerte ich mich sehr lebhaft an einen früheren Besuch in Schweden. Damals, Ende der Neunzigerjahre, als ganz Europa sich auf die bevorstehende Einführung des Eurogeldes freute, hatte mich der Präsident des schwedischen Industrieverbandes eingeladen. Er brauchte dringend Schützenhilfe zugunsten des Euro. Seit Längerem führte er einen einsamen Aufklärungsfeldzug, um seine Landsleute von der Notwendigkeit der europäischen Gemeinschaftswährung zu überzeugen. Da er mich als Befürworter kannte, hoffte er auf Unterstützung bei seinen Kollegen. In einer sehr gepflegten, geradezu altehrwürdigen Umgebung, vermutlich der Stockholmer Handelskammer, hielt ich eine Rede. »Leute«, sagte ich sinngemäß, »selbst wenn ihr gegen den Euro seid – sobald er da ist, müsst ihr ihn auch haben. Sonst würdet ihr in Europa marginalisiert werden.«

Die Reaktion war enttäuschend. Freundlicher Beifall, aber nicht mehr. Kaum einer der Unternehmer, mit denen ich hinterher sprach, stimmte mir zu. Und ich musste begreifen: Europa fiebert dem Euro entgegen, doch die Schweden zeigen ihm – und damit Europa – die kalte Schulter.

In jener Mittsommernacht im Jahr 2012 traf ich wieder mit schwedischen Industriellen zusammen. Sie ließen mich ihre Genugtuung spüren, damals richtig entschieden zu haben. Kaum einer hatte ein gutes Wort für den Euro. Laut der neuesten Umfrage, so sagten sie, seien 73 Prozent der schwedischen Unternehmer und 91 Prozent der Bevölkerung gegen den Euro. In diesem Zusammenhang erfuhr ich auch, dass sich der Präsident des Industrieverbandes, der mich damals zu Hilfe gerufen hatte, bei den Schweden dafür entschuldigt hat, ihnen den Euro ans Herz zu legen. Heute entschuldige ich mich bei den Deutschen dafür, damals für eine Währung geworben zu haben, von der ich heute weiß, dass sie nicht nur unserem Land, sondern ganz Europa sehr viel mehr schadet als nützt.

Obwohl vielen Politikern längst dämmern dürfte, was sie mit dem Euro angerichtet haben, denkt keiner daran, dies einzugestehen. Einen Fehler gesteht man nicht ein. Wenn man ihn begangen hat, hält man daran fest wie ein Hund, der sich in einen Knochen verbissen hat. Und warum? Vermutlich aus einer Mischung aus Eitelkeit und Rechthaberei. Denn wer einen Fehler zugibt, ist schwach, hat versagt, tritt zurück. Wer den Fehler nicht zugibt, muss nicht zurücktreten. Und Rücktritt ist für einen Karrieristen der Albtraum schlechthin – man verzeihe mir, dass ich »Karrierist« als Synonym für Politiker verwende.

Noch dramatischer erscheint die Situation, wenn statt einzelner Politiker ganze Geberländer ihre Fehler eingestehen. Würden sich beispielsweise die nördlichen Euroländer, wie ich vorschlage, vom Einheits-Euro ab- und dem neu zu schaffenden Nord-Euro zuwenden, müssten sie automatisch zugeben, mit der alten Währung einen Kardinalfehler begangen zu haben. Das käme nationaler Schande gleich. Außerdem hieße das, sie müssten einen Großteil der Garantien und Kredite, die sie gewährt haben, abschreiben. Das wäre mit dem Eingeständnis verbunden, jahrelang blauäugig das Wohl der eigenen Bürger vernachlässigt zu haben.

Um diese Ansehenskatastrophe abzuwenden, bietet sich das Lügen an. Lügen kostet nichts und sichert, klug eingesetzt, Ansehen, Posten und Karriere. Was will man mehr? Unausdenkbar, wenn unsere Politiker die Wahrheit etwa über die »Griechenlandrettung« sagten – wobei bereits das Wort in die Irre führt, da nicht Griechenland zu retten war, sondern griechische Banken. Welche Fakten müssten sie dabei offenlegen?

Hätten sie den Nord-Euro eingeführt, als die Griechenland-Krise begann, wären 10, 20, höchstens aber 40 Milliarden zu zahlen gewesen. Ein Jahr später wären es schon 100 Milliarden gewesen. Würden wir den Nord-Euro jetzt einführen, wären es vielleicht 300 Milliarden. Nach weiteren zwei Jahren dürfte es eine halbe Billion sein. Natürlich wird kein Politiker offen sagen, dass diese Abwartetaktik schweren Schaden über seine Volkswirtschaft bringt.

Offen wird man gar nichts mehr sagen. Hätte man den Spruch beherzigt, wonach ein Ende mit Schrecken besser ist als ein Schrecken ohne Ende, wäre man, um im Bild zu bleiben, mit dem Schrecken davongekommen. Stattdessen sind wir immer tiefer in den Euro-Morast hineingeraten. Ist es da ein Wunder, dass kein einziger Politiker jetzt noch die Wahrheit sagt? Dass keiner, nach dem alten Sprichwort, »der Katze die Schelle anhängen« möchte?

So weit die Politiker der Geberländer, die reiche Gaben verteilen und doch arm dran sind. Ganz anders die Politiker der Nehmerländer, die nicht nur arm sind, sondern immer ärmer werden, und sich deshalb immer großzügiger beschenken lassen. Gegenüber ihren gebefreudigen Kollegen haben sie den Vorteil, nicht lügen zu müssen. Je drastischer sie die katastrophalen Folgen ihrer Politik ausmalen, umso weiter öffnet sich der Geldbeutel der Nordländer. Und dabei brauchen sie gar kein schlechtes Gewissen zu haben, im Gegenteil: Durch die unverhüllte Wahrheit über ihren wirtschaftlichen Notstand nützen sie ihrem Volk. Für die Politiker der Geberländer gilt: Durch ihre Lügen schaden sie ihren Völkern.

Zum Beispiel durch die Lüge von der »Europäischen Bankenaufsicht«, die im April 2013 endgültig beschlossen wurde. Das klingt so vernünftig, als würde in das Kredit- und Schuldenchaos dieser Zockerhochburgen endlich Klarheit gebracht, endlich mit Brüsseler Argusaugen über Fairness und ehrliche Methoden gewacht werden. Wolfgang Schäuble hat die Idee gepriesen, Kommissionschef Barroso den Plan verkündet, wobei er wohlweislich darauf verzichtet hat, für die eigentlich damit angezielte Bankenunion einen Termin zu nennen.

Der nun vorgeschobene Begriff der »Bankenaufsicht« täuscht, soll täuschen. Den meisten Euro-Rettern geht es im Kern darum, dass die Großbanken für die Schuldentilgung kein eigenes Geld mehr haben, und Europa sich deshalb aus den gewaltigen Einlagen der deutschen Sparkassen bedienen will. Dass es diesen Schatz gibt, der europäische Begehrlichkeiten weckt, liegt vor allem daran, dass die Sparkassen sowie die Volks- und Raiffeisenbanken nicht »auf Teufel komm raus« gezockt haben, wie Großbanken vor allem in den Südländern, sondern ein ehrliches Geschäft betrieben, Vertrauen gegen Vertrauen. Dieses Vertrauen der Sparer entstand nicht zuletzt dadurch, dass es in Deutschland, anders als in anderen Ländern, einen Einlagensicherungsverein gibt, der im Fall einer Bankenpleite solidarisch für deren Spareinlagen einsteht. Als 1974 die Herstatt-Bank unterging, haben ihre Sparer keinen Pfennig verloren.

So bilden die über 400 deutschen Sparkassen zusammen mit den sieben Landesbanken einen Haftungsverbund, helfen einander also im Notfall aus. Ähnlich funktioniert die Absicherung der rund 1100 deutschen Genossenschaftsbanken, zu denen die Volks- und Raiffeisenbanken gehören, die füreinander einspringen, wenn die Situation es erfordert.

Von diesem Einlagensicherungsmodell, einmalig in der Welt, möchten nun auch die ärmeren Länder profitieren. Deutsche Sparkassen sollen auch für Banken anderer Länder im Pleitefall geradestehen. Damit den deutschen Sparern, den fleißigsten in Europa, diese Bedrohung ihrer Zukunftssicherung verborgen bleibt, spricht man von einer »Aufsicht« – ein Wort, das der notorischen Kontrollfreude der Deutschen entgegenkommt.

Nur geht es nicht nur um Aufsicht. Es geht einigen Euro-Rettern um Umverteilung. Die Umverteilung der Risiken ist für sie das eigentliche Ziel der »Bankenunion«, wie das andere Etikett für den Zugriff auf deutsche Privatreserven lautet. Wie wenn ein Kind mit wenig Taschengeld einem anderen, das davon viel besitzt, den Vorschlag macht, »alles in einen Topf« zu tun, aber nur im Notfall darauf zurückzugreifen – wie lange wird es wohl dauern, bis dieser Notfall eintritt?

Im Juni 2012 wandten sich 160 Ökonomen und Wirtschaftsprofessoren unter Führung Hans-Werner Sinns an die deutsche Öffentlichkeit, um sie vor den Gefahren zu warnen, »die unserer Wirtschaft drohen«. Die »Entscheidungen, zu denen sich die Kanzlerin auf dem Gipfeltreffen der EU-Länder gezwungen sah, waren falsch«. Sie sind nichts als der erste Schritt »in die Bankenunion, die eine kollektive Haftung für die Schulden der Banken des Euro-Systems bedeutet« und de facto die »Sozialisierung der Schulden« sein wird. Zusätzlich sehen die Unterzeichner das Risiko, dass die Haftungssummen durch die Nehmerländer ständig vergrößert werden – selbst die Zustimmung der Kanzlerin zur Aufsicht geschah ja »gezwungen« –, wodurch »Streit und Zwietracht unter den Nachbarn vorprogrammiert« seien.

Bald darauf wehrten sich zwei hohe Verbandsführer gegen die geplante Bankenunion. In einem offenen Brief, der ebenso in Großanzeigen verbreitet wurde wie im Vorjahr Crommes Euro-Eloge, fuhren Sparkassen-Präsident Georg Fahrenschon und Uwe Fröhlich, Präsident der Volksbanken und Raiffeisenkassen, der Kanzlerin in die Parade: Der Plan sei »absolut inakzeptabel«. Statt, wie üblich, den Dissens beim vertraulichen Gespräch im Kanzleramt auszuräumen, wählten sie im September 2012 den Schritt in die Öffentlichkeit – die Ultima Ratio, wenn nichts anderes mehr hilft. Kein Zweifel, die beiden Verbandsführer, die fast jeden Haushalt in Deutschland repräsentieren, misstrauten der Kanzlerin, glaubten nicht länger, dass sie ihren falschen Weg aufgrund eines diskreten Gesprächs zu korrigieren bereit wäre.

»Sehr geehrte Frau Bundeskanzlerin«, so begannen sie den Brief, in dem sie sich, schon mit Rücksicht auf das Vertrauen ihrer Kunden, scharf »gegen die Übernahme von Zahlungspflichten für ausländische Banken« verwahrten. Mit deutlichen Worten warnten sie vor dem Plan Wolfgang Schäubles, deutsche Spareinlagen der europäischen Idee zu opfern – ohne die Betroffenen darüber ausreichend zu informieren, geschweige denn ihnen die Möglichkeit zu geben, dagegen zu votieren. »Das geht an die Grundfesten der deutschen Sparkassen und Genossenschaftsbanken.«

Eine solch offene Konfrontation erzkonservativer Funktionsträger mit der Kanzlerin hat es meines Wissens noch nie gegeben. Ein echter Eklat – auf den kein Donner folgte. Der Brief der empörten Sparkassen-Chefs wurde im Kanzleramt *ad acta* gelegt – und mit ihm die Sorge der deutschen Sparer, irgendwann vom selben Schicksal ereilt zu werden wie die Zyprer, deren Vermögen per Handstreich teilenteignet wurde. Dass sich Vertreter deutscher Großbanken bei ihren Sparkassen-Kollegen über deren »öffentliche Angstmacherei« beschwerten, passt natürlich ins Bild. Warum sollten nur Kunden der deutschen Großbanken für ausländische Banken in Mithaftung genommen werden, die der Sparkassen aber verschont bleiben?

Wolfgang Schäuble hat sich für die Bankenunion eingesetzt. Natürlich unter der Flagge »Bankenaufsicht«. Vom Einbringen deutscher Spareinlagen in einen gemeinsamen europäischen Bankentopf wollen sie jetzt zwar nichts mehr wissen und haben wieder einmal eine »rote Linie« in den Sand gezogen, die für die Bundesregierung nicht zu überschreiten sei. So wie bei früher in den Sand gezogenen Linien, muss man aber davon ausgehen, dass auch diese notfalls für die Euro-Rettung überschritten wird. Übrigens muss man daran erinnern, dass sich bereits über die Hälfte der deutschen Banken in staatlicher Hand, also »unter Aufsicht«, befinden. Nur – wo Bankenaufsicht draufsteht, ist früher oder später eine europäische gemeinschaftliche Einlagensicherung drin. Dann haftet jeder deutsche Sparer für jeden anderen Sparer in der Euro-Zone. Ein Wunschtraum für jeden, der auf dem Sparbuch nur Miese hat – ein Albtraum für jeden, der, wie die meisten Deutschen, über solide Einlagen verfügt.

Als ich bei der schon erwähnten *hart aber fair*-Diskussion Hermann Gröhe auf diesen Anschlag auf die deutschen Sparbücher ansprach, wies der CDU-Generalsekretär die Existenz eines solchen Plans zurück.

Ginge es in der Politik ehrlich zu, hätte die Regierung zugeben müssen, dass man erst die Bundestagswahl gewinnen wollte, bevor man die Menschen mit derlei gefährlichen Eskapaden konfrontierte. Dummerweise ließ Junckers Nachfolger, Jeroen Dijsselbloem, schon im Mai 2013 die Katze aus dem Sack, als er, zusammen mit Währungskommissar Olli Rehn, eine »einheitliche europäische Einlagensicherung« forderte. »Eine Bankenunion«, so Rehn, »ist langfristig ohne gemeinsamen Einlagensicherungsfonds nicht vollständig.« Im Klartext: Auch die Guthaben auf den Sparbüchern deutscher Sparkassen, Volks- und Raiffeisenbanken werden zur Rettung ausländischer Banken herangezogen werden.

Es ist nun einmal so: Will man weiterhin südeuropäische Banken und den Euro retten, ist die gemeinschaftliche Einlagensicherung unvermeidlich. Die Konsequenzen für die deutschen Sparer lassen sich leicht ausrechnen. Wo aber blieb der Protest der deutschen Regierung? Was gilt denn nun: das Wort des CDU-Generalsekretärs oder das des Chefs der Euro-Gruppe? Erst nach der Wahl werden wir wissen, wer von beiden der Euro-Lügner war.

In diesem für Deutschland entscheidenden Punkt hat auch Wolfgang Schäuble sich wieder um die Wahrheit gedrückt. Am gleichen Tag wie Dijsselbloem bestätigte der Finanzminister, dass es sich bei der Bankenunion um ein »vorrangiges Projekt« handle. Dass sich dahinter das Risiko der europäischen Einlagensicherung verbirgt, verschwieg er. Kann Schweigen schon Lüge sein?

3. Mario Draghi

Die dankbare Aufgabe einer Umverteilung mittels »Bankenunion« wird die EZB übernehmen, die von Mario Draghi nach südländischem Stil geführt wird. Nach französischem Wunsch sollte dieser Sparbuchkommunismus bereits zum 1. Januar 2013 kommen, doch zog die Taktikerin Angela Merkel ein Moratorium vor. Um im Bundestagswahljahr die Wähler nicht zu verschrecken, verschob sie die Einführung auf Anfang 2014. Dann ist sie vermutlich wiedergewählt und hat freie Hand, ohne befürchten zu müssen, dass die Presse ihr in den Arm fällt.

Man stelle sich vor, das europäische Gemeinschaftssparschwein wäre nach dem ersten Zeitplan gekommen: Niemand hätte etwas von der Zypern-Krise bemerkt, denn die benötigten Milliarden wären aus dem von der EZB beaufsichtigten europäischen Einlagensicherungsfonds mehr oder weniger lautlos in die leeren Kassen der bedrängten Banken auf der Mittelmeerinsel geflossen. Kein Aufstand in Nikosia, keine Beunruhigung der deutschen Sparer. Alles wäre klammheimlich vor sich gegangen, und man hätte guten Mutes der nächsten Schuldenkrise und Bankenrettung entgegensehen können.

Nur dass der wahre Wert der deutschen Einlagen jedes Mal schrumpfen und schrumpfen wird. Bezeichnend, dass die deutschen Medien, als die Bankenunion ins Spiel gebracht wurde, kaum Anstoß nahmen. So wenig, wie sie protestieren werden, wenn diese Vergemeinschaftung eingeführt wird. Ganz einfach, weil der Euro heilig ist. Da ist jedes Mittel recht – besonders wenn es aus Deutschland kommt.

Inkonsequent erscheint mir allerdings, dass die Sparkassenchefs unbeirrt zum Euro stehen. Was aber, wenn der Euro nur um diesen Preis zu halten ist? Was, wenn Euro-Europa mehrheitlich beschließt, dass deutsche Spareinlagen nicht länger tabu sein dürfen? So weit scheint keiner von ihnen vorauszudenken. Auch

Menschen, die nicht zu den Euro-Lügnern gehören, scheinen nicht davor gefeit, sich selbst zu belügen.

Bei Mario Draghi bezweifle ich, dass er sich – wie Nietzsches Fantast oder ein deutscher Bundestagsabgeordneter – selbst belügt. Nachdem er, mit Merkels Wohlwollen, als Nachfolger Jean-Claude Trichets zum Chef der EZB ernannt wurde, setzte er dessen Kurs fort, ja intensivierte ihn. Seltsam, dass keiner unserer Abgeordneten, ja nicht einmal die sonst so reizbare Presse nachfragte, wieso gerade die Vertreter der Deutschen, Weber und Stark, schon im Vorfeld den Exodus aus der EZB angetreten hatten. Ebenso gut hätte man bald darauf fragen können, warum ihre Nachfolger Weidmann und Asmussen angesichts der waghalsigen Politik der Institution nicht ausgetreten sind. Und warum es sich bei den ausharrenden Beisitzern gerade um Merkel-Leute handelt.

Spätestens nach Draghis spektakulärer Ankündigung, notfalls grenzenlos Staatsanleihen aus Schuldenstaaten aufzukaufen, salopp gesagt »bis der Arzt kommt«, hätten Weidmann und Asmussen genauso gehen müssen wie vor ihnen Weber und Stark, da dies der bisherigen Bundesbankpolitik diametral entgegenstand – auch den Bekundungen ihrer Mentorin Angela Merkel. Denn sobald diese Staatsanleihen, die dann ins Eigentum ihres Retters, der EZB, übergegangen sind, sich endgültig als der Schrott erweisen, der sie jetzt schon sind, wird es keinen »Arzt« mehr geben, der kommen und retten kann. Wenn der Retter selbst untergeht, gibt es keine Rettung mehr.

Der endgültige Bruch mit der Bundesbanktradition wurde von Mario Draghi vollzogen, als er im Juli 2012 ankündigte, die EZB werde »alles Notwendige tun, um den Euro zu erhalten. Und glauben Sie mir, es wird reichen«. Damit hatte er nicht einmal gegen den Willen der Bundesregierung gehandelt, die sich ja ebenfalls die Rettung des Euro auf ihre Fahnen geschrieben hat. Aber er hat gegen die bis dahin geltenden Prinzipien der EZB verstoßen und sich gleichsam eine Blankovollmacht für alle zukünftigen Interventionen ausgestellt. Denn nur er selbst wird entscheiden, was »notwendig« ist und was nicht. Und Angela Merkel, die eigentlich die Interessen der deutschen Steuerzahler vertreten müsste, hat das abgenickt.

Man erinnere sich: Als angesichts des baldigen Ausscheidens Jean-Claude Trichets der Italiener Mario Draghi ins Spiel gebracht wurde, erhoben sich in Deutschland Stimmen, die seine Qualifikation für dieses Amt infrage stellten. Nicht, dass man seine Befähigung als Banker anzweifelte – er war fünf Jahre lang Präsident der italienischen Nationalbank gewesen –, aber man war nicht überzeugt von seiner Methode, mit Geld umzugehen.

Seit Beginn des gemeinsamen Marktes hatten die Bundesbank und die Nationalbanken Frankreichs und Italiens einen unterschiedlichen Kurs gesteuert. Den Deutschen war Geldwertstabilität sehr wichtig, die anderen wollten mit ihrer Währung flexibel umgehen und sie bei Bedarf abwerten. Da man in Draghi einen Vertreter der Philosophie des »weichen Geldes« vermutete, lehnten viele Deutsche ihn ab. Dagegen wurde eingewendet, dass er in den vergangenen Jahren als italienischer Zentralbankchef einen »harten« Kurs gefahren sei. Dennoch, als die EZB gegründet wurde, wäre es absolut unvorstellbar gewesen, dass die Deutschen deren Führung einem Italiener überlassen.

Man erinnere sich an die Gründung 1998: Die Deutschen, die einen eigenen Kandidaten nicht hatten durchsetzen können, präferierten den Niederländer Wim Duisenberg, die Franzosen ihren eigenen Kandidaten Jean-Claude-Trichet. Beide hatten damals das Image stabilitätsorientierter Nationalbanker. Man einigte sich darauf, dass die Amtszeit des neuen EZB-Chefs zweigeteilt würde. Duisenberg sollte zuerst zum Zug kommen, nach ihm dann Trichet. In meinen Augen war das ein Unding, aber es gehörte eben zu den typisch europäischen

Kompromissen, in denen sich die Machtverhältnisse widerspiegelten.

Es entsprach aber nicht der ursprünglichen Konzeption der EZB: Europa in geldpolitischer Hinsicht nach der Bundesbank auszurichten. Das war ja eine der Bedingungen der Deutschen dafür gewesen, die D-Mark aufzugeben. Nachdem man nun einen Franzosen ins Amt gehievt hatte, fiel es relativ leicht, einen Italiener folgen zu lassen. Der Dreischritt von Duisenberg zu Trichet und Draghi illustriert die Verschiebung der Prioritäten vom harten zum weichen Kurs. Konsequenterweise müsste der nächste EZB-Präsident ein Grieche sein.

Die deutschen Bedenken gegen den »Lira-König« Draghi wogen deshalb schwer, und entsprechend groß war das Bemühen der Befürworter, die Öffentlichkeit zu seinen Gunsten umzustimmen. Kaum war er als Nachfolger Trichets vorgeschlagen, begann in der deutschen Presse ein wahres Feuerwerk an Sympathiekundgebungen. Auch er selbst, aktiver Teil der Pro-Draghi-Kampagne, warb um die »Gunst der Deutschen«, wie die *FAZ* im März 2012 feststellte. Als wäre er von PR-Ratgebern aus dem Kanzleramt gesteuert, ließ er sich von der *Bild*-Zeitung zwei Tage lang in ausführlichen Interviews feiern.

Gebauchpinselt vom Boulevardblatt, schreckte er nicht einmal vor der Geschmacklosigkeit zurück, sich von der *Bild*-Zeitung mit einer Pickelhaube aus dem preußisch-französischen Krieg von 1871 ablichten zu lassen, überreicht von den Chefredakteuren Kai Diekmann und Nikolaus Blome. »Schlag auf Schlag«, so die *FAZ*, trat er in öffentlichen Veranstaltungen auf, um »die Deutschen mit einer Charme-Offensive zu gewinnen«. Passend zur Pickelhaube gestand er seine angebliche Schwäche für preußische Tugenden wie Sparsamkeit und Disziplin ein. Mehr noch, um letzte Zweifel an seinem stabilitätsorientierten Kurs zu zerstreuen, bestätigte er: »Deutschland ist ein Vorbild.«

Pustekuchen. Die damalige Frage der *FAZ* – »Ist das alles nur Show?« – erwies sich bald als nur zu berechtigt. Eine seiner ersten Aktionen bestand darin, europäischen Banken auf einen Schlag 1 Billion frisch gedruckten Geldes zu niedrigen Zinsen zu leihen. Kraft eigener Vollmacht setzte er sich damit über bewährte Zentralbankprinzipien hinweg. Eigentlich hätte von deutscher Seite ein Riesenaufschrei erfolgen müssen. Doch nicht einmal die Regierung reagierte, was sich erklären lässt: Wolfgang Schäuble muss sofort erkannt haben, welchen Vorteil ihm diese Selbstermächtigung des EZB-Präsidenten brachte. Um ständig neue Gelder für die Schuldenstaaten locker zu machen, musste er nicht mehr beim Bundestag vorstellig werden. Die Hilfsaktionen, die der Deutsche ohnehin befürwortete, gingen jetzt auf Draghis Kappe.

Um seiner ersten großen Geldspritze ein preußisches Mäntelchen umzuhängen, taufte Draghi sie, als Fortsetzung seiner Pickelhauben-Verirrung, nach dem deutschen Riesengeschütz »Dicke Bertha«, mit dem einst Paris beschossen wurde. Schon bevor er billige Euros über Europa abfeuerte, hatte Draghi Staatsanleihen Not leidender Südländer für 218 Milliarden Euro aufgekauft, womit er großzügig die Löcher in deren Staatshaushalten mit EU-Geld zu stopfen begann. War die EZB immer stolz darauf gewesen, nicht unter politischem Einfluss zu stehen, übte Draghi, ohne die geringste demokratische Legitimierung, nun selbst politischen Einfluss aus, etwa indem er den italienischen Staatspräsidenten telefonisch drängte, Neuwahlen in seinem Land zu verschieben. Gegen derlei Machtausübung eines Eurokraten hat die Demokratie keine Chance.

Noch als BDI-Präsident hatte ich immer dann öffentlichen Protest angemeldet, wenn ein Bundeskanzler oder sein Finanzminister meinten, die Unabhängigkeit der Bundesbank infrage stellen zu müssen, sei es mit unerwünschten Ratschlägen oder mit Kritik. Nie vergessen werde ich, wie Kohls Finanzchef Theo

Waigel vor der Bundesbank eine spektakuläre Hubschrauberlandung hinlegte, um die Bundesbanker zu einem ebenso spektakulären Schritt zu veranlassen: Um ein plötzlich entstandenes Haushaltsloch zu stopfen, sollte die Bundesbank ihre Goldbestände verkaufen. Die Bank ließ ihn samt Hubschrauber abblitzen. Bei Mario Draghi haben sich die Machtverhältnisse umgekehrt: Wenn er ruft, muss die Bundesbank kuschen.

Heute werden die zyprischen Banken dafür kritisiert, dass sie in griechische Anleihen »überinvestiert« haben. Denn das führte zum Kollaps ihres Bankensystems und schließlich zum *haircut* für seine Sparer. Dabei haben sie nur getan, was Herr Draghi auch gesagt und getan hat: gutes Geld für schlechte Papiere ausgegeben. Aus unserer Sicht könnte man auch sagen: Unser gutes Geld für schlechte südliche Anleihen ausgegeben. Das heißt, wenn Draghi angekündigt hat, zur Stabilisierung eines Landes so viele Staatspapiere wie nötig aufzukaufen, kann dies den zyprischen Banker nur ermutigt haben, in Griechenland munter zuzugreifen und hohe Zinsen zu kassieren. Und ganz ohne Risiko, denn Draghi würde ihn ja raushauen.

Dann kam der Zusammenbruch der Ferieninsel, und die Troika musste harte Bedingungen diktieren – womit Draghis vollmundige Ankündigung widerlegt war. Er selbst hat daraufhin das Steuer herumgerissen und indirekt mit dem Rauswurf Zyperns aus dem Euro gedroht. Womit der sonst so spendable EZB-Chef sich zur Statuierung eines Exempels ausgerechnet das kleinste Land ausgesucht hatte.

4. Wolfgang Schäuble

Einer, der sich wohl nicht selbst belügt, ist Wolfgang Schäuble. Wenn neben Jean-Claude Juncker und Mario Draghi noch einem anderen der Ehrentitel »Profi der Täuschung« zukommt, dann ihm. Im Gegensatz zur Kanzlerin ist ihr wohl engster Mitarbeiter für mich kein Rätsel. Ich habe ihn lange Jahre bewundert. Heute halte ich ihn für einen Fanatiker. Irgendwann hat er sich in den Euro-Morast, den Merkel mit verschuldet hat, hineingeritten und empfiehlt dies seitdem allen zur Nachahmung. Heute fürchte ich, dass ihn sein unbeirrbares Sendungsbewusstsein, »Europa und den Euro zu retten«, für Deutschland richtiggehend gefährlich macht.

Was meine persönliche Beziehung zu Wolfgang Schäuble betrifft, hat sie seit der Eurokrise einen radikalen Wandel durchgemacht. Wobei ich betonen muss, dass nicht ich es war, der sich verändert hat. Wir haben uns in den Neunzigerjahren kennengelernt, anlässlich regelmäßiger Treffen zwischen den Chefs der Unternehmerverbände und den Fraktionsvorsitzenden der Regierungskoalition, zu denen neben Schäuble der CSU-Mann Michael Glos und Otto Graf Solms von der FDP gehörten.

Von allen mir bekannten CDU-Politikern sprach er sich am deutlichsten für Reformen aus. Zwar hatte er nicht viel Ahnung von Wirtschaft, doch sah er, dank seiner schnellen Auffassungsgabe, die Notwendigkeit von Strukturveränderungen ein. Zudem war er, wie wenige andere Politiker, mit der Gabe des Zuhören-Könnens gesegnet. Wenn man mit ihm sprach, hatte man nicht das Gefühl wie bei vielen seiner Kollegen, dass die Worte wie von einer Gummiwand abprallten. So zurückhaltend er sich gab, bemerkte ich doch bald, dass er unter allen Politikern der mutigste war. Schäuble, das spürte man, wollte etwas bewegen. Und nicht Griechenland oder Zypern, sondern Deutschland war damals sein Anliegen. Unvergessen ist sein Einsatz für

Berlin als Bundeshauptstadt. Allein das sichert ihm einen Platz im Geschichtsbuch. Heute unvorstellbar, aber nicht unwahrscheinlich: Ohne Wolfgang Schäuble wäre Bonn die Hauptstadt eines wiedervereinten Deutschlands.

Obwohl er es nie ausdrücklich ansprach, suchte er beim BDI doch Unterstützung gegenüber Kanzler Kohl und dessen Arbeitsminister Blüm. Während beide am liebsten »alles beim Alten« gelassen hätten, dachte Schäuble längerfristig. Er sah, dass auf den Gebieten von Wirtschaft und Arbeitsmarkt dringend Reformen nötig waren. Wollte man sie, wie es Kohls Gewohnheit war, »aussitzen«, konnte sich die wirtschaftliche Situation Deutschlands schnell verschlechtern – und damit die Akzeptanz seiner eigenen Partei.

Schäuble war damals, davon bin ich noch heute überzeugt, ein ehrlicher Makler. Ich konnte ihn sogar einmal, wohl gegen Ende 2003, bei uns zu Hause begrüßen, wobei mir ein Detail in Erinnerung geblieben ist: Als ich ihn vorher fragte, ob wir ihm Sushi anbieten könnten, antwortete er mit nachdrücklicher Bescheidenheit, wir sollten uns seinetwegen keine Umstände machen, er esse, »was auf den Tisch kommt«. Ich kenne viele Politiker, die »auf bescheiden machen« – Schäuble war bescheiden und, paradox formuliert, er war stolz darauf.

Bei diesem Abendessen hatten wir auch den Unternehmensberater Roland Berger zu Gast, und wir diskutierten über die fälligen Veränderungen des politischen Entscheidungssystems. Kurz vorher, im Oktober 2003, hatten Berger und ich den *Konvent für Deutschland* gegründet, ein Beratergremium namhafter Persönlichkeiten, das sich der »Reform der Reformfähigkeit« unseres Landes widmet.

Zu den Zielen des Konvents, die wir Schäuble schilderten, gehörten unter anderem die Reform des Föderalismus und Länderfinanzausgleichs, die Brechung der Parteienmacht durch Einführung plebiszitärer Elemente und die Einschränkung der

Blockademöglichkeit des Bundesrates. Zu den zahlreichen prominenten Mitgliedern zählen heute Alt-Bundespräsident Roman Herzog, der den Konvent anführt, Hamburgs ehemaliger Bürgermeister Klaus von Dohnanyi, der als sein Stellvertreter fungiert, die Exministerin und SPD-Politikerin Renate Schmidt, der bekennende Euro-Kritiker Henning Voscherau, der Publizist Oswald Metzger, der langjährige Bayer-Chef Manfred Schneider, der ehemalige FDP-Vorsitzende Wolfgang Gerhardt, Baden-Württembergs Exministerpräsident Erwin Teufel und andere. Auch Wolfgang Schäuble gehörte zu den wichtigeren Gesprächspartnern, die für das Ziel, Deutschland dynamischer und wettbewerbsfähiger zu machen, großes Interesse zeigten.

Seit der internationalen Finanzkrise, die bald zur Eurokrise wurde, hat Schäuble seinen Fokus vom Standort Deutschland in Richtung Europa verschoben. Wie seine Kanzlerin sieht er sich als Wahrer der europäischen Einheit, als deren edelstes Symbol er die Einheitswährung betrachtet. Der Euro muss offenbar gerettet werden, auch wenn dies zu Kollateralschäden führt. Gerade diese eurozentrische Weltsicht, die Schäuble zu erfüllen scheint, stellt sowohl für die europäischen als auch für die deutschen Interessen eine Gefahr dar. Denn wenn der deutsche Finanzminister sich unablässig um die Finanzen der anderen kümmert – wer kümmert sich dann um die deutschen?

Und wie soll man Schäubles Auskunft verstehen, die Turbulenzen an den Märkten spielten ihm geradezu in die Karten? »Wir können eine politische Union nur erreichen«, sagte er 2011 der *New York Times*, »wenn wir eine Krise haben.« Mit anderen Worten: Eine Krise ist eigentlich eine gute Sache. Sie zwingt die Menschen zur Annahme von Beschlüssen, in diesem Fall zur politischen Einheit Europas, die sie ohne Krise wohl abgelehnt hätten. Auch Jean-Claude Juncker ist übrigens dieser Meinung: »Nur durch Krisen«, so der Luxemburger, »findet Europa zu mehr Integration.« Und er zeichnet, wie berichtet, ein Kriegsszenario an die Wand, mit dem die europamüden Deutschen eingeschüchtert werden sollen: Wenn ihr nicht spurt, gibt es wieder aufs Haupt!

Der frühere Präsident der Bundesbank, Karl Otto Pöhl, sagte schon im Mai 2010 der *FAZ*, er glaube, dass Krisenszenarien von den Politikern bewusst aufgebaut würden, um ihre fragwürdigen Entscheidungen konsensfähig zu machen. Damals war das deutsche Einknicken bei der Abschaffung der *No-bailout*-Klausel damit begründet worden, dass eine brandgefährliche internationale Spekulation die Existenz des Euro und damit ganz Europas gefährde. Auf die Frage, ob dieser bevorstehende Großangriff der amerikanischen Devisen-Heuschrecken einfach erfunden war, antwortete Pöhl: »Natürlich, das ist möglich. Es ist sogar plausibel.« Der *FAZ*-Artikel trug den Titel »Die Mär von der Spekulation«.

Welcher Zynismus, die Bürger mit falschen Szenarien zu ängstigen! Krisen bedeuten nun einmal Sorgen, Angst um Verluste, Ungewissheit über die eigene Zukunft. Natürlich ist an der These etwas dran, dass Gesellschaften, wie übrigens auch Unternehmen, in Krisensituationen besonders reformbereit sind. Von Max Frisch stammt der Satz: »Die Krise ist ein produktiver Zustand, man muss ihr nur den Beigeschmack der Katastrophe nehmen.« Das heißt aber nicht, dass man Krisen bewusst auslösen sollte, um Reformbereitschaft herzustellen.

Erst wenn man die Deutschen unter Druck setzt, so die Logik unserer Euro-Retter, sind sie bereit, ihre Souveränität nach Brüssel abzugeben und damit aufzugeben. Das heißt, ob sie bereit sind, ist natürlich gar nicht die Frage – sie werden schließlich, anders als die Isländer, nicht befragt. Die Kanzlerin und ihr Finanzminister entscheiden für sie. Das erinnert mich an Henry Fords berühmten Satz: »Was gut für Ford ist, ist gut für Amerika.« Nur fürchte ich, er lässt sich nicht so anwenden, wie Schäuble das anzunehmen scheint. Denn »was gut für den Euro ist«, ist noch lange nicht gut für Deutschland. Und genauer betrachtet für Europa ebenso wenig.

Schäuble ist sehr geschickt darin, seine Absichten zu bemänteln. Ich erinnere mich, dass er zu Beginn der Krise versicherte, das Ganze werde die Deutschen nichts kosten, ja, sie würden daran noch verdienen. Anfang 2011, ich wohnte zu der Zeit für ein paar Monate in New York, gab er ein raffiniertes Statement ab. Er sagte nicht, was nur ehrlich gewesen wäre: Im Gegensatz zu all meinen bisherigen Ankündigungen werden die Deutschen ab jetzt für die Euro-Rettung bezahlen müssen. Stattdessen sagte er, dass sie sich »daran gewöhnen müssen, etwas mehr zu zahlen«.

Man muss sich diesen Satz auf der Zunge zergehen lassen. Was hat Schäuble mit ihm erreicht? Er hat den Eindruck erweckt, als sei er sich der Kosten von Anfang bewusst gewesen und hätte den Deutschen das auch immer schon gesagt. Geschickt kaschierte er, dass er eine radikale Kehrtwendung vollzogen hatte und sein Land vor vollendete Tatsachen stellte. Und damit die Deutschen diese bittere Pille auch anstandslos schluckten, schickte er, zweitens, den Trost hinterher, sie müssten nur »etwas mehr« zahlen. »Etwas mehr« von was? Vorher war doch noch von »nichts« die Rede. Und wie viel kann »etwas mehr« sein? Die Hunderte Milliarden an Bürgschaft, die er den Deutschen in der Folge aufbürden sollte, waren jedenfalls etwas mehr als »etwas mehr«.

Als die *Bild*-Zeitung ihn im April 2013 interviewte – man könnte auch sagen: einem eurohörigen Politiker ein eurohöriges Medium zur Verfügung stellte –, behauptete der Finanzminister Erstaunliches: Am Beispiel Zypern hätten die Euro-Retter bewiesen, dass die Situation nun endgültig unter Kontrolle und die Einheitswährung stabil sei.

Wie absurd diese Behauptung ist, die von der *Bild*-Zeitung nicht einmal hinterfragt wurde, geht schon daraus hervor, dass diese Krise bereits das fünfte Rettungspaket nötig machte – wo doch, laut Schäuble, schon das erste die Krise hatte beenden sollen. Hieß es damals: »nicht einen müden Cent mehr«, heißt es heute: »nur ein paar schlappe Milliarden mehr«. Und dabei hatte Schäuble noch Wochen zuvor behauptet, Zypern sei »nicht systemrelevant«, will sagen: Wenn die dort Schulden machen und pleitegehen, ist das ihr Problem. Mit einem Taschenspielertrick ist aus dem »ihr« ein »unser« geworden. Und keiner geht auf die Barrikaden. Die wirkungsvollste Waffe der Euro-Politiker scheint die Vergesslichkeit ihrer Wähler zu sein.

Liest man die Internetkommentare zu Schäubles Äußerungen, wird allerdings klar, dass die Mehrheit der *Bild*-Leser sein Spiel durchschaut hat. Nein, man will keine neuen Gelder an jene verteilen, die auf den Straßen mit Hassparolen gegen Deutschland auftreten. Den Finanzminister lässt das selbstverständlich unbeeindruckt. Als Merkels bester Mann ist seine Haltung ohnehin »alternativlos« – unter anderem auch deshalb, weil die Mehrheit der Deutschen, wie er wohl weiß, den Euro will – wenn auch nur aus Ahnungslosigkeit. Und er will um jeden Preis retten, was sich auf Dauer nicht retten lässt, ohne dass den Rettern dabei das Geld ausgeht.

Schäubles Behauptung, die Zypern-Rettung sei ein Erfolg gewesen, wurde schon kurze Zeit später widerlegt, als der zyprische Finanzminister zusätzlichen Bedarf an Hilfsgeldern anmeldete. Als wolle er den Zynikerspruch »Was interessiert mich mein Geschwätz von gestern« illustrieren, ließ er im April 2013 verkünden, ja, man habe den Finanzbedarf im November auf 17,5 Milliarden Euro beziffert. Jedoch: »Die Zahl liegt fortan bei 23 Milliarden.« Dass das gesamte Bruttoinlandsprodukt Zyperns 2012 bei 22,5 Milliarden lag, setzte er als bekannt voraus. Zwar muss der Inselstaat die zusätzlichen 6 Milliarden aus eigener Kraft aufbringen, das heißt mittels Plünderung von privaten Bankkonten. Doch kann man sich vorstellen, was geschieht, wenn ihm dies nicht gelingt. Dann gilt für Euroland die Devise: Wer einmal rettet, muss immer retten.

Es geht auch anders: Island hat seine Schuldenkrise aus eigener Kraft gemeistert. Es ließ sogar sein Volk darüber abstimmen, ob man es mit Fremdhilfe oder aus eigener Kraft schaffen wollte. Aus eigener Kraft, entschied man. Im Gegensatz zu Europas Sorgenkindern zögerte man nicht, die Zockerbanken pleitegehen zu lassen und sogar, undenkbar für Europa, die für die Missstände verantwortlichen Politiker vor Gericht zu stellen. Und das Tollste: Es hat funktioniert.

Das Land hat sich wie Münchhausen am eigenen Schopf aus dem Sumpf gezogen. Seit dem Zusammenbruch des Bankensektors ist seine Wirtschaft ständig gewachsen, hat sich Island finanziell nahezu saniert. Der Beitritt zur EU, um den es sich in jahrelangen Verhandlungen bemüht hatte, wurde, wie der Außenminister im Januar 2013 verkündete, bis auf Weiteres auf Eis gelegt. Seinem Volk kann das nur recht sein: Laut einer Umfrage vom Februar dieses Jahres waren 63,3 Prozent der Isländer gegen diese Anbindung. Bei den Wahlen im April haben sie die eurofreundlichen Parteien abgewählt.

Beim Thema Euro-Volksbefragung hat Wolfgang Schäuble den Vogel abgeschossen. Im Mai 2012 forderte er allen Ernstes, die Griechen sollten selbst über ihren Verbleib in der Euro-Zone und damit auch über weitere Milliardengeschenke aus Deutschland abstimmen. Im Jahr zuvor hatte der damalige Ministerpräsident Papandreou mit demselben Vorschlag bei der Bundesregierung Empörung ausgelöst. Nun also nahm Schäuble einen neuen Anlauf, es den Griechen nur ja recht zu machen.

Auf die Idee, die deutschen Wählerinnen und Wähler zu befragen, war der deutsche Finanzminister nicht gekommen. Ob sie weiter bereit waren, massenhaft Steuergelder in dem griechischen Fass ohne Boden – und nicht nur in diesem Fass – zu versenken, darüber sollten allein er selbst und seine »Chefin«

entscheiden, die über ausreichende Mehrheiten im Bundestag verfügten. Dem Volk, das angeblich durch das Parlament repräsentiert wird, scheinen dessen Abgeordnete, allen voran Wolfgang Schäuble, tief zu misstrauen.

Denselben Mangel an Respekt vor den deutschen Wählern zeigte er, als er bei der Verleihung des Karlspreises 2012 anregte, zukünftig den EU-Kommissionspräsidenten vom europäischen Volk direkt wählen zu lassen – ungeachtet des unüberwindlichen Sprachproblems. War Schäuble nicht bewusst, dass er den Europäern ein Privileg zugestehen wollte, das seinem eigenen Volk vorenthalten wird? Im Gegensatz zu den meisten demokratisch organisierten Nationen dürfen die Deutschen ihr eigenes Staatsoberhaupt nicht direkt wählen.

Nein, Schäuble hat den Traum vom »Europa der Vaterländer« – einst von Charles de Gaulle erfunden und im Vertrag von Lissabon festgezurrt – ad acta gelegt, um sich ganz dem Traum von den »Vereinigten Staaten von Europa« hingeben zu können. Sein Vorbild dafür sind offensichtlich die Vereinigten Staaten von Amerika. Im Unterschied zu Europa sprechen dort die Bürger aller 50 Bundesstaaten die gleiche Sprache, weshalb sie sich problemlos ein Bild von den jeweiligen Kandidaten machen können. Dagegen würde ein Wahlkampf in der EU zur Farce, da es zu einer Sprachenverwirrung wie beim Turmbau zu Babel kommen würde.

Wie sollen sich beispielsweise französische Wähler ein Bild von einem Kandidaten machen können, dessen Mentalität ihnen so fremd ist wie seine Sprache? Kann man in Frankreich auf Finnisch Wahlkampf machen? Oder in Helsinki auf Französisch? Das Gewirr von 23 Sprachen würde unweigerlich zu grotesken Abstimmungsergebnissen führen. Gewiss, es gibt für alles Übersetzer, aber dass eine Übersetzung selbst schon eine Deutung des Gehörten bietet, die von dem abweicht, was der Sprechende sagte, ist auch bekannt. Eine Folge davon findet sich in Brüssel, wo es zu einigen der verabschiedeten Gesetze ebenso viele Deutungen wie Sprachen gibt.

Wie eigenartig mutet Schäubles Vorschlag an, die Griechen über den Verbleib in der Euro-Zone abstimmen zu lassen, die Deutschen aber nicht. Mich wundert, dass die Deutschen das kommentarlos hingenommen haben. Und wenn Schäuble anregt, die Akzeptanz der europäischen Politik durch Direktwahl des Kommissionspräsidenten zu erhöhen – hätte er nicht erst vorschlagen müssen, die Akzeptanz der deutschen Politik durch Direktwahl des Bundespräsidenten zu erhöhen?

Aber man will die Deutschen unter strenger Kontrolle halten. Sie sollen sich nie wieder verwählen. Und da passt es genau, dass man ihnen die D-Mark nimmt und einen Euro mit der Begründung vor die Nase setzt, er sei Friedensgarant. Womit eigentlich gemeint ist, man könne Europa am besten durch den Euro vor den Deutschen schützen. Ich spreche da wohlgemerkt nicht von ausländischen, sondern von deutschen Politikern. Sie zeigen uns damit, was sie von dem Volk halten, das sie zu vertreten vorgeben. Für sie ist der Euro mehr als eine Währung, er ist das Allerheiligste einer neuen Friedensordnung.

Zu den Euro-Fanatikern à la Schäuble gehört auch ein anderer enger Mitarbeiter Angela Merkels, der Fraktionsvorsitzende der CDU/CSU-Fraktion, Volker Kauder. Wie der Finanzminister erweckt auch er den Eindruck äußerster Verlässlichkeit, dazu bedingungsloser Loyalität gegenüber der »Chefin« und der Einheitswährung. Im November 2011 ließ er einen Satz vom Stapel, der europaweit Aufsehen erregte: »Jetzt auf einmal wird in Europa Deutsch gesprochen.« Der diplomatische Rohrkrepierer rief in vielen Ländern die Erinnerung an deutsche Soldatenstiefel in ihren Straßen wach.

Dabei hatte der »gute Europäer« Kauder sich nur ungeschickt ausgedrückt. Er hatte sagen wollen, dass sich europaweit die deutschen Ideen von Stabilität und Solidität durchgesetzt haben. Vielleicht hatte er mit seinem kernigen Spruch nicht einmal so sehr die Europäer als vielmehr die Deutschen im Auge, denen er signalisieren wollte: Keine Angst vor der Europäisierung – Europa hat sich längst eingedeutscht.

So oder so stellte sein Satz den größtmöglichen Unsinn dar, vielleicht sogar mehr als das: Kauder suggerierte etwas, das nicht den Tatsachen entsprach. Europa spricht eben nicht Deutsch, sondern umgekehrt, die Deutschen in Gestalt von Angela Merkel, Wolfgang Schäuble und auch Volker Kauder sprechen Französisch. Was Kauder implizit leugnete, um in seinem Land Stimmung für den Merkel-Kurs zu machen, ist die Tatsache, dass Frankreich sich in allen entscheidenden Punkten gegen Deutschland durchgesetzt hat. Denn selbst wenn Europa den Anschein erweckt, Deutsch zu sprechen, so handelt es in der Euro-Politik doch französisch.

Oft kommt es einem vor, als fühlten sich deutsche Politiker den französischen Interessen mehr verpflichtet als den deutschen. Wer es wagt, auf die Abhängigkeit von Frankreich hinzuweisen und deutsche Interessen in den Vordergrund zu schieben, wird als Euro-Kritiker ausgegrenzt und vom obersten Euro-Hüter Wolfgang Schäuble mit Nichtbeachtung gestraft. Wer an der Einheitswährung zweifelt, so berichtet Joachim Starbatty, »bekommt seine kalte Verachtung zu spüren«. Auch Bundesbankpräsident Jens Weidmann habe »Schäubles Bannstrahl getroffen«, weil er den Frontwechsel seiner Regierung von der stabilitätsorientierten Bundesbankpolitik zur »Koste es was es wolle«-Rettungspolitik nicht mitvollzog.

Damals, im September 2012, schrieb die *FAZ* Klartext: »Wenn der Finanzminister behauptet, … dass es zwischen Bundesbank und EZB keinen Konflikt gebe, obwohl beide den Konflikt offen austragen, dann lügt er.« Nicht auszuschließen, dass Schäuble sehr wohl weiß, wie dieser Konflikt Frau Merkel in die Karten spielt: Während die Bundesbank im Namen der Kanzlerin laut die Interessen der deutschen Sparer vertritt, lässt Merkel die EZB leise gewähren, wenn sie ebendiese Interessen für den Erhalt des Euro aufs Spiel setzt.

Da ich zu denen gehöre, die nicht nach seiner Euro-Pfeife tanzen, habe auch ich einmal Schäubles »kalte Verachtung« kennenlernen können. Ende 2012 wurde ich zu einer Tagung der italienischen Sektion des Aspen Institute, einer internationalen »Denkfabrik«, ins Berliner Adlon-Hotel eingeladen. Anwesend war auch der italienische Finanzminister Vittorio Grilli, der stolz von den Erfolgen der Monti-Regierung erzählte, die sich mittlerweile zum größten Teil in Luft aufgelöst haben. Im Gegensatz zu den Milliarden, die Euroland für Italien lockergemacht hat. Hinter dieser irrwitzigen Großzügigkeit steckte bekanntlich auch Wolfgang Schäuble, und er war ebenfalls ins Adlon gekommen.

Als ich den deutschen Finanzminister im Saal entdeckte, suchte ich Blickkontakt und wollte auf ihn zugehen. Er schaute starr durch mich hindurch, als wäre ich aus Glas. So etwas hatte ich noch nie erlebt. Ich existierte nicht mehr für ihn. Einzige Erklärung: Kritiker seiner Euro-Politik, wie ich einer bin, sind für ihn tot. Seine Geringschätzung verwandelt sie in Luft. Das harte, maskenhafte Gesicht, das er dabei zeigte, werde ich so schnell nicht vergessen.

5. Peer Steinbrück und Jörg Asmussen

Nicht nur im Kontext des Euro wird die Wahrheit von Politikern, sagen wir, den Wünschbarkeiten angepasst. Den zungenflinken Peer Steinbrück, Angela Merkels SPD-Herausforderer als Kanzlerkandidat, kenne ich seit seiner Zeit als Schleswig-

Holsteins Wirtschaftsminister und Nordrhein-Westfalens Ministerpräsident. Wir saßen uns auch schon in einer Talkshow-Diskussion Auge in Auge gegenüber. Für mich ist er eine Miniaturausgabe seines Vorbilds Helmut Schmidt, dessen berüchtigte »Schnauze« er womöglich zu übertreffen sucht. Verliebt in seine brillanten Formulierungen, denen er beeindruckt nachlauscht, scheint ihm deren Wahrheitsgehalt mitunter zweitrangig. Blind vor Selbstbewunderung tappt er denn auch in jedes Fettnäpfchen.

Dabei lässt sich in seiner Rhetorik eine ideologische Zweiteilung feststellen. Gegen die Schweiz als Steueroase fährt er schweres Geschütz auf: Der Kanzlerin empfiehlt er, gegenüber den Schweizern nicht nur Zuckerbrot, sondern auch die Peitsche einzusetzen, wie er es ausdrückte, was ihm bei den Eidgenossen den Spottnamen »Peitschen-Peer« eingebracht hat. Um die geheimnistuerischen Schweizer zur Botmäßigkeit zu zwingen, vergleicht er sie mit Indianern, die erst spuren, wenn die US-Kavallerie ausreitet. »Aber die muss nicht unbedingt ausreiten«, mildert er großzügig ab. »Die Indianer müssen nur wissen, dass es sie gibt.«

Gegenüber Putin wird der Lautsprecher dagegen zum Leisetreter. Den Schröder-Kumpel auf dem Zarenthron schont er, gibt sich angesichts der russischen Menschenrechtsverletzungen ausgesprochen zungenzahm. Auf keinen Fall, so rät er, solle man »auf dem Marktplatz« Kritik an diesem lupenreinen Demokraten üben. Der *Zeit* sagte er im März 2013 allen Ernstes, »dass unsere westlichen Maßstäbe pluraler Demokratie nicht unmittelbar auf Russland übertragbar sind« – will sagen: Lasst den Putin nur machen, er wird schon wissen, was für sein Volk gut ist.

Peinlich für ihn – ein echter Steinbrück-Fettnapf –, dass sein Toleranzappell am selben Tag durch die Presse ging, als russische Polizei in Moskau brutale Razzien gegen deutsche Parteistiftungen durchführte. In einem Kommentar wies die *FAZ* auf Steinbrücks »geistige Väter Helmut Schmidt und Gerhard Schröder« hin. Tatsächlich haben beide dieselbe »Realpolitik« getrieben: Wie Schröder die Russen schonte, deren Brot er dann aß, empfahl Schmidt noble Zurückhaltung gegenüber den chinesischen Geschäftspartnern, für die Menschenrechte ein Fremdwort waren.

Schmidt, Schröder, Steinbrück und fast sämtliche meiner Kollegen, die in China Handel treiben und produzieren, vertreten die Ansicht, man »müsse es den Chinesen selbst überlassen, welches politische System sie bevorzugen«. Klingt irgendwie plausibel – nur scheint keinem aufzufallen, dass die korrupte und machtbesessene Clique in Peking gar nicht daran denkt, ihr eigenes Volk zu befragen, welches »politische System sie bevorzugen«.

Auch zur parteiüberspannenden Euro-Lüge hat Steinbrück sein Teil beigetragen. Als Finanzminister der Großen Koalition war er derjenige, der stolz die Fortschritte in der Liberalisierung der Finanzmärkte verkündete, die durch ihn und die Regierung Merkel herbeigeführt worden sind. Damals hatte ich ihn darin auch unterstützt – heute weiß ich, dass diese angeblichen Fortschritte zum Niedergang der deutschen Landesbanken beigetragen haben. Versteht sich, dass er später kein Wort verlor über die gravierenden Fehler, die er damals begangen hat.

Sein sozialdemokratisch geführtes Ministerium gab sich, wie ich in meinem Buch *Die Abwracker* genau beschrieben habe, alle Mühe, die sensationellen Finanzmarktprodukte, die aus Amerika zu uns herüberschwappten, den deutschen Bankern ans Herz zu legen. Damals hießen diese hochverzinslichen Geldanlagen aus dem amerikanischen Immobilienbereich beschönigend ABS *(Asset Backed Securities)* – heute kennt man sie als wertlose »Giftpapiere«. Banken wie die IKB, die WestLB, die Hypo Real Estate oder die Bayerische Landesbank, die dieses süße Gift in großen Mengen schluckten, erkrankten schwer oder starben sogar daran.

Sieht man sich die dramatische Bankenkrise von 2008 genauer an, tritt neben Steinbrück sein damaliger Finanzstaatssekretär Jörg Asmussen in den Vordergrund. In der IKB, dem ersten großen Bankhaus, das Opfer der Immobilienkrise wurde – bevor ihr die deutschen Steuerzahler zum Opfer fielen –, saß Steinbrücks rechte Hand als Aufsichtsrat mit am Tisch. Vom aufziehenden Ungemach hat er anscheinend nichts bemerkt. Im Namen des Finanzministeriums hatte er schon 2006 die amerikanischen ABS-Produkte angepriesen. Zögerlichen Kandidaten versicherte er zudem, dass ihren Banken staatlicherseits »keine unnötigen Prüf- und Dokumentationspflichten entstehen werden«. Genau diese aber wären nötig gewesen, um die Katastrophe abwenden zu können. 2004 trat ich unter Protest aus dem Aufsichtsrat, dem Präsidium und als Vorsitzender des Beirats der IKB zurück. Es ging damals um eine meiner Meinung nach schwerwiegende Verletzung der *Corporate Governance* durch den Vorstandssprecher und den Aufsichtsratsvorsitzenden. Asmussen blieb im Aufsichtsrat und ging vier Jahre später mit der IKB buchstäblich unter.

Dennoch hielt Steinbrück auch später noch an seinem ABS-Missionar Asmussen fest, vielleicht aus dem Bewusstsein der Komplizenschaft, vielleicht weil dessen Demission seine eigene nach sich gezogen hätte. Das ganze Debakel, das zum Milliardengrab für deutsches Steuergeld wurde, hielt Steinbrück nicht davon ab, schon bald darauf mit der gewohnten Arroganz über die Finanzwirtschaft herzuziehen. Plötzlich war Asmussens neoliberale Propaganda für die Schrottpapiere vergessen, und die Banker waren wieder die Inkarnation von »Geldgier und Neoliberalismus«.

Wer sich ein wenig mit dem hektischen Konferenzwesen der Euroländer beschäftigt, wird dabei immer auf Jörg Asmussen, den kahlköpfigen Mann mit Brille, stoßen, der sanft in die Welt blickt und oft, eine Aktentasche unterm Arm, unmittelbar hinter Schäuble oder Angela Merkel hergeht. Der smarte SPD-Mann hat das Ausscheiden seines Ministers Steinbrück nach der Wahl 2009 nicht nur überlebt, sondern dank Angela Merkel auch einen gewaltigen Karriereschritt zum Direktoriumsmitglied der EZB vollziehen dürfen.

Wie war das möglich? Vordergründig ist der Finanzfachmann der Großen Koalition einfach von der nachfolgenden schwarzgelben Koalition übernommen worden – wobei mit ihm sozusagen ein Stück von Rot-Schwarz übernommen wurde, das natürlich mehr rot als schwarz ist. Zugleich demonstriert die Karriere Asmussens, dass wir seit dem ersten Rettungspaket in Sachen Euro eine Allparteienregierung haben, bei der nur die Linke wirklich außen vor bleibt. Diese Regierung funktioniert, jeder neue Rettungsschirm wird durchgewinkt. Kann Merkel einmal wegen CDU-internen Widerstands keine eigene Mehrheit mobilisieren, springen SPD und Grüne ein. So oder so, die Kanzlerin siegt.

Die Bürgerinnen und Bürger dagegen verlieren. Denn zum einen wird ihr Vermögen, das bisher als sicher galt, zur Bürgschaft für windige Euroländer umfunktioniert, zum anderen wird auf diese Weise ihre Demokratie zur Lachnummer: Die 90 Prozent, die im Parlament regelmäßig für die Rettungsmaßnahmen auf Kosten des eigenen Landes votieren, erinnern mich an die Abstimmungen in der Volkskammer der DDR.

Als Repräsentant der euroverliebten Allparteienregierung trat SPD-Mann Jörg Asmussen in die Europäische Zentralbank ein. Er arrangierte sich geschmeidig, während sein Vorgänger, Jürgen Stark, aus Protest gegen den stabilitätsfeindlichen Kurs der EZB den Hut nahm. Unmittelbarer Auslöser für Starks Schritt war der massenhafte Aufkauf von Staatspapieren überschuldeter Südstaaten, gegen den Stark vergebens gestimmt hatte. Ob

Asmussen die Ähnlichkeit zwischen den Schrottpapieren der Südeuropäer und den betrügerischen ABS der Amerikaner aufgefallen ist, deren Schrottwert unser Bankenwesen an den Rand des Ruins gebracht hat?

Mit Staunen las ich bald darauf in der Presse, dass just an dem Tag, als Stark zurücktrat, Kanzlerin Merkel mit ihrem Freund Präsident Sarkozy telefoniert und später ihre Zufriedenheit mit dem Ergebnis der Abstimmung geäußert hatte. Stark, der von der Loyalität der Kanzlerin ausgegangen war, musste sich gedemütigt fühlen. Er trat »aus persönlichen Gründen« zurück. Betrachtet man die Formulierung genauer, lässt sie ja offen, wer diese »Person« war, die ihm die Gründe für den Rücktritt geliefert hat. Starks Position als EZB-Chefvolkswirt, die Angela Merkel für ihren Schützling Asmussen beanspruchte, wurde von der Zentralbank natürlich anderweitig vergeben. Euroland wollte nicht schon wieder einen unbequemen Deutschen auf dieser Position sehen.

Schon vor Stark hatte Bundesbankpräsident Axel Weber, Mitglied des 21-köpfigen EZB-Rats, sein Amt niedergelegt und auch auf seine Kandidatur für die Präsidentschaft der Zentralbank verzichtet. Er trat im Februar 2011 zurück, als er, wie nach ihm Jürgen Stark, bei der Abstimmung darüber, ob man Staatspapiere finanziell angeschlagener Länder aufkaufen sollte, überstimmt worden war. Laut *Spiegel* hatte Weber seine Zustimmung verweigert, weil zum einen ein solcher Ankauf prinzipiell gegen die Satzung der EZB verstieß, und zum anderen damit der stabilitätsorientierte Kurs verlassen wurde, für den die Bundesbank stand – ein Kurs, der übrigens heute noch vertreten wird vom traditionstreuen Vorstand unter Führung Jens Weidmanns und seiner Kollegen wie Andreas Dombret und Carl-Ludwig Thiele, die freilich auf verlorenem Posten stehen.

Die Entscheidung gegen Webers harten geldpolitischen Kurs und für die Übernahme von Papieren klammer Staaten, die in

Wahrheit günstige Kredite an die Empfänger darstellten, führte zwangsläufig zum Anwerfen der Notenpressen, die seither nicht mehr angehalten wurden. Damals hatte sich das Tor zur Vergemeinschaftung der Schulden geöffnet, durch das die südlichen Euroländer seitdem im Gänsemarsch hindurchmarschieren, während Draghi und Asmussen ihnen die Türe aufhalten.

Mir selbst erschien Axel Webers Rücktritt wie das Zeichen an der Wand. Wenn er ging, dann gingen die Prinzipien der deutschen Finanzwirtschaft mit. Auch er nannte für seinen Abschied von der Bundesbank und den Verzicht auf die Nachfolge Trichets »persönliche Gründe«. Damit wählte er dieselbe Formulierung wie Stark, aber auch wie Bundespräsident Horst Köhler, der zurücktrat, nachdem Angela Merkel ihn mehr oder weniger erpresst hatte, in höchster Eile dem Rettungspaket zuzustimmen.

Fast 20 Jahre zuvor war der Maastricht-Vertrag, der die *Nobail-out*-Klausel enthielt, von Horst Köhler, damals Theo Waigels Finanzstaatssekretär, mit ausgehandelt worden. Damals hatte der spätere Bundespräsident versichert, es werde nie dazu kommen, »dass der Süden bei den sogenannten reichen Ländern abkassiert. Dann nämlich würde Europa auseinanderfallen.«

Nun begann der Süden, dank des ersten Rettungspakets, mit dem Abkassieren. Und Horst Köhler hatte es abnicken müssen. Zweifellos fühlte er sich von der Kanzlerin doppelt verraten. Einmal, weil sie ihn gegen haltlose Vorwürfe des Grünen Jürgen Trittin nicht in Schutz genommen hatte. Zum anderen, weil sie ihn zwang, etwas abzureißen, was er selbst mit aufgebaut hatte. Als Angela Merkel ihn zwang, seine Unterschrift unter ein Gesetz zu setzen, ohne die bei solchen Gesetzesvorhaben übliche Prüfungszeit zu berücksichtigen, und damit sein Placet zur »Rettung Griechenlands«, zur Verletzung der *Nobail-out*-Klausel und dem Abriss der von ihm selbst errichteten Brandmauer zwischen dem deutschen Steuerzahler und ausgabefreudigen Politikern anderer Länder zu geben, mag für ihn »die rote Linie überschritten worden sein«.

Damals hatte Merkel ihr Schweigen zu Trittins Attacke damit begründet, dass sie als Verfassungsorgan über ein anderes Verfassungsorgan keine Kommentare abgebe. Zwei Jahre später hatte sie dies offenbar vergessen: Als Bundespräsident Christian Wulff unter Beschuss geriet, verteidigte sie ihn hartnäckig und sah offenbar kein Problem mehr darin, die Lage eines anderen Verfassungsorgans zu kommentieren.

Als ich Axel Weber, ebenfalls Opfer Merkel'schen Wankelmuts und mittlerweile designierter Verwaltungsvorsitzender der Schweizer Großbank UBS, in Paris wiedertraf, wo wir beide bei einer Veranstaltung Vorträge hielten, konnte ich seinen Ausführungen Folgendes entnehmen: Er war immer noch tief enttäuscht über den mangelnden Rückhalt seitens der Bundesregierung. Mit anderen Worten: Angela Merkel hatte ihn im Stich gelassen.

Das mag daran gelegen haben, dass er im EZB-Rat zunehmend isoliert war, aber auch an der »entschiedenen Gegnerschaft«, die Nicolas Sarkozy ihm entgegenbrachte. Laut *La Tribune* soll der französische Präsident sogar gegen den Deutschen intrigiert haben. Und Merkel, die die Zeichen der Zeit erkannte, ließ ihn fallen. Vermutlich nach der Devise »Nur keine übermäßige Treue«. Dass sie mit Weber und Stark nicht nur verdiente Banker, sondern auch die jahrzehntelang erfolgreiche Tradition deutscher Geldpolitik über Bord warf, wird sie wohl gewusst haben.

Sie wusste auch, weshalb sie Jens Weidmann zu Webers Nachfolger bestimmte. 2006 hatte die Kanzlerin den Weber-Mitarbeiter zu ihrem wirtschafts- und finanzpolitischen Berater ernannt und bald ein enges Vertrauensverhältnis zu ihm entwickelt, was ihn, nach Webers Ausscheiden, für den Posten des Bundesbankpräsidenten geradezu prädestinierte. Denn so stieg

Angela Merkel nebenbei zur heimlichen Bundesbankpräsidentin auf.

Persönlich habe ich den jungenhaften Mann bei einem Besuch Angela Merkels im Kanzleramt kennengelernt, wo er bei mir einen guten Eindruck hinterließ. Sein sympathisch bescheidenes Erscheinungsbild kann allerdings nicht darüber hinwegtäuschen, dass er nur eine Figur auf dem Schachbrett seiner Herrin ist. Mir wurde das klar, als er in seiner Funktion als Mitglied des EZB-Rates tapfer gegen die Draghi-Mehrheit zu stimmen begann und im April 2013 seine Ablehnung gegen den Anleihen-Ankauf sogar vor dem Bundesverfassungsgericht zu Protokoll gab. Und obwohl er vom EZB-Gremium – mitsamt den deutschen Interessen – regelmäßig niedergestimmt wurde, zog er nicht die Konsequenz eines Axel Weber oder Jürgen Stark.

Warum nicht? Grund ist nicht die berühmte Pattex-Mentalität von Amtsträgern, sondern das Doppelspiel der Kanzlerin. In einer einzigen Woche, so fiel mir auf, hat sie die harte Haltung von Bundesbankpräsident Weidmann im EZB-Rat gelobt – und kurz darauf betont, dass sie die Entscheidung der Zentralbank, die gegen ihn ausfiel, unterstützt.

Es handelt sich, mit anderen Worten, um eine Showveranstaltung mit Angela Merkel als heimlicher Zirkusdirektorin. Was das Publikum nicht weiß: Der Sieger steht schon vor Beginn des Kampfes fest. Anfangs darf der Bundesbankchef den »starken Mann« mimen, der laut brüllt, sich mit den Fäusten auf die Brust trommelt und Schrecken verbreitet. In der anderen Ringecke steht lauernd die EZB, ein »übermächtiger Gegner«. Schon beginnt der Kampf, unser einsamer Held kämpft leidenschaftlich und zäh, muss sich aber am Ende dem Stärkeren geschlagen geben. Dennoch ist ihm der Applaus der Direktorin und des Publikums sicher. »Brav gekämpft – doch leider verloren. Nächstes Mal schaffst du es, Junge!«

Praktisch sieht das so aus, als ob er wie sein Vorgänger die deutschen Positionen vertritt, also fordert, dass es »keine Euro-Bonds«, »keine Vergemeinschaftung der Schulden« und »keine weiteren Ankäufe von wertlosen Staatspapieren« geben darf. Doch da im erlauchten Kreis des EZB-Rates Deutschland dasselbe Stimmgewicht hat wie Zypern oder Portugal, muss Weidmann jedes Mal die voraussehbare Niederlage einstecken. Denn Zypern oder Portugal haben mit dem deutschen Geld anderes vor als der deutsche Bundesbankchef. Da der Herr des deutschen Geldes jedoch gegenüber den Liebhabern deutschen Geldes in der Minderheit ist, verliert er die Abstimmung und geht unter Wehklagen zu Boden. Aber er bleibt nicht liegen, er schmeißt nicht hin. Wie ein guter Boxer steht er auf und wird von Angela Merkel gelobt, die im Übrigen den Ausgang des Kampfes gutheißt.

Jeder Eingeweihte weiß, dass das Spiel abgekartet ist. Selbst wenn der unbezwingliche Gegner in Gestalt von Mario Draghi aus Machtüberschätzung ankündigt, die EZB werde »alles tun, um den Euro zu erhalten« – und mit »alles« meint er wirklich alles! –, geht der tapfere kleine Weidmann mit K. o. zu Boden, der übermächtige Boss setzt ihm den Fuß in den Nacken, und die Kanzlerin, die dem Sieger die Hand schüttelt, richtet mit der anderen ihren Schützling Weidmann wieder auf. So überspielt sie geschickt, dass Sie mit Draghis Richtung eigentlich einverstanden ist – dies aber gegenüber den Deutschen nicht zugeben kann. Deshalb die aufmunternden Gesten gegenüber Weidmann.

Nur – was soll Weidmann denn tun? Dass ein Rücktritt nichts hilft, zeigte das Schicksal seines Vorgängers. So bleibt ihm nichts übrig, als Aufklärung zu betreiben, in den Gremien der EZB, im Kabinett der Kanzlerin, aber auch in der deutschen Öffentlichkeit. Müsste ich ihm heute einen Ratschlag geben, würde ich sagen: »So sehr es schmerzt, marginalisiert zu werden – machen Sie weiter so, es werden auch einmal wieder bessere Tage für die Bundesbank kommen.«

Meinen Respekt hat er jedenfalls, auch wenn ich persönlich mich nicht so von der Regierung missbrauchen lassen könnte. Dass Jens Weidmann seinen Überzeugungen treu bleibt, hat er immer wieder bewiesen, etwa mit seinen Aussagen an die Adresse des Bundesverfassungsgerichts oder seiner Mahnung an Frankreich, in den Sparbemühungen nicht schon wieder nachzulassen. »Ein Haushaltsdefizit von 4 Prozent«, sagte er im Mai 2013 an die Adresse Hollandes, »das ist für mich kein Sparen.«

Die deutsche Öffentlichkeit wird im Unklaren darüber gelassen, dass es ihr Geld ist, das bei dieser zirkusreifen Vorstellung aufs Spiel gesetzt – und verloren – wird. Der größte Teil der deutschen Presse wiederum, die der Öffentlichkeit darüber Aufklärung schuldig wäre, schweigt. Ohne Zweifel bringt sie ihr unerschütterlicher Glaube an den Euro und seine friedensstiftende Kraft dazu, das arrangierte Spiel als höhere Notwendigkeit hinzustellen.

Auch pflegen unsere Medien geflissentlich über den Missstand hinwegzusehen, dass 80 Millionen Deutschen im EZB-Rat dasselbe Stimmgewicht zukommt wie den Zyprern, die nicht einmal 1 Prozent des deutschen Anteils ausmachen. Wobei es ihnen leicht gemacht wird, die 80 Millionen Ahnungslosen über den Tisch zu ziehen: Das Programm der häufig wiederholten EZB-Zirkusveranstaltung sieht es geradezu vor, dass sich die vielen Schuldner zusammentun, um die wenigen Gläubiger mühelos in die Knie zwingen. Zu dieser Methode Gulliver, bei der in Swifts Märchen ein Riese durch eine Masse von Zwergen bezwungen wird, äußert sich unsere Presse selten.

Nun ist Deutschland zwar das größte Mitgliedsland, aber in der Rolle des ewigen Verlierers beileibe nicht allein. Auch die Niederlande, Finnland und Österreich sitzen im Boot der Verlierer. Diese eigentlich hirnrissige, dazu undemokratische Regel im EZB-Rat ähnelt dem deutschen Länderfinanzausgleich. Auch hier stehen 13 Nehmerländern noch ganzen drei Geberländern gegenüber, die ihren Bürgern etwa erklären müssen, warum man in Bayern für Kitaplätze zahlen muss, die in Berlin kostenlos sind. Nun, sie können es ganz einfach deshalb sein, weil sie in Bayern bezahlt werden müssen. Das beim Geber eingesparte Geld kann vom Nehmer guten Gewissens ausgegeben werden.

Genauso funktioniert das Geber-Nehmer-Spiel der EZB. Da es sich bei den Transferempfängern hauptsächlich um südeuropäische Staaten handelt, bei den langsam ausblutenden Geberstaaten um Nordeuropäer, habe ich in meinem Buch *Rettet unser Geld!* vorgeschlagen, die Gemeinschaftswährung zweizuteilen. Der nach dem Ausstieg der Nordländer verbleibende Euro würde den Nehmerländern die Möglichkeit bieten, ihre Volkswirtschaften durch Abwertung konkurrenzfähig zu machen, während die nördlichen Länder mit dem Nord-Euro eine Währung besäßen, welche die höhere Leistungsfähigkeit ihrer Wirtschaft widerspiegelt.

Die Reaktion auf meinen Vorschlag war, wie das EZB-Spiel, voraussehbar. Die meisten unter den Politikern und Medienvertretern belächelten meine »Naivität«, andere erklärten mich für nicht ganz bei Trost. Die Mehrheit aber beschloss, die Idee der Aufspaltung in Nord- und Süd-Euro einfach zu ignorieren. Hauptgrund für die Ablehnung: Keiner will zugeben, dass der Euro gerade uns Deutsche in eine selbstzerstörerische Lage gebracht hat. Man nimmt uns aus, und wir müssen gute Miene zum bösen Spiel machen. Oder vielmehr man beteuert hoch und heilig, dass es gar kein böses Spiel sei, das Mario Draghi und die Südstaaten mit uns treiben, sondern ein gutes, ein Frieden und Freundschaft stiftendes Spiel, aus dem Europa als leuchtendes Vorbild für die ganze Welt hervorgehen wird. So träumt man – und meinen Vorschlag nennt man naiv.

Kaum einer sagt es, aber jeder Vernünftige dürfte wissen, dass wir in der Klemme sitzen, schlimmer noch: in der Falle. Sie wurde uns im Mai 2010 von der eigenen Regierung gestellt, als auf Druck der Franzosen die Brandmauer zwischen dem deutschen Steuerzahler und den südlichen Pleitekandidaten eingerissen wurde (siehe »Der Abriss der Brandmauer«, S. 187). Diese fatale Fehlentscheidung sowie die zahllosen Verstöße gegen die Euro-Verträge, die uns gegen jede Form systematischer Ausplünderung wehrlos machen, wurden von der Regierung Merkel abgenickt.

Man nennt das Prozedere der EZB demokratisch – das heißt, man bezeichnet als Demokratie, dass dem Zwergstaat Malta bei Abstimmungen dasselbe Gewicht zugestanden wird wie Deutschland. Und für den Niedergestimmten ist nicht einmal, wie im UN-Sicherheitsrat, ein Vetorecht vorgesehen. Auch diese völlig undemokratische Regelung, die jeden Deutschen vom Stimmgewicht her zur *quantité négligeable* stempelt, wurde von einer deutschen Regierung abgenickt. Wenn man dem routinemäßig entgegenhält, dass Deutschland andernfalls im EZB-Rat ein erdrückendes Übergewicht hätte, übersieht man, dass die Nehmerländer im heutigen Euroland weit mehr Bürger auf die Waage bringen als die Geberländer. Die urdemokratische Faustregel *One man, one vote* ist hier also außer Kraft gesetzt worden – mit deutscher Zustimmung, wie ich betone. Nun müssen wir bis in alle Zukunft mit der Absurdität des *One land, one vote* leben.

Nun befindet sich Angela Merkel durch eigenes Verschulden auf einer glitschigen Bahn. Und da wird sie nicht mehr herunterkommen. Sie gleitet und gleitet, und lächelnd hält sie die Balance, sodass niemandem auffällt, dass sie längst die Kontrolle verloren hat. Sie mag noch genügend Wähler finden, einen

Halt findet sie nicht mehr. Ihre prekäre Lage hindert sie übrigens nicht daran, den Bürgern ein Gefühl der Sicherheit zu vermitteln, das mit der Wirklichkeit nichts zu tun hat. Sie sorgt dafür, dass Deutschland am Euro hängt – nicht wie der Süchtige an der Nadel, sondern wie der Blutspender an der Kanüle.

Im selben Maß, wie Deutschland »Blut spenden«, also seinen Reichtum abgeben muss, sinkt der Wert des Euro aus der Perspektive der Deutschen – zwar noch nicht gegenüber dem Dollar, sehr wohl aber im Vergleich zu den Weltwährungen insgesamt. Wer sich heute als Deutscher über diese systematische Aufweichung der Gemeinschaftswährung beklagt, sollte nicht vergessen, dass die EZB-Mitglieder Axel Weber und Jürgen Stark, die zum Schutz ihres Volkes Einspruch erheben wollten, von der eigenen Regierung abserviert worden sind. Dagegen sitzt jetzt der Steinbrück/Schäuble-Günstling Jörg Asmussen an Mario Draghis Seite und sieht dabei zu, wie der andere Merkel-Vertraute, Jens Weidmann, ein ums andere Mal von der Mehrheit überstimmt wird.

Welch geniales Doppelspiel der Zirkusdirektorin Merkel: In Gestalt Weidmanns lehnt sie ab, was sie in Gestalt Asmussens befürwortet. So oder so ist sie immer auf der Seite des Gewinners. Ob die Steuerzahler in Deutschland auch zu den Gewinnern gehören? Das wird sich möglicherweise in Karlsruhe zeigen, wo das Verfassungsgericht die Euro-Rettungspolitik der vergangenen Jahre auf den Prüfstand stellt. Hier kam es, als bisheriger Höhepunkt Merkel'schen Doppelspiels, zu einem Aufeinandertreffen von Jens Weidmann und Jörg Asmussen, die sich, wie das *Handelsblatt* Ende Mai 2013 titelte, ein »deutschdeutsches Duell vor dem Verfassungsgericht« lieferten. Dabei repräsentierten die beiden Deutschen diametral entgegengesetzte Standpunkte. Asmussen vertrat die Sicht der EZB, Weidmann die der Bundesbank. Der eine plädierte für die Staatsanleihen-Käufe, der andere dagegen. Wie immer der Disput ausgeht – Merkel wird auf der richtigen Seite stehen. So ähnlich wie beim deutsch-deutschen Champions-League-Finale im Wembley-Stadion.

Die entscheidende Frage, was tatsächlich gut für Deutschland ist, wollen die meisten Medien nicht stellen. Sie ziehen es vor, den historischen Skandal der deutschen Selbstentmachtung, wie er sich auch im Duell in Karlsruhe zeigt, totzuschweigen. Auch dies gehört zur Euro-Lüge, mit der die Deutschen über den Umstand beruhigt werden sollen, dass sie am Ende die Kosten zu tragen haben – bestenfalls in einer Größenordnung, die sie auf das wirtschaftliche Niveau Frankreichs herabdrückt; schlimmstenfalls in einer astronomischen Größenordnung, die Deutschlands wirtschaftlichen Ruin bedeutet.

Und keiner in Europa würde uns nachweinen.

KAPITEL ZWEI

Die Medien als Euro-Wächter

1. Wie ich zum »Parteigründer« wurde

Im Februar 2013 flog ich mit meiner Frau Bettina nach Süd-
amerika, um die Galapagosinseln zu besuchen. Nach zwei
Tagen in Bogotá fuhren wir weiter nach Quito in Ecuador,
flogen auf die Hauptinsel des Archipels, bestiegen ein klei-
nes Schiff und waren, erstmals seit Jahren, unerreichbar.
Kein Laptop, kein BlackBerry, kein Smartphone. Nichts. Wer
sich fragt, ob ein Leben ohne sie möglich ist, dem kann ich
nur raten, es auszuprobieren. Tagelang genossen wir die himm-
lische Ruhe, die von keinem Handygeklingel unterbrochen
wurde.

Auf der Rückfahrt erfuhren wir, dass Deutschland so gründ-
lich eingeschneit war, dass unser Flugzeug nicht starten konnte.
Wir warteten in Guayaquil, einer ecuadorianischen Hafenstadt
mit fast 3 Millionen Einwohnern, von der man bei gutem Wetter den Chimborazo sehen kann. Weit interessanter erschien
mir die Tatsache, dass das Zahlungsmittel in den Hotels und
Restaurants, den Museen und Kaufhäusern nicht die Landeswährung war, sondern der US-Dollar. Im Jahr 2000 hatte man
den alten *Sucre* durch den *Greenback* ersetzt. Seitdem kommt
Ecuador ohne eigene Währung, ohne Zentralbank und ohne Geld-
druckmaschinen aus. Man hat sich für das US-Geld entschie-

den und fährt gut damit. Und das stört weder die Ecuadorianer noch die Amerikaner.

Auf dieser freiwilligen Basis, dachte ich, hätte man den Euro auch einführen können, als Angebot, das nicht für alle Ewigkeit bindend ist. Andere Länder hätten sagen können, wir nehmen die D-Mark, nennen sie aber Euro, ohne dass ihnen ein Zacken aus der nationalen Krone gebrochen wäre. Tatsächlich gibt es in Europa ein Land, das nicht zur Euro-Gruppe gehört, und doch mit dem Euro bezahlt: das Kosovo. Der EZB ist das gleich. Als die Kosovaren in den Neunzigerjahren beschlossen hatten, die D-Mark als offizielles Zahlungsmittel einzuführen, hat das die Bundesbank ebenso wenig tangiert. Das, denke ich, wäre ein freiheitliches Modell gewesen – aber man wollte ja mehr, die Vereinigten Staaten von Europa, und da durfte eine neue Einheitswährung nicht fehlen.

Nach zwei Tagen in Guayaquil, in denen ich meine Dollarreserven aufbrauchte, konnten wir endlich nach Deutschland zurückfliegen. Und was erfuhr ich dort, als ich, halb widerwillig, meine Handys wieder in Betrieb nahm? Dass ich eine Partei gegründet hatte.

Die Mailboxen waren voller Anfragen, in denen Journalisten mich zu einer Stellungnahme, möglichst programmatischen Charakters, aufforderten. Nur hatte ich von dieser Partei, der »Alternative für Deutschland«, nie gehört, sie folglich auch nicht gegründet. Nebenbei bemerkt hatte auch der wirkliche Parteigründer, Wirtschaftsprofessor Bernd Lucke, dringend versucht, mich zu erreichen.

Ein Blick in die Presse der letzten Tage zeigte, dass ich tatsächlich als Mitbegründer der Partei AfD geoutet worden war. Man hatte also, um der Sensationsmeldung willen, die journalistische Sorgfaltspflicht über Bord geworfen. Und bundesweit und flächendeckend etwas berichtet, was nicht der Wahrheit entsprach. *Stern*-Chefredakteur Andreas Petzold hatte mich sogar, in einem vorauseilenden Kommentar, zum Erz-D-Mark-Populisten ernannt.

Die Wochen auf Galapagos erschienen mir nun wie ein fernes Paradies, wo ich es nicht mit deutschen Journalisten, sondern mit Land- und Meerechsen, Riesenschildkröten, Stachelrochen und Hammerhaien zu tun hatte. Nach einigem Nachdenken fand ich auch eine Erklärung für die wilde Spekulation, der sich die Medien hingegeben hatten. Angetan von der alternativen Euro-Politik der Freien Wähler, hatte ich mit Professor Lucke und anderen eine Wahlinitiative unterstützt, die aber mit der Partei nichts zu tun hatte und auch einen anderen Namen trug.

Meine Zustimmung stillschweigend voraussetzend, übertrug Lucke nun die umfangreiche Unterstützerliste der Wahlinitiative in die seiner neuen Partei, wodurch ich plötzlich zum Förderer einer Partei ernannt war, von der ich nicht einmal wusste, dass es sie gab. Ebenso stillschweigend, wie Lucke mich eingebunden hatte, folgerte die Presse, dass Henkel eine Partei, unter deren Unterstützern er auftaucht, mit Sicherheit auch gegründet haben muss.

In meiner Stellungnahme teilte ich allen Journalisten mit, dass ich gar nicht daran dächte, in irgendeine Partei einzutreten, nicht einmal in eine, die ich gegründet hätte. Im Übrigen hätte man, mit ein wenig Recherche, herausfinden können, dass ich niemals einer Partei angehört habe, und dies, wie ich immer wieder betonte, aus Prinzip. Aber was kümmert die Wahrheit, wenn man einen »Aufreger« zu verkünden hat?

Als ich *Stern*-Chefredakteur Petzold eine Antwort auf seinen abwegigen Kommentar schickte, druckte er sie sicherheitshalber nicht ab. Kann ich im 30. Jubiläumsjahr der Hitler-Tagebücher auch verstehen. »Zwar gab es auf den Galapagosinseln eine Menge Blaufußtölpel«, schrieb ich ihm, »aber Zeitungsenten gab es nicht.«

2. Der unbekannte Fall Sarrazin

Wenige Fernsehaufzeichnungen haben mich in der letzten Zeit ähnlich bewegt wie ein Interview, das der Fernsehjournalist Günter Gaus mit der deutsch-jüdischen Philosophin Hannah Arendt führte. Dass es bereits 50 Jahre alt ist, ändert nichts an der beklemmenden Aktualität dessen, was diese luzide Frau zu sagen hatte. Es ging um die manipulierte Mehrheitsmeinung im Dritten Reich und darum, wie Außenseiter wie die Juden systematisch ausgegrenzt und endlich ausgemerzt wurden.

Die Ironie wollte es, dass Hannah Arendt selbst mit ihrer These vom Hitlerismus als dem »banalen Bösen« ebenfalls ausgegrenzt wurde, und zwar von ihrem eigenen Volk. So hatte sie nach dem Eichmann-Prozess der verbreiteten Meinung widersprochen, es habe sich bei diesem SS-Führer um ein diabolisches Monster gehandelt. »Für mich war Eichmann ein Hanswurst«, erklärte sie, und dass sie über dessen Äußerungen sogar »oft lachen musste«. Gerade Letzteres wurde ihr übel genommen und man schnitt sie, weil man die banale Wahrheit, die sie auszusprechen gewagt hatte, nicht wahrhaben wollte. Jedem Leser dieses Buches empfehle ich, sich das Interview von Günter Gaus mit Hannah Arendt auf *YouTube* anzusehen.

Ich möchte mich, um Himmels willen, nicht mit dieser großen Denkerin und Zeitzeugin vergleichen. Doch fielen mir in dem, was sie so überzeugend beschrieb, viele Parallelen zur Gegenwart, unter anderem zu Thilo Sarrazin und auch zu meinem eigenen Leben auf: Wie man für das, was einem völlig einleuchtend erscheint, was zudem vor aller Augen zutage tritt, radikal ausgestoßen oder, wie es so schön heißt, stigmatisiert wird, und zwar sobald man diese offensichtliche Wahrheit zu sagen wagt. Als Vergleich fällt mir Andersens Märchen »Des Kaisers neue Kleider« ein, in dem ein Kind in aller Unbefangenheit die unbezweifelbare Wahrheit ausspricht, nur dass man dafür in der Realität nicht, wie im Märchen, gelobt, sondern verprügelt und verstoßen wird.

Wie ich in *Rettet unser Geld!* ausführlich beschrieben habe, ist Thilo Sarrazin einer bundesweiten Vendetta zum Opfer gefallen. Sein Vergehen: Er hatte in seinem 2010 erschienenen Buch *Deutschland schafft sich ab* andere Ansichten zu Migration und Bevölkerungsentwicklung in unserem Land geäußert, als politisch korrekt war. Die Folge: Sarrazin wurde gemobbt, verleumdet, ausgegrenzt – partei- und medienübergreifend. Dabei hatte er seine Thesen mit wissenschaftlich fundierten Fakten und Statistiken belegt. Aber man meinte, in diesem verdienten SPD-Mann einen »geistigen Brandstifter« entdeckt zu haben.

Nach Sarrazins erzwungenem Rücktritt als Bundesbanker schrieb der Schweizer Journalist Roger Köppel in der *FAZ*: »Ja, man darf seine Meinung äußern in Deutschland. Aber wer eine Meinung äußert, die der Obrigkeit nicht genehm ist, der kann seinen Job verlieren und wird geächtet. Ihn trifft die geballte Ausgrenzungsmacht des Staates.« Auch der Herausgeber der *FAZ*, Berthold Kohler, sah im Fall Sarrazin systematische Ächtung am Werk: »Die Botschaft für Sarrazin, aber auch andere potenzielle Abweichler vom politischen Mainstream, die Sarrazins der Zukunft, ist klar: Wer solche … Bücher schreibt, muss sich auf politische und gesellschaftliche Ächtung gefasst machen … Die Freiheit der Andersdenkenden war einmal.«

Die gesellschaftliche Verstoßung kann subtile Formen annehmen. Als man mich 2006 mit dem von *markt intern* verliehenen Deutschen Mittelstandspreis auszeichnete, wurde die Laudatio, wie es der Usance entsprach, von meinem Vorgänger gehalten – so wie ich im Folgejahr die Lobrede auf meinen Nachfolger halten musste. Ich hatte die Ehre, dass meine Laudatio von Verfassungsrichter Paul Kirchhof gehalten wurde, den Gerhard Schröder einst als »Professor aus Heidelberg« verhöhnt hatte. Mir selbst fiel die Aufgabe zu, im folgenden Jahr die Laudatio auf die Luxemburger EU-Kommissarin Viviane Reding zu halten. Der Preis war ihr zugesprochen worden, weil sie gegen den Widerstand der mächtigen Telefongesellschaften die überhöhten Handygebühren bei Auslandsgesprächen gesenkt hatte.

Überraschend erhielt ich im Herbst 2012 vom Chefredakteur von *markt intern*, Günter Weber, einen Anruf. Er fragte mich, ob ich bereit sei, die Laudatio auf den diesjährigen Träger des Mittelstandspreises zu halten: Thilo Sarrazin werde für sein neues Buch ausgezeichnet, das, wie der Titel *Deutschland braucht den Euro nicht* verrät, mit der Gemeinschaftswährung kritisch ins Gericht geht. Natürlich sagte ich zu, da ich den Preisträger als mutigen Menschen und scharfen Analytiker schätze.

In seinem neuen Buch thematisiert er die verheerenden Auswirkungen des Euro auf die Wettbewerbsfähigkeit der Euro-Zone. Dabei beklagt er die langsam wachsende Antipathie der schwachen Länder gegenüber den stärkeren, vor allem Deutschland, dem sie ironischerweise am meisten verdanken. Wer derlei Gedanken wie Sarrazin zu äußern wagt, wird als antieuropäisch, chauvinistisch und geschichtsvergessen abgestempelt.

Auch belegt Sarrazin in *Deutschland braucht den Euro nicht*, dass unser Land, im Gegensatz zu den Beteuerungen der Politiker, nicht zu den Profiteuren der Einheitswährung gehört. Was er hier schreibt, habe ich selbst oft genug in Vieraugengesprächen mit deutschen Vorstandsvorsitzenden und Unternehmern gehört: Zwar ist es politisch korrekt, den Euro zu loben, aber oft ist das, was politisch korrekt ist, nicht wahr. Und der Euro, das hat Sarrazin in seinem Buch herausgearbeitet, schadet uns und Europa insgesamt mehr, als er nützt.

Der mediale Zwang zur politischen Korrektheit, dem sich heute alle Deutschen beugen müssen, wenn sie nicht marginalisiert werden wollen, wird auch auf Wirtschaftsführer ausgeübt.

Obwohl Deutschlands Konjunktur in den ersten zehn Jahren der Einheitswährung weit hinter den meisten anderen Ländern zurückblieb und der Anteil der deutschen Exporte in die Euro-Zone zurückging, stimmten auch die Arbeitgeber, unisono mit den Gewerkschaften, die Hymne auf den Euro an. Gewiss, von unseren Exporten gehen 60 Prozent in europäische Nachbarländer, doch nicht wegen des Euro. Der europäische Binnenmarkt hat auch ohne die Einheitswährung funktioniert. Ebenso falsch liegt, wer Europa, wie üblich, mit den Euroländern gleichsetzt. Es ist eben nur ein Teil beigetreten, und viele bereuen es schon. Während andere, die den späteren Beitritt geplant haben, kalte Füße bekommen.

Als der *markt intern*-Chefredakteur mich fragte, ob ich auf Sarrazin die Laudatio halten wolle, war meine erste Frage, warum nicht sein Vorgänger die Rede hält. »Da haben Sie recht«, antwortete Weber. Eigentlich wäre Günter Verheugen, der frühere Vizepräsident der EU-Kommission, als Laudator bestimmt gewesen, der den Preis für seine Unterstützung des Mittelstands erhalten hatte. »Er weigert sich aber, die Rede zu halten.« Auch wenn ich seine Absage nicht gutheißen konnte, habe ich sie doch verstanden. In einer Talkshow, an der ich teilnahm, saß auch Günter Verheugen, und auf die Frage, warum die Deutschen den Löwenanteil an der Euro-Rettung aufzubringen hatten, sagte er sinngemäß, weil wir Schuld haben an zwei Weltkriegen und der Judenvernichtung. Mit anderen Worten: Wir nehmen eure Schulden, und ihr schenkt uns unsere Schuld. Das war wenigstens ehrlich.

»Wenn Verheugen nicht kann«, fragte ich, »könnte dann nicht sein Vorgänger einspringen?« – »Der hat sich auch geweigert, die Rede zu halten.« »Gibt es denn keinen anderen Träger des Mittelstandspreises, der die Courage hätte, für den Euro-Gegner Thilo Sarrazin aufs Podium zu treten?« »Alle haben abgelehnt, deshalb sind wir jetzt auf Sie gekommen.«

Die eigentliche Schmutzarbeit, beginnend mit verbalen Prügeln und endend mit gesellschaftlicher Isolation, wird von einem bestimmten Teil der Medien geleistet. Bekanntlich ist Thilo Sarrazin für sie ein rotes Tuch. Während zu meiner Preisverleihung reichlich Journalisten gekommen waren, sind sie bei Sarrazin ausgeblieben. Die Medien schnitten ihn mit wenigen Ausnahmen. Und diese berichteten schon gar nicht über die Verleihung oder meine Rede, in der ich die Einseitigkeit der Medien angriff – sie berichteten hauptsächlich darüber, dass vor dem Tagungsort eine Handvoll Leute gegen Sarrazin demonstriert hatten.

Die Stigmatisierung von Euro-Gegnern ist keine Erfindung unserer Zeit. Noch vor Einführung der Gemeinschaftswährung wurden warnende Wirtschaftswissenschaftler 1998 von der damaligen Vorsitzenden des EU-Währungsausschusses, der SPD-Politikerin Christa Randzio-Plath, als »Euro-Brandstifter« bezeichnet. Bekanntlich war der Ausdruck »geistiger Brandstifter« sonst nur für »Rechtsextreme« wie Martin Walser reserviert, dem man 1998 dieselbe kriminelle Absicht unterstellt hatte.

Schon 1995 beklagte die *FAZ* in ihrem Wirtschaftsteil, dass Euroskeptiker nicht angehört, sondern ausgeschaltet würden. Über die Methoden der Verleumdung, die sich bis heute kaum geändert haben, schrieb *FAZ*-Redakteur Klaus Peter Krause damals, »die Mahner werden als fachidiotische Quälgeister empfunden, als Erbsenzähler abqualifiziert und als ewige Bedenkenträger hingestellt, die vom politischen Geschäft zu wenig verstünden und den Hauch der Geschichte nicht wahrzunehmen vermöchten«.

Ein extremes Beispiel dieser Herabwürdigung Andersdenkender, die wissen, wovon sie sprechen, stammt aus der Gegenwart. Der konservative Journalist Hugo Müller-Vogg, der unter anderem mit *Bild*-Kolumnen und Politbüchern *(Angela Merkel:*

Mein Weg) hervorgetreten ist, griff im April 2013 deutsche Wirtschaftswissenschaftler an, aus dem schlichten Grund, dass sie die eurokritische Partei Alternative für Deutschland gegründet hatten.

Da sich der Parteiname als ironische Replik auf Merkels Machtwort versteht, der Euro sei »alternativlos«, fühlte Müller-Vogg sich herausgefordert. Der Autor der »einzig autorisierten Biografie der Bundeskanzlerin« mokierte sich nun in der *Bild*-Zeitung, es hätten sich »noch nie so viele Hochschullehrer und Doktoren ins politische Getümmel gestürzt wie die Initiatoren dieser Anti-Euro-Partei. Doch politisch sind diese klugen Köpfe blutige Amateure.«

Zur Illustration seiner nicht weiter begründeten Feststellung zog er ein Bild heran, das nun tatsächlich komisch ist. »Wie viele Professoren werden benötigt, um eine Kuh zu melken? Fünf: Einer hält das Euter fest und vier heben die Kuh hoch und runter!« Jedem Liebhaber guter Witze wird das tatsächlich komisch vorgekommen sein. Nur anders, als Müller-Vogg meinte. Es gibt ihn nämlich, diesen Witz, aber die handelnden Personen sind Ostfriesen und die angebliche Kuh ist eine Glühbirne, die auf dieselbe absurde Weise eingeschraubt wird. Dennoch behauptet Müller-Vogg: »Der Witz ist alt.«

Man darf vermuten, dass diese Behauptung ebenso wie der Witz selbst seiner Fantasie entsprungen sind. Offenbar wollte Müller-Vogg auf scheinhumoristische Weise eine Berufsgruppe lächerlich machen, die sonst hohes Ansehen genießt. Er erfindet also und diskriminiert aus dem einzigen Grund, Euro-Gegner auszuschalten, deren Partei dem Kurs der Kanzlerin gefährlich werden könnte. Ob er das Wort Nietzsches »Man kann durch Lachen töten« kannte, weiß ich nicht. Sehr wohl aber, dass er ebendies im Fall der Euro-Gegner versucht hat.

Daraufhin schrieb ich Müller-Vogg eine E-Mail, dessen letzten Absatz ich den Lesern nicht vorenthalten möchte: »Sie meinen also, dass diese gestandenen Nationalökonomen weniger von der Sache verstehen als Journalisten und Politiker? Ich bin mit einer Professorin verheiratet und weiß, was es braucht, um sich eine solche Position zu erarbeiten. Meines Wissens kann dagegen jeder Hanswurst Politiker und Journalist werden.«

Wenn ich von einem bestimmten Teil der Medien spreche, der sich in der Disziplin des gefahrlosen Niedermachens auszeichnet, dann meine ich jenen, den man früher als »Kampfpresse« bezeichnet hat: Blätter mit ideologischer Ausrichtung, die jeden hochheben, der ihrem Ideal entspricht, und jeden »in die Tonne treten«, der davon abweicht. Diese Blätter sehen es als ihre vornehmste Aufgabe an, die politisch vorgegebene Meinung gegen jegliche Abweichung zu verteidigen. Dies auch dann, wenn die abweichende Meinung der Wahrheit näherkommt als der Alltagsglaube. Ich nenne diese Journalisten »mediale Meinungspolizei«.

Das Verhalten mancher Meinungspolizisten, die sich fanatisch der jeweils gängigen Doktrin verschrieben haben, erinnert an die Gepflogenheiten des Spätmittelalters: Als vielen Menschen die Bibel in Übersetzung zugänglich wurde und sie in der Folge die von der Bibel abweichenden kirchlichen Dogmen ablehnten, übernahmen die Dominikaner die Aufgabe der Glaubensverteidigung. Sie schnüffelten hinter den Andersdenkenden her, die sie als »Ketzer« bezeichneten, ja, sie hatten so feine Beobachtungsorgane, dass sie die Abweichler im wörtlichen Sinne »riechen« konnten. Hatte man einen von ihnen überführt, wurde er gefoltert und auf dem Scheiterhaufen verbrannt.

Zum Glück gibt es heute keine realen Autodafés mehr. Doch wer sich mit gewissen Journalisten anlegt, dessen Reputation geht sehr schnell in Rauch auf. Thilo Sarrazin hat es sozusagen am eigenen Leib erlebt.

3. Die *Bild*-Schützen Kai Diekmann und Nikolaus Blome

Auch in meinem Fall wurde kräftig gezündelt. Seit ich mich 2010 in *Rettet unser Geld!* gegen den Einheits-Euro ausgesprochen habe, wird mit allen Mitteln versucht, mich im öffentlichen Bewusstsein unmöglich zu machen. Das heißt, es soll dem Fernseh- und Lesepublikum von vornherein schwer gemacht werden, meine Vorstellungen vom Euro ernst zu nehmen. In der Rechtsprechung heißt das, *ad personam* zu argumentieren. Wenn die betreffende Person nämlich überzeugende Argumente hat, die jedem sogleich einleuchten, dann kann man diese mit Gegenargumenten nicht mehr aus der Welt schaffen. Beim Euro ist das inzwischen ganz offensichtlich geworden. Die ökonomischen Vorteile haben sich in Luft aufgelöst. Die Euro-Zone ist im Morast der Rezession versunken. Die Arbeitslosigkeit hat historische Höchststände erreicht. Die Jugend im Süden steht vor einer Wand der Hoffnungslosigkeit. Auch die behaupteten politischen Vorteile, die gern mit »Frieden« umschrieben wurden, haben sich längst in Luft aufgelöst. Jemandem, der für die Notwendigkeit von Alternativen zur »alternativlosen« Euro-Politik wirbt, haben die Anhänger des Einheits-Euro kaum noch etwas entgegenzusetzen.

Aber man kann ihn persönlich erledigen. Statt die Gedanken zu widerlegen, die ein Mensch vertritt, in meinem Fall den notwendigen Ausstieg aus dem Euro, greift man den Menschen an. Man verleumdet ihn, dichtet ihm Schwächen an, begeht, wie es im Englischen heißt, *character assassination*, Charaktermord. Und da man schon beim Verdrehen und Verzerren ist, werden auch die überzeugenden Argumente des Opfers so weit entstellt, dass man sie nur noch mitleidig belächeln kann, so wie Müller-Vogg seine »dämlichen« Professoren.

Seit sich meine Einstellung zum Euro – und damit die Einstellung der Presse zu mir – geändert hat, häufen sich die Beileidskundgebungen von ehemaligen Kollegen und journalistischen Spürnasen. Besorgt fragt man mich: »Wie kommen Sie denn klar mit Ihrer Marginalisierung?«, oder »Wie ertragen Sie es, von allen geschnitten zu werden?«, oder »Wie fühlt es sich an, mit seiner Meinung ganz allein dazustehen?«. Der *Spiegel* meinte gar, ich hätte mich durch meine Euro-Kritik »ein bisschen selbst ins Abseits geredet«. Normalerweise danke ich für die mitfühlenden Worte, gebe dann aber Entwarnung: So schlimm ist es nicht, eigentlich ist es gar nicht schlimm. Ob man nun geschnitten, ausgegrenzt oder verhöhnt wird – wer die Wahrheit sagt, muss sich dafür nicht schämen, und das ist das Wichtigste.

Etwas anderes ist es, wenn man verleumdet wird. Wenn Journalisten, die einen niedermachen wollen, zu Erfindern werden, Fakten umbiegen und einem das Wort im Mund herumdrehen, nur weil ihre Chefredakteure es verlangen. Und diese verstehen, wie ich erfahren musste, ebenso viel vom Blattmachen wie vom Plattmachen.

Womit ich bei der *Bild*-Zeitung wäre. Was ich dort am 9. Dezember 2011 zu lesen bekam, war an Niedertracht kaum zu übertreffen. Es handelte sich um einen Frontalangriff auf meine Person. Ich sei ein »Wendehals«, ein »Ranschmeißer« und würde mich insgesamt zu wichtig nehmen. Der Hauptgrund für diese Vorwürfe schien meine Ablehnung des Euro zu sein. Das Prinzip, dem der *Bild*-Autor folgte, hat sich in den Medien lange bewährt: Man desavouiert den Menschen, der eine abweichende Meinung äußert, um damit auch diese Meinung in ein schlechtes Licht zu rücken.

Genau hier gehört das »Marginalisiert-« und »Geschnitten-Werden« her: Die Isolation des Andersdenkenden geschieht nicht schicksalhaft, sozusagen »von selbst«, sondern wird herbeigeführt, herbeigeschrieben. Wenn jemand ausgestoßen ist, gibt es immer jemanden, der ihm diesen Liebesdienst erwiesen hat.

Da ich von Natur aus ein lebensfroher, der Gesellschaft zugewandter Mensch bin, der sich nicht so leicht aus dem Konzept bringen lässt, fühle ich mich nicht marginalisiert, geschnitten, ausgestoßen. Aber der *Bild*-Artikel verfolgte ebendieses Ziel, und bei vielen Lesern könnte es ihm gelungen sein. Dass er zu nicht geringen Teilen auf Lügen basierte, interessierte weniger: Denn wen die *Bild*-Zeitung niedermacht, und sei es der Bundespräsident, der ist gezeichnet, und alle, die es sich mit diesem Kampfblatt nicht verderben möchten, machen hinfort einen Bogen um ihn wie um einen Aussätzigen.

Wenn ich über die *Bild*-Zeitung schreibe, die mich – in Wahrheit meine Argumente – zu erledigen suchte, muss ich vorausschicken, dass ich jahrelang ihr Kolumnist war. Meine Frau Bettina und auch meine Freunde hielten das nicht für gut und meinten immer: »Wie kannst du da schreiben?« – »Gerade da«, entgegnete ich. »In der *Bild* kann ich bei 11 Millionen Lesern für meine liberale Überzeugung werben.« Ich gebe zu, dass ich vor dem ranschmeißerischen Umfeld, in das meine Texte eingerückt wurden, die Augen verschloss. Der Rest ging mich nichts an, dachte ich. Nur dort, wo Henkel draufstand, war auch Henkel drin.

Meine Zusammenarbeit mit der *Bild*-Zeitung und ihrem Herausgeber Kai Diekmann endete nicht im Guten und nicht ohne seinen Hinweis, dass ich meine publizistischen Erfolge seiner Zeitung zu verdanken hätte.

Ungewollt verriet er damit seine Einstellung zum Journalismus: Er schreibt nicht über einen Menschen, sondern er »macht« ihn – oder er macht ihn kaputt. Neuerdings hat Kai Diekmann sich auf die Förderung des schwächelnden FDP-Politikers Philipp Rösler verlegt. In der *Bild* wird der Parteichef als

»Mister Cool« gefeiert, vor *Bild*-Fotografen posierten Diekmann und Rösler im Mai 2013 in Kalifornien in bärenmäßiger Umarmung.

Das geht natürlich nicht nur mit Menschen, sondern auch mit Staaten. Wer diese Zeitung nicht liest, kann sich kaum vorstellen, mit welcher Verachtung etwa über Griechenland – das Land, das Volk, die Regierung – hergezogen wird. Immer in Verbindung mit einem Sonderlob für den Euro.

Dass dieses Land ein Opfer des Euro geworden ist, wird verschwiegen. Denn nur weil für den Euro so niedrige Zinsen verlangt wurden, ließen griechische Politiker sich verführen, riesige Kredite aufzunehmen. Und dies führte zu den gewaltigen Schuldenbergen, die Euroland nun abtragen muss. Mit anderen Worten: Es war die Stärke des Euro, die Länder wie Griechenland, Portugal oder Italien schwach gemacht hat. Aber diese simple Wahrheit möchte Kai Diekmann seinen Lesern nicht zumuten. Und damit niemand auf dumme Gedanken kommt, wird in der ganzen Presse nicht mehr so oft von Eurokrise, dafür mehr von Schuldenkrise geredet.

Ist es das, was der Begriff »Pressefreiheit« meint? Gewiss nicht. Sie zählt nicht deshalb zu den wichtigsten demokratischen Freiheiten, weil dank ihr jeder beliebige Journalist die Freiheit hätte, jeden beliebigen Menschen, jede Partei, jeden Staat hochzujubeln oder zu zerstören.

Auch wenn Kai Diekmann das anders sieht – Pressefreiheit besteht nicht im Recht, Menschen dem Hass der Menge auszuliefern, sondern einzig und allein darin, dass niemand, keine Zensur und kein Glaubenszwang, den ehrlichen Journalisten daran hindern darf, die Wahrheit zu recherchieren und öffentlich zugänglich zu machen.

Bei uns garantiert Artikel 5 des Grundgesetzes die Freiheit der Meinungsäußerung. Zu Recht findet sich im selben Artikel der Satz: »Eine Zensur findet nicht statt.« Dem ist auch so, aber nur äußerlich. Die heutige Zensur findet in den Köpfen statt. Ein anderes Wort für diese freiwillige Selbstzensur ist die »Schere im Kopf«. Mir ist kaum eine andere Demokratie bekannt, in der von der Mehrheit der sogenannten Elite abweichende Meinungen so beharrlich bekämpft oder totgeschwiegen werden wie bei uns.

Seit Beginn der Eurokrise weiß ich: Was man einem Journalisten einiger Redaktionen zum Euro sagt, kann noch so vernünftig und einleuchtend sein. Entspricht es nicht dem, was dort als korrekt gilt, verändert sich das Gesagte in seinem Kopf und anschließend in seiner *Word*-Datei. Oft schneidet die Schere einfach heraus, was nicht zur angesagten Meinung passt. Meist aber schneidet sie den Gedankenfaden ganz ab, und das Gesagte landet im elektronischen Papierkorb. Wobei noch die Frage ist, was der Interviewte vorzieht – entstellt oder entsorgt zu werden.

In Artikel 5 des Grundgesetzes wird übrigens auch bestimmt, dass die Pressefreiheit ihre Schranke im Recht auf Schutz der persönlichen Ehre findet. Formal kommt jedem Menschen dieser Schutz zu, ganz gleich, wie politisch korrekt oder unkorrekt seine Meinung ist, was er für oder gegen den Euro vorzubringen hat. Da aber jene, die anderen Verleumderisches unterstellen, den Schutz der Pressefreiheit ebenso genießen, wie ihre Opfer das Recht auf Schutz der persönlichen Ehre, entsteht eine Pattsituation. Und für diese ist weder im Grundgesetz noch in der öffentlichen Meinung eine Lösung vorgesehen.

Nach der Trennung von der *Bild*-Zeitung herrschte zwischen dem Blatt und mir Funkstille. Jahrelang ließen Diekmann und seine Zeitung mich in Frieden.

Bekanntlich habe ich meine Einstellung zum Euro radikal geändert, nachdem im Mai 2010 im Zuge der Griechenland-Rettung die Brandmauer zwischen deutschen Steuerzahlern und ausgabefreudigen Politikern im Süden Europas niedergerissen worden war. Vom Befürworter zum Gegner des Euro geworden, schrieb ich mein Buch *Rettet unser Geld!*. Dessen Botschaft war, die heutige Einheitswährung nicht abzuschaffen, sondern in zwei getrennte Währungen aufzuteilen. Nur so könne man den unterschiedlichen wirtschaftlichen Gegebenheiten in den EU-Staaten Rechnung tragen. In ferner Zukunft, wenn die ökonomischen Verhältnisse einander angepasst worden wären, könne man die Währungen ja wieder zusammenführen.

Der Vorschlag brachte mir Zustimmung, aber auch erbitterte Gegnerschaft. So brachte Diekmann auf der Titelseite einen Angriff auf mich: Die *Bild* wolle mich, neben anderen, als »Nervensäge« nicht länger in Talkshows sehen, habe mich »echt satt!«. Natürlich ging es dabei nicht um mich – man wollte wohl nur verhindern, dass ich meine Thesen einem breiten Publikum vorstellen konnte. Deshalb war ich zur unerwünschten Person geworden, der man am liebsten einen Maulkorb umgeschnallt hätte.

Ziemlich schnell wurden mir die Zusammenhänge klar.

Mit meiner skeptischen Einstellung, so erkannte ich, gefährdete ich den Euro, das Lebenswerk Helmut Kohls. Dem Altkanzler aber ist Chefredakteur Kai Diekmann seit »Kohl am Sonntag«-Zeiten eng verbunden. Als Zeichen dieses ungewöhnlichen Bündnisses zwischen einem Journalisten und einem Parteipolitiker wurde Kohl bei Diekmanns Hochzeit Trauzeuge, wie Diekmann bei der Kohls. Dieses höchste fragwürdige Bündnis schlägt sich seit Jahren in der Berichterstattung der *Bild*-Zeitung nieder: Regelmäßig wird der Altkanzler gepriesen, sein Lieblingskind, der Euro, unterstützt. Man könnte den Eindruck haben, dass die Einheitswährung für Kohl ein Sockel ist, auf dem er stehen möchte, und damit für die *Bild* eine Art heiliger Gral, der den europäischen Frieden garantiert.

Wer sich an ihm versündigt, landet auf dem verbalen Scheiterhaufen.

Überflüssig zu betonen, dass mein Buch *Rettet unser Geld!* nicht gerade freundlich mit den Mächtigen der deutschen Politik umgegangen ist, wodurch ich automatisch in die Schusslinie der *Bild*-Zeitung geriet. Hauptsächlich aber warf das Buch einen Schatten auf die Bemühungen der Kanzlerin und ihres Finanzministers, den Euro um jeden Preis zu erhalten. Auch ihnen war ich also auf die Zehen getreten. Und das löste in der *Bild*-Zeitung einen Pawlow'schen Reflex aus.

Im Jahr nach Erscheinen meines Buches erfolgte der zweite Angriff auf meinen Ruf: Nicht zufällig übernahm das Nikolaus Blome, gehörte er doch seit Langem zur Verehrerschar der Kanzlerin. Es begann mit einem scheinbar harmlosen Anruf in meiner Privatwohnung. »Ich höre«, sagte Blome in freundlichem Gesprächston, »Sie wollen jetzt die Freien Wähler unterstützen. Da würde ich gern was dazu schreiben.« Er fragte mich nach meinen Gründen, und ich erklärte ihm, dass ich immer Mitstreiter für meinen alternativen Euro-Kurs suche. Freundlich verabschiedete er sich wieder. Netter Mann, dachte ich noch.

Am nächsten Tag kam der besagte Artikel, und ich wäre vor Überraschung fast »vom Stuhl gefallen«, weil ich nach seinem Anruf mit einer solchen Rufvernichtungsaktion einfach nicht gerechnet hatte. Die ihm vermutlich gestellte Aufgabe, mich so weit zu beschädigen, dass ich als irreparabel aus dem Verkehr gezogen werden konnte, erfüllte er nach Kräften. Er tat dies nicht, indem er sich mit meinen Euro-Argumenten auseinandersetzte, sondern indem er das Prinzip der Verleumdung anwandte. Er stellte mich als charakterlosen Opportunisten dar, der sein Mäntelchen nach jedem Wind hängt. Die vermeintlichen Belege, die er dafür heranzog, waren allesamt absurd. Zudem weiß jeder, der mich kennt, dass ich am liebsten gegen den Strom schwimme – unter anderem auch, indem ich mich gegen den Einheits-Euro wende.

Zum Glück war Blomes Giftpfeil zu stumpf, um bei mir Schaden anzurichten. Entstellungen der Wahrheit fallen meist auf ihren Autor zurück. Als eins der Motive für meine Kritik an der Euro-Rettung führte er zum Beispiel meine Beratertätigkeit für eine amerikanische Bank an, obwohl jeder halbwegs informierte Journalist genau weiß, dass alle Großbanken, europäische wie amerikanische, geschlossen hinter dem Euro und seiner Rettung stehen. So macht Blome ohne jede Gewissensbisse aus einem, der gegen den Strich bürstet, einfach mal das Gegenteil, einen Opportunisten.

Erstaunt über Blomes Attacke »unter die Gürtellinie«, sprach ein *Spiegel*-Reporter bei mir vor, der nach einer Erklärung für diese ungewöhnliche, selbst nach *Bild*-Maßstäben außerordentlich niveaulose Abfertigung suchte. Illustriert wurde der Artikel, den er im *Spiegel* publizierte, mit einem Ausriss aus der *Bild*-Zeitung, der neben dem Blome-Artikel das Konterfei einer mädchenhaft lächelnden Kanzlerin zeigte. Sie schien gerade, so der Titel des zugehörigen Artikels, das »Endspiel um den Euro in Brüssel!« auszukämpfen.

Im Rückblick erscheint mir an dieser Zusammenstellung zweierlei bemerkenswert: Einmal, dass dem Leser von *Bild* im Dezember 2011 suggeriert wurde, nun finde bereits das »Endspiel um den Euro« statt, was besagen sollte: Keine Sorge, bald ist alles gut. Diese Verdrehung der Wahrheit passte zum Bild einer Kanzlerin, der diese Wählertäuschung nur recht sein konnte. Zum anderen frage ich mich, ob die Nähe der beabsichtigten Henkel-Vernichtung und der Euro-Werbung nur Zufall war?

Für den *Spiegel* war es keiner. Die »öffentliche Demontage«, so das Magazin, »zielte nicht auf die Positionen Henkels, sondern auf seine Person«. Und doch ginge es bei der »Attacke« um nichts anderes als »den Euro und Henkels Kehrtwende«.

Ich begriff: Für die *Bild*-Zeitung war ich im Handumdrehen vom »Wirtschaftspapst« zum »Ranschmeißer, Trittbrettfahrer, Wendehals« geworden. Begründung: »Keiner wechselt so schnell seine Überzeugungen wie er ... Henkel hatte jahrelang ... ganz eng an der Seite von Helmut Kohl gestanden – *für* den Euro ... Heute ist er flammend dagegen. Das verkauft sich wohl gerade besser.« Verkauft sich besser? Wenn ich eins gelernt habe, dann dies: Für die *Bild*-Zeitung und ihre Bordschützen Blome und Diekmann sind nicht etwa die zahlreichen Politiker, die sich nicht an die bei der Einführung des Euro gegebenen Versprechen gehalten haben, Wendehälse , sondern diejenigen, die aufgrund der von diesen Politikern gebrochenen Verträge ihre Meinung über die Sinnhaftigkeit der Einheitswährung ändern mussten.

Bevor sich irgendwer über Blomes Hetzrede aufregen oder sich gar gegen mich aufbringen lassen konnte, ließ die *Bild*-Zeitung die nächste Bombe hochgehen, gegen welche die meine nur ein Knallfrosch war. Dieselben Herren, die bei mir nur kurzen Lärm erzeugt hatten, schossen nun bei einem neuen Thema mit Schnellfeuergewehren. Es ging um den Skalp des Bundespräsidenten, und da alle Medien beim Erlegen mitgeholfen hatten, kann Kai Diekmann ihn heute stolz am Gürtel tragen. Manchmal frage ich mich, wie lange die Verlagsbosse dieser narzisstischen Farce noch tatenlos zusehen werden – vielleicht bis Kai Diekmann mitsamt der Auflage der *Bild*-Zeitung im Aufzug endgültig unten im Keller angekommen ist.

Nach Erscheinen von Nikolaus Blomes versuchtem Rufmord an mir glaubte ich, die Angriffe der *Bild*-Zeitung überstanden zu haben. Ich täuschte mich. Und wieder war es Diekmanns Stellvertreter Blome, der seinem Herrn die Schmutzarbeit abnahm. In der Phönix-Sendung *Augstein und Blome* ging es im April 2013 um die Partei Alternative für Deutschland, zu der vor allem die eurokritischen Wähler überliefen.

Um die neue Partei lächerlich zu machen, wedelte Blome vor der Kamera mit dem Aufnahmeformular der AfD. Das weise, so erklärte er, eine Zeile auf, in der frühere Parteizugehörigkeiten des Antragstellers eingetragen werden mussten. Den Grund für diese Rubrik – Rechtsextreme vom Eintritt abhalten zu können – nannte er nicht. Dafür brachte er nun mich ins Spiel. Für Hans-Olaf Henkel, so höhnte er, sei diese Zeile nicht lang genug, da er ja schon Mitglied der FDP, der Freien Wähler und des BDI gewesen sei.

Wie er als Meisterrechercheur wissen musste, bin ich aus Prinzip nie einer Partei beigetreten, weder der FDP noch den Freien Wählern. Ich bin auch nicht in die Alternative für Deutschland eingetreten. Auch sollte Blome bekannt sein, was manche der Zuschauer vielleicht nicht wissen: dass der BDI keine Partei ist, und ich ihm folglich auch nicht beitreten konnte. Kurz, um mich öffentlich bloßzustellen, war ihm kein Mittel zu plump.

Bevor ich dieses Kapitel und damit auch das unerfreuliche Intermezzo abschließe, möchte ich noch ein paar Worte über den Mann, der mich »auf dem Kieker« hat, den *Bild*-Journalisten Nikolaus Blome, verlieren – ohne Polemik, *sine ira et studio*. Im April 2013 habe ich sein soeben erschienenes Buch über Angela Merkel, *Die Zauder-Künstlerin*, gelesen. Zwar ist dieses Buch erwartungsgemäß auf den Knien geschrieben – früher nannte man das einen *Panegyricus* –, wofür die Verherrlichte ihren Verehrer umgehend mit einem langen *Bild*-Interview belohnte. Dafür lieferte er ihr wiederum die nötigen Stichworte für beruhigende Worte zur Zukunft des Euro. Trotzdem, das Buch ist gut.

Ich staunte: Nikolaus Blome schreibt einen flüssigen Stil und verpackt das Lobhudlerische geschickt in die Watte nobel zurückhaltender Anerkennung. Auch hat er ein gutes Auge für Menschen und verblüfft mit süffisantem Humor, der unterhält, ohne wehzutun.

Nun frage ich mich: Warum bemüht er sich seit Jahren, Hans-Olaf Henkel die Ehre abzuschneiden? Er kennt mich ja gar nicht, und gewiss habe ich ihm nie etwas zuleide getan.

Ich sage das ohne Wehleidigkeit, da ich manches ertragen kann. Versuche seinerseits, mit mir seitdem Kontakt aufzunehmen, habe ich abblocken lassen. Wen die Euro-Schizophrenie einmal ergriffen hat, mit dem ist eine nüchterne Diskussion sinnlos.

KAPITEL DREI

Die vergessenen Mahner

1. Otto Graf Lambsdorff

Die FDP, die ich immer unterstützt habe, hat mich in der Euro-krise tief enttäuscht. Sämtliche liberalen Prinzipien, an die ich glaube und für die sich diese Partei in Deutschland sonst stark-macht, hat sie in Sachen Europa über Bord geworfen. Den Deutschen sagt sie, dass sie mehr Wettbewerb brauchen. Rich-tig. In Europa dagegen fördert sie die Harmonisierung. In Deutsch-land fordert sie mehr Eigenverantwortung. Recht so. In Europa empfiehlt sie mit ihrer Zustimmung zu den Rettungspaketen die Vergemeinschaftung der Schulden. In Deutschland stärkt sie den Föderalismus, bei dem Bürgern und Kommunen möglichst viel Verantwortung übertragen wird. Zu Recht. In Europa fa-vorisiert sie den Zentralismus, bei dem alle Macht und Kon-trolle in einer Hand liegen. Grauenhaft.

Und alles um des Euro willen.

Wie hypnotisiert starren die Liberalen auf die Währung, die um jeden Preis gerettet werden muss. Und vergessen, dass ihre Wähler diesen Preis in ebendieser Währung zu zahlen haben. Und dass die ehrlichen Steuerzahler, wenn das Euro-Glücks-spiel scheitert, selbst nicht mehr zu retten sein werden. Um eines hehren Zieles willen verliert die liberale Partei ihr eigent-liches Ziel aus den Augen: ihrem eigenen Volk zu nützen, seinen

Wohlstand zu mehren, es gegen Angriffe von außen zu schützen. Heute finden diese Angriffe nicht mehr mit Panzern statt, sondern mit Rettungsschirmen und Zentralisierungsmaßnahmen. Die Folgen: Enteignung und Entmündigung. Und die Liberalen machen munter mit, als wüssten sie es nicht besser.

Wenn es nicht anders geht, nimmt auch die FDP zur Täuschung Zuflucht. Als sich 2011 zwei Parteilager gebildet hatten, die zur Euro-Rettung gegensätzliche Ansichten vertraten, regte der Euro-Kritiker Frank Schäffler einen Mitgliederentscheid an. Auf diesem Weg hoffte er eine Mehrheit für seinen Kurs zu finden. Das heutige Europa, so sagte er, sei »auf dem Weg in die monetäre Planwirtschaft und den politischen Zentralismus«. Deshalb empfehle er, den »Europäischen Stabilitätsmechanismus« ESM abzulehnen, dessen eigentliches Ziel die Schaffung einer Transferunion sei. Um Schäffler und seinen Flügel zu unterstützen, schrieb ich im November 2011 an die Parteimitglieder und warnte davor, dass bei einer Zustimmung zur Politik von Merkel und Westerwelle »aus einem Europa der Vaterländer ein zentralistischer Superstaat« wird.

Die Parteispitze ließ sich in ihrem Kurs nicht beirren. Um den Mitgliederentscheid in ihrem Sinn zu beeinflussen, wurde ein mahnender Brief an die FDP-Mitglieder aufgesetzt, den die früheren Parteivorsitzenden Hans-Dietrich Genscher und Klaus Kinkel unterzeichneten. Die Pro-Euro- und Anti-Schäffler-Botschaft lautete: »Die FDP soll sich mit aller Kraft denjenigen entgegenstellen, die in der Stunde schwerster Probleme Europa Stillstand und damit den Anfang vom Rückschritt zumuten wollen.«

Möglicherweise hat dieser Brandbrief den Ausschlag beim Mitgliederentscheid gegeben. Denkbar knapp verloren die Euroskeptiker mit 44,2 Prozent gegen die Schutzschirmbefürworter mit 54,5 Prozent. Das heißt, dass ohne die Intervention ihres Ehrenvorsitzenden der Partei die Wendung weg von der

Merkel'schen Konzessionspolitik hin zu einer vernünftigen Interessenvertretung unseres Landes und einer liberalen Europapolitik wohl gelungen wäre. Aber der Mann mit dem gelben Pulli hat sich durchgesetzt, wie ihm das auch, als Vaterfigur der Westerwelles und Röslers, in anderen Politikfeldern gelingt. Und das, obwohl er seit 1985 nicht mehr Parteivorsitzender ist.

Neben Genschers pathetischer Beschwörung von Europas schwerster Stunde tauchte parteiintern auch eine Parole auf, die von Parteigranden wie Philipp Rösler, Guido Westerwelle und Christian Lindner immer wieder ins Spiel gebracht wird. »Wir wollen«, so sagen sie, »für den Euro in der Genscher-Lambsdorff'schen Tradition kämpfen.« Womit sie ausdrücken, dass ihr europolitischer Kurs, der allen FDP-Prinzipien widerspricht, doch irgendwie der FDP-Tradition verpflichtet sei – und zwar gerade jenem Abschnitt der Tradition, in dem die Liberalen noch bundesdeutsche Geschichte mitgeschrieben haben. Man setze nur fort, behaupten sie, was die großartigen Vorläufer der heutigen Führung begonnen haben. Wie zur Bestätigung hatte einer dieser Vorläufer, Genscher, seine Unterschrift daruntergesetzt.

Unter Historikern nennt man ein solches Verhalten Geschichtsklitterung. Dabei verdreht man tatsächliche Ereignisse und Fakten so lange, bis sie den Wünschen der Gegenwart entsprechen. Im Fall der »Genscher-Lambsdorff'schen Tradition« hat man bewusst FDP-Geschichte geklittert (siehe dazu auch Kapitel acht, S. 231). Der erste Teil des Koppelwortes stimmt – der zweite ist eine Verdrehung der Wahrheit: Graf Lambsdorff vertrat das genaue Gegenteil dessen, wofür er heute beansprucht wird.

Für mich gehört Otto Graf Lambsdorff zu den beeindruckendsten Politikern, die unser Land je hervorgebracht hat. Ein echter Liberaler, für den Freiheit den höchsten Wert darstellte – Freiheit nicht nur für eine bestimmte Klasse, sondern für alle.

Deshalb hat er sich genauso intensiv für die Menschenrechte eingesetzt wie für die Marktwirtschaft. 1996 nahm er sogar eine kleine Eiszeit im Verhältnis zum Handelspartner China in Kauf, als er sich im Bundestag für das unterdrückte Volk der Tibeter einsetzte. Damals begleitete ich Außenminister Kinkel nach Peking zu einer Art Beschwichtigungstour. Sie gelang, doch Lambsdorff ist für die Chinesen bis zu seinem Tod *persona non grata* geblieben. Eine solch beeindruckende Personaleinheit von mutigem Menschenrechtler und sozialem Marktwirtschaftler habe ich seitdem nicht wieder getroffen.

Als Wirtschaftsminister unter Helmut Schmidt und anschließend Helmut Kohl vertrat er eine Marktwirtschaft, die auf Eigenverantwortung, Wettbewerb und Einhaltung der Menschenrechte basierte. Anhaltende Arbeitslosigkeit bezeichnete er als »schlimmste soziale Unausgewogenheit«. Unter der Flick-Spendenaffäre hat Lambsdorff, der von 1988 bis 1993 Bundesvorsitzender der FDP war, schwer gelitten – 1984 hat sie ihn sein Ministeramt gekostet, drei Jahre später musste er eine Geldstrafe dafür bezahlen. Dabei hat er sich bei der Aufarbeitung des Skandals viel nobler verhalten als etwa Helmut Kohl in seiner Spendenaffäre. Auch sonst scheint mir »nobel« das Wort, das den großen Liberalen am besten charakterisiert. In einer Laudatio, die ich 2001 anlässlich seiner Aufnahme in die »Hall of Fame« des *Manager Magazins* auf ihn halten durfte, bezeichnete ich ihn als legitimen »Nachfolger Ludwig Erhards«. Den Nachfolgern dieses Nachfolgers lässt sich Legitimität nicht mehr nachsagen.

Seinen Neffen Alexander, der denselben Adelsnamen trägt und Mitglied des Europaparlaments ist, hindert seine familiäre Herkunft nicht, gleichsam im Namen seines verstorbenen Onkels die Euro-Rettungspolitik der FDP zu unterstützen. Fragt sich, ob Neffe Alexander weiß, wovon er spricht. Ich habe Otto Graf Lambsdorff sehr gut gekannt, der wie kaum ein anderer Tugenden wie Gründlichkeit, Zuverlässigkeit und Vertrauenswürdigkeit verkörperte. Da ich dieses FDP-Urgestein immer bewunderte, war es mir ein besonderes Vergnügen, mit ihm im Konvent für Deutschland auch über den Euro zu diskutieren. Er ließ keinen Zweifel daran, dass er entschiedener Gegner der Einheitswährung war.

Schon als die Idee des Europa-Geldes in den Neunzigerjahren aufkam, stritten wir über dessen Erfolgschancen. Ich gebe zu, den geplanten Euro leidenschaftlich verteidigt zu haben, während Graf Lambsdorff mir in der für ihn typischen Ruhe widersprach. Seine föderalistische Einstellung, wonach Verantwortung nicht zentral gebündelt, sondern Bürgern und Kommunen direkt übergeben werden sollte, vertrug sich nicht mit einer *One-size-fits-all*-Währung, die die verschiedensten Volkswirtschaften über einen Leisten schlagen würde. In der entscheidenden Abstimmung im Bundestag im April 1998 enthielt er sich der Stimme – aus Sicht der überwältigenden Mehrheit der Euro-Befürworter ein Skandal.

In seiner Begründung wies Graf Lambsdorff darauf hin, dass er für sich und seine Partei eine Zustimmung zur »einheitlichen europäischen Währung« nur unter der Bedingung geben könne, »dass die Kriterien des Vertrages strikt eingehalten werden und dass ihre Dauerhaftigkeit gesichert wird«. Daran hatte er auch deshalb Zweifel, weil ihm die Neigung vieler Europäer zur »kreativen Buchführung«, wie er es nannte, längst bekannt war. Schon damals erschien ihm, ganz abgesehen von der Unzuverlässigkeit der Partner, die Gesamtverschuldung Europas viel zu hoch, um dem Projekt zustimmen zu können. Diese fast prophetische Weitsicht muss auf all jene beschämend wirken, mich selbst eingeschlossen, die sich damals an der Idee des Euro berauschten.

Zwei Jahre später, im Jahr 2000, sah der »Wirtschaftsgraf« sich in seinen Befürchtungen bestätigt. Die Aufnahme Griechenlands hielt er für einen »kapitalen Fehler«, und er wunderte sich darüber, »was man den Bürgern eigentlich alles zumutet«. Zwar würde die Euro-Einführung der Exportindustrie Erfolge bringen, doch »der einfache Bürger zahlt dafür«.

Nachdem die FDP ziemlich dreist den Grafen für eine Politik beanspruchte, die er selbst scharf abgelehnt hätte, schrieb ich im Januar 2013 eine *Handelsblatt*-Kolumne unter dem Titel »Mehr Lambsdorff, weniger Genscher«, in dem ich ziemlich unverblümt meine Sicht des Täuschungsmanövers der FDP-Führung darstellte. Postwendend erhielt ich von seiner Witwe, Alexandra Gräfin Lambsdorff, einen Brief.

Ich weiß, dass mein Beitrag im *Handelsblatt* sie zutiefst erfreut hat! Sie und ihr kluger Mann waren sich einig: Alle Schlachten werden immer weiter geschlagen, vor allem die um die Deutungshoheit der Geschichte …

Ebendies, eine Umdeutung des Lambsdorff'schen Erbes ins Gegenteil, war von der FDP vollzogen worden, und kein Insider hatte sich dagegen gewehrt. Die Gräfin, die es gern getan hätte, konnte es nicht, denn, so schrieb sie mir einmal: »Man darf sich als Witwe in dieses Getümmel nicht hineinbegeben.« Meine Kolumne mag dabei ausgedrückt haben, was sie unter anderen Umständen selbst gesagt hätte.

2. Ralf Dahrendorf

Eine andere beeindruckende Persönlichkeit, die mein Leben geprägt hat, war der Soziologieprofessor Ralf Dahrendorf, ein führender Vordenker des Liberalismus. Wie Graf Lambsdorff, dessen Partei er angehörte, ist er als Mahner in die Geschichte des Euro eingegangen. Vielleicht darf ich einige persönliche Erinnerungen vorausschicken.

Zu seiner Zeit als Rektor in Oxford hat er mich in den Neunzigerjahren zu einem Vortrag ins St. Antony's College eingeladen. Als Chef der IBM Europa konnte ich seinen Studenten erzählen, dass ich Lord Dahrendorf – die Queen hatte ihn geadelt – schon Jahrzehnte zuvor an der Hamburger Akademie für Gemeinwirtschaft, der späteren Hochschule für Wirtschaft und Politik, kennengelernt hatte.

Als ich ihn 1959 zum ersten Mal sah, wirkte er auf mich nach Kleidung und Haltung wie ein englischer *country gentleman*. Und dabei war er, mit nicht einmal 30 Jahren, Deutschlands jüngster Universitätsprofessor. Schwungvoll schrieb er seinen Namen mit Kreide an die Tafel. Dort stand »Prof. Dr. Ralf Dahrendorf Ph.D.«. Wir alle rätselten, was dieses seltsame Kürzel zu bedeuten hatte, bis er uns nicht ohne Stolz aufklärte, dass er seinen *Doctor of Philosophy*, originellerweise über Karl Marx, in England gemacht hatte.

Nach der anekdotischen Einleitung legte ich vor seinen Oxforder Studenten ein Bekenntnis ab: Ich hatte meine Karriere, zumindest teilweise, Ralf Dahrendorf zu verdanken. Zum einen, weil er mir als Professor an der Hamburger Akademie ab 1958 das Rüstzeug zu meinem späteren Beruf geliefert hat; zum anderen, weil er in seinen Vorlesungen lobend über die Firma IBM berichtete, die den klassischen Unterschied zwischen Arbeitern und Angestellten aufgehoben hatte. Dass es dort tatsächlich »klassenlos« zuging, zeigte sich etwa darin, dass die Lohntüten abgeschafft waren und allen am Monatsende ihr Gehalt überwiesen wurde. Außerdem aßen alle in derselben Kantine und erhielten die gleichen Sozialleistungen, die Arbeiter wurden in die Angestelltenversicherung aufgenommen – eine Regelung, die Dahrendorf als Autor eines Buches über den »Klassenkonflikt in der industriellen Gesellschaft« als besonders fortschrittlich hervorhob.

Durch seine Vorlesungen wurde IBM für mich zum Synonym für die Moderne schlechthin. Als ich nach Ende meines Studiums ein Stellenangebot der Firma entdeckte, bewarb ich mich sofort, obwohl mir bereits eine Stelle bei einer Werft sicher war. Wie in *Die Macht der Freiheit* beschrieben, wurde ich tatsächlich von dem weltweiten Unternehmen eingestellt, dem ich bis zum Ende meiner Karriere angehörte. Während dieser Zeit sollte ich nie vergessen, dass Ralf Dahrendorf mir die IBM gerade wegen ihrer sozialen Ausgeglichenheit gepriesen hatte.

Da ihm die individuelle Freiheit über alles ging, trat Prof. Dahrendorf 1967 der FDP bei. Sofort setzte er sich für eine programmatische Neuausrichtung der Partei ein, die unter Erich Mende für das eher konservative, gut verdienende Bürgertum stand. Zeitweise saß Dahrendorf im Bundestag und diente unter Willy Brandt als Staatssekretär im Außenministerium – kurz, Ralf Dahrendorf war ein erfahrener Insider im soziologischen, ökonomischen und politischen Bereich. Da er 1970 als Außenhandelskommissar nach Brüssel wechselte, konnte er auch als intimer Kenner der Machtverhältnisse in der EU gelten.

Seit er in England lebte, kam zu seiner Expertise noch eine weitere Dimension hinzu: Als britischer Staatsbürger, der er 1988 geworden war, bot ihm die Distanz zu Europa einen nüchternen Einblick in die Verhältnisse auf dem Kontinent. Mit dem für Briten typischen Pragmatismus beobachtete er mit zunehmendem Unbehagen, wie weit in der EU ökonomische Wünschbarkeit und politische Realität auseinanderklafften. Leider verfügen all jene, die heute wie Guido Westerwelle verzückt nach »mehr Europa« rufen, über keinen vergleichbaren Pragmatismus. Stattdessen ersetzen sie die Realität durch ihre Euro-Vision. Es war Bundeskanzler Helmut Schmidt, der einmal sarkastisch bemerkte: »Wer Visionen hat, soll zum Arzt gehen.« Ich würde eher sagen: Bevor man sich ehrgeizige politische Ziele setzt, sollte man bei Pragmatikern und Realisten wie Ralf Dahrendorf in die Schule gehen.

Natürlich empört es mich, dass die FDP-Spitze auch ihn, wie Otto Graf Lambsdorff, zu vereinnahmen sucht. Dabei unterschlägt sie, dass er in dem neuralgischsten Punkt unserer Zeit, der Euro-Frage, eine vollkommen konträre Meinung vertreten hat. Bei ihrer Umfälschung legen die Mannen um Rösler ein noch raffinierteres Verhalten an den Tag als totalitäre Regime: Während diese ihre Idole, sobald sie ausgedient haben, aus den Geschichtsbüchern verschwinden lassen, behält die FDP ihre Vorbilder bei, verändert jedoch Unterschriften, die über ihr Wirken und Denken aufklären, in ihr Gegenteil. So werden prominente Euro-Gegner der Vergangenheit zu Unterstützern des gegenwärtigen Euro-Kurses umgemodelt.

Tatsächlich war der begeisterte Europäer Dahrendorf, der sogar im Oberhaus saß, ein entschiedener Feind des Euro. Dabei war kaum einer zu diesem Urteil so berufen wie der Direktor der renommierten London School of Economics, der er zehn Jahre lang gewesen war. In dieser Zeit hatte er sein fundiertes soziologisches Wissen um die ökonomische Dimension erweitert, sodass er immer beides im Blick behielt: die Freiheit des Menschen und die unvermeidlichen ökonomischen Zwänge, mit denen er konfrontiert wird.

Als ihn der *Spiegel* 1995, drei Jahre nach Abschluss des Maastricht-Vertrags, zum Thema Einheitswährung befragte, redete er Klartext: Er wollte diese Währung nicht. »Das Projekt Währungsunion«, so sagte er, »erzieht die Länder zu deutschem Verhalten, aber nicht alle Länder wollen sich so verhalten wie Deutschland.«

Wenn ich das heute lese, frage ich mich, warum bei den vielen Rettungsschirmabstimmungen keiner aufsteht und an diese simple Tatsache zu erinnern wagt. Die Welt will nun einmal nicht »am deutschen Wesen genesen«, das hat sie oft genug deutlich gemacht.

Als einen der Gründe dafür nannte Dahrendorf die Wechselkurse. »Für Italien sind gelegentliche Abwertungen viel nützlicher als feste Wechselkurse«, erklärte er, »für Frankreich dagegen sind höhere Staatsausgaben viel sinnvoller als starres Festhalten an einem Stabilitätskriterium«, wie Deutschland es forderte.

Natürlich wussten die Politiker dieser Staaten das ebenso gut wie Ralf Dahrendorf. Aber sie wussten auch, dass sie die D-Mark nur stürzen konnten, wenn sie auf die Forderung der Deutschen eingingen. Vorläufig.

Für Dahrendorf war klar, dass der eigentliche Zweck der EU die Kontrolle über den »Riesen Deutschland« war. Auf die Frage nach dem Sinn der Gemeinschaft antwortete er, darauf gebe es »in den meisten Ländern kaum eine andere Antwort als die: um Deutschland einzubinden«. Merkwürdigerweise, so fügte Dahrendorf hinzu, sehen das die deutschen Kanzler seit Helmut Schmidt ebenso. Für mich hat dieser Ausdruck immer den Beiklang von »anbinden«, also fesseln.

»Aus Selbstmisstrauen?«, fragte der *Spiegel*. Dahrendorf entgegnete, dieses »enorme Misstrauen gegenüber der eigenen Standfestigkeit hat mich immer verblüfft«. Worauf der *Spiegel* nachfasste, ob der Maastricht-Vertrag demnach doch, »wie der französische *Figaro* einmal geschrieben hat, ein Versailler Vertrag mit anderen Mitteln« sei? »Dahrendorf«, so der *Spiegel*, »bejaht indirekt.«

Worauf der prophetische Satz folgte: »Die Währungsunion ist ein großer Irrtum, ein abenteuerliches, waghalsiges und verfehltes Ziel, das Europa nicht eint, sondern spaltet.« Sie kann nicht funktionieren, »weil die Wirtschaftskulturen zu unterschiedlich sind«. Was keinem Bundestagsabgeordneten bekannt zu sein scheint, hat Ralf Dahrendorf schon 15 Jahre vor dem ersten Brüsseler Milliarden-Rettungspaket gewusst.

Auch der damalige FDP-Generalsekretär Christian Lindner, mit dem ich 2011 ein Streitgespräch im *Focus* führte, scheint Dahrendorfs Ablehnung des Euro und seine Begründung zu ignorieren. Als ich auf die entgegengesetzte Mentalität von Deutschland und Frankreich in Wirtschaftsfragen hinwies, der nur durch eine Aufteilung des Euro Rechnung getragen würde, fuhr er auf, meine Vorschläge seien »Dynamit«. Denn »Deutschland und Frankreich zu trennen, diese Vorstellung verstört mich geradezu«. Lindners instinktive Angst vor einer Aufspaltung des Euro, die angeblich »das ganze europäische Projekt beschädigt«, wird von einem Großteil der deutschen Politiker geteilt. Sie ist trotzdem falsch.

Nicht durch vernünftige Abwägung, wie sie aus Dahrendorfs distanzierter Analyse spricht, sondern durch ein tiefer sitzendes kollektives Trauma haben sich die Deutschen an dieser Einheitsvorstellung festgebissen. Man will sich »einbinden« lassen, um nicht wieder in einen deutschen »Sonderweg« zu verfallen.

Und doch stößt man bei jeder Gelegenheit die Nachbarn vor den Kopf. Etwa wenn man bei der Libyen-Resolution des Sicherheitsrats nicht mit Freunden und Verbündeten, sondern mit Russland und China abstimmt. Oder wenn man die gesamte europäische Stromversorgung infrage stellt, indem man, von einem Tag auf den anderen, den Einstieg in das nachatomare Zeitalter verkündet. Dabei leben die meisten unserer Freunde noch in diesem Zeitalter, und zwar gut – und schütteln den Kopf über Deutschlands »Sonderweg«.

Nur wenn es um den Euro geht, gilt für Deutschland unverbrüchliche Nibelungentreue. Duldsam nimmt man hin, dass man übers Ohr gehauen wird, und schweigt dazu. Trotz der ständigen Betrügereien, die durch deutsche Blauäugigkeit geradezu herausgefordert werden, will man auf Mahner wie Lambsdorff oder Dahrendorf nicht hören. Dass die Einheitswährung auf einen deutschen Selbstausverkauf hinausläuft, gehört zu den vielen Denktabus des Deutschen Bundestags und der deutschen Medien.

Zum Abschluss eine persönliche Erinnerung an den großen Deutsch-Briten: Nach Veröffentlichung meiner Memoiren *Die Macht der Freiheit* im Jahr 2000 habe ich den mittlerweile Siebzigjährigen in Berlin wiedergetroffen. Im Café Einstein sagte er mir, er habe mein Buch mit Vergnügen gelesen und sich über die Stellen gefreut, in denen ich seine Rolle in meinem Leben hervorgehoben habe.

»Sind Sie ganz sicher«, fragte er dann vorsichtig, »dass ich damals ein VW-Cabrio gefahren habe?« Ich war mir sicher, jedenfalls ziemlich, fragte aber doch, ob ich mich etwa geirrt haben sollte. Er nickte gütig. »Und welche Marke war es?«, fragte ich. Zögernd, als wäre es ihm peinlich, antwortete er: »Damit alles in der nächsten Auflage korrekt ist: ›Ralf Dahrendorf fuhr ein Mercedes-Cabrio.‹« In der nächsten Auflage war alles korrekt.

3. Eine Lanze für Christian Wulff

Zur klassischen Tragödie gehörten schon immer der steile Aufstieg und der tiefe, vernichtende Fall. Wer würde bezweifeln, dass Christian Wulff eine tragische Figur ist? Ebenso wenig kann man daran zweifeln, dass der *Bild*-Zeitung das fragwürdige Verdienst zukommt, diese Tragödie ausgelöst zu haben – den Aufstieg wie den Fall. Wer die Berichterstattung dieses Blattes im Winter 2011/12 verfolgt hat, wird möglicherweise den Begriff »Berichterstattung« für ungeeignet halten. Im Fall Wulff(s) wurde nicht über etwas, ein Ereignis oder eine Persönlichkeit, berichtet, sondern dieses Ereignis selbst wurde herbei- und die Persönlichkeit vorgeführt.

Der Journalist war zum Handelnden geworden, der nebenbei auch über sich selbst berichtet. Implizit schrieb er über seine eigene Cleverness, seinen hoch entwickelten Gerechtigkeitssinn, sein detektivisches Gespür – und gleichzeitig über die moralische Verkommenheit, die Selbstgefälligkeit und charakterliche Schwäche seines Gegenstandes.

Doch Vorsicht: Über sich selbst kann man ebenso wenig objektiv schreiben wie über seinen erklärten Gegner. Das fällt dem Leser nicht auf, weil ihn das, was da vor seinen Augen abläuft, die »Entlarvung« eines Hochgestellten, zu sehr fasziniert.

Die *Bild*-Zeitung lieferte die Chronik der laufenden Ereignisse, die das Blatt selbst angestoßen und auf die Spitze getrieben hatte. Aber die Tatsache, dass diese Zeitung mit Papier und Druckerschwärze hergestellt ist, heißt nicht, dass es sich bei dem Gedruckten um Journalismus handelt.

Die *Bild*-Zeitung ist nicht nur beschreibendes, sondern auch handelndes Element, und was sie betreibt, ist Politik auf der niedrigsten Stufe. Sie greift mit der Zaunlatte in die politischen Zustände der Bundesrepublik ein. Aufgrund von geringfügigen Verfehlungen, die eine Recherche auslösten – oder einer Recherche, die nach geringfügigen Verfehlungen suchte –, wurde Christian Wulff in eine Falle gelockt oder, wie der journalistische Fachausdruck lautet, »auf die Seife geschoben«. Von diesem Augenblick an war jeder Schritt, den er machte, falsch. Am Ende widerfuhr ihm das, was passiert, wenn man auf Seife davonzulaufen sucht.

Nachdem im Frühjahr 2013 Anklage gegen Christian Wulff erhoben wurde, stellte sich heraus, dass von all den demütigenden Behauptungen fast nichts übrig geblieben ist. Sämtliche Vorwürfe der *Bild*-Zeitung lösten sich in Luft auf. Nur eine Bagatelle von 770 Euro blieb übrig, die er sich möglicherweise und dann vermutlich unbedacht von einem Freund hatte erstatten lassen, und die von der *Bild*-Inquisition gar nicht bemerkt worden war. Dass darauf eine Anklage wegen »Bestechung« aufgebaut wurde, finde ich schon wegen der Höhe des Betrages fragwürdig: Kann man einen gut verdienenden Mann mit 770 Euro »bestechen«?

Verantwortlich für die Auslösung der Hetzjagd auf den höchsten Repräsentanten Deutschlands waren die *Bild*-Chefs Kai Diekmann und Nikolaus Blome. Ich frage mich, weshalb ein Mann, der von der *Bild*-Zeitung in allen Tonarten hochgejubelt wurde, von ihr ziemlich plötzlich von der Klippe gestürzt wurde. Ich frage mich, warum Kai Diekmann an jenem 12. Dezember 2011, an dem alles begann, dem Bundespräsidenten nicht Gelegenheit gegeben hat, ihm vor Drucklegung der »Sensationsenthüllung« seine Sicht der Dinge darzulegen. Und warum Diekmann den Wortlaut der Mailbox-Nachricht von Wulff nicht selbst veröffentlichte, sondern dieser woanders auftauchte. Als Erklärung dafür ließ Diekmann verbreiten, man hätte diese Sache in der Redaktion »breit« diskutiert. *Honi soit qui mal y pense!*

Wo mit Schmutz hantiert wird, bleibt keiner sauber. Christian Wulff hat in seiner Bedrängnis nicht nur Diekmann, sondern auch den Vorstandsvorsitzenden des Springer-Verlags, Mathias Döpfner, angerufen. Das heißt, der amtierende Bundespräsident hat mit dem Chef einer bedeutenden Firma gesprochen, was selbstverständlich *off the record* bleiben muss. Nun sind die Tatsache, dass das Telefonat stattgefunden hat, sowie Teile des Inhalts an die Presse gegeben worden. Sicherlich nicht von Wulff. Welch ein Vertrauensbruch! Seitdem kann ich nur jedem, der mit Döpfner über persönliche Dinge spricht, raten, sich nicht darauf zu verlassen, dass es auch persönlich bleibt. Döpfner legt immer großen Wert auf die Unabhängigkeit seiner Redaktionen, auch mir gegenüber. Soll heißen: Ich bin zwar von Haus aus Journalist, aber jetzt bin ich Unternehmenschef und weiß, wie ich mich in dieser Rolle zu verhalten habe! Ich wüsste von keinem Unternehmenschef, der die Information über ein intimes und persönliches Gespräch mit dem Staatsoberhaupt an die Presse geben würde.

Meinen Vorsatz, solange Blome und Diekmann dort tätig sind, nie wieder einen Fuß über die Schwelle des Axel-Springer-Verlages zu setzen, habe ich zu Ehren des großen Verlegers für die Feier zu seinem 100. Geburtstag durchbrochen. Ich habe es nicht bereut. Vor allem Döpfners inszeniertes Gespräch mit Axel Springer, den er selbst nie persönlich kennenlernte, hat mir sehr gut gefallen. Das war eine Darstellung, die ich kaum einem anderen Unternehmenschef zutrauen würde, und sie zeigt auch, dass Döpfner viele Talente hat. Sein Umgang mit Axel Springers Vermächtnis, seine Treue zu den Springer'schen Idealen (Freiheit, Aussöhnung mit dem jüdischen Volk, Treue zu Israel), der er die »Loyalität zu den Vereinigten Staaten« hinzufügte, ist absolut beachtenswert. Wobei er anlässlich dieses Jubiläums auch auf die Schattenseiten des Verlagshauses in der Vergangenheit einging: Die Wahrnehmung seines Verlagshauses sei oft negativ geprägt gewesen. »Nicht immer ohne Grund«, meinte Döpfner. In den Blättern des Hauses seien früher Dinge geschehen, die falsch gewesen und heute wohl nicht mehr denkbar seien. Merkt er nicht, dass Diekmann längst dafür gesorgt hat, dass Döpfners Nachfolger diesen Teil seiner Aussage irgendwann mal wird wiederholen müssen?

Warum beschäftige ich mich im Zusammenhang mit dem Euro auch mit Christian Wulff? Zur Erklärung ist ein Zeitsprung nötig: Am 24. August 2011 schipperte ich in meinem Segelboot auf dem Bodensee und näherte mich von Bregenz kommend Lindau. Aus der Zeitung wusste ich, dass dort gerade die traditionelle Tagung der Nobelpreisträger stattfand, und ich gebe zu, dass ich gerne ihren Reden zur aktuellen Weltlage gelauscht hätte.

Am Abend nach Bregenz zurückgekehrt, sah ich in den Fernsehnachrichten zu meiner Überraschung, dass Bundespräsident Christian Wulff am Nachmittag eine Rede gehalten hatte. Was mich aber völlig verblüffte, war deren Botschaft. Vor den versammelten Koryphäen aus aller Herren Länder sagte er, dass der Aufkauf von Staatsanleihen durch die EZB gegen verbindliche Verträge verstößt. Ich war elektrisiert: Das Staatsoberhaupt hatte die von Kanzlerin und Bundestag gutgeheißenen Aufkäufe südländischer Staatspapiere kritisiert.

Bei einer solchen Versammlung hochstehender Persönlichkeiten, über die von der internationalen Presse berichtet wird, kam die Botschaft des Bundespräsidenten einem politischen Eklat gleich: Dass ein Verfassungsorgan ein anderes so unverblümt kritisierte, kam meines Wissens höchst selten vor – obwohl es dem ersten Mann im Staat durchaus zusteht. Zudem tat er es vor einer großen Journalistenschar. Auch deshalb musste Christian Wulff wissen, dass jedes seiner Worte auf die Goldwaage gelegt werden würde. Wie ich selbst, schaute damals alles nach Lindau. Und ich dachte: Mann, der hat aber Mut!

Natürlich hatte Wulff sich das genau überlegt, und seine Rede war kein Ausrutscher. Um den Ernst seines Anliegens auszudrücken, hatte er sich das Treffen der Nobelpreisträger ausgesucht, unter denen auch Wirtschaftswissenschaftler waren. Was er ihnen mitteilte, kann man gar nicht überdramatisieren. Die Situation damals war, dass Angela Merkel das erste Griechenland-Paket gegen größte Bedenken durchgeboxt hatte. Und da die Schleusen für Milliardenhilfen schon einmal geöffnet waren, hatte die EZB unter Jean-Claude Trichet massenhaft griechische und portugiesische Anleihen aufgekauft, mit dem einzigen Ziel, den Euro zu retten. Indem Wulff gegen die vertragswidrigen Aufkäufe Front machte, hatte er den Euro, die heilige Kuh der Gemeinschaft, infrage gestellt.

Dass der Lindauer Eklat mich dermaßen elektrisierte, kam nicht von ungefähr. Im Februar 2011, als ich wegen eines Forschungsprojekts meiner Frau in New York lebte, hatte mir mein Berliner Büro mitgeteilt, aus dem Präsidialamt sei ein Anruf gekommen, der Bundespräsident würde mich gern treffen. Ich hatte nicht die geringste Ahnung, worum es ging und warum solche Eile nötig war. Da ich in New York beschäftigt war, hatte ich eigentlich keine Zeit für eine Stippvisite in Berlin.

Als das Präsidialamt selbst sich bei mir meldete, erklärte ich, dass ich die Ehre zu schätzen wisse, aber augenblicklich nicht könne. Worum es eigentlich ginge? Um den Euro. »Gut«, antwortete ich, »da ich demnächst an einer Aufsichtsratssitzung bei der Bayer AG in Leverkusen teilnehme, könnte ich einen Abstecher nach Berlin machen.«

Das Treffen mit dem Bundespräsidenten war zwischen elf und zwölf angesetzt. Als ich eintraf, wunderte ich mich über den von Wulff gewählten Ort der Begegnung. Während sein Vorgänger, Horst Köhler, zu solchen Unterredungen immer in ein Arbeitsgebäude, einen schwarzen Rundbau, gebeten hat, lud Christian Wulff mich sozusagen hochoffiziell ins Schloss Bellevue ein. Das beeindruckende Ambiente war mir von vielen gesellschaftlichen Veranstaltungen früherer Bundespräsidenten bekannt. Nun gut, ich trat ein in den Glanz alter Zeiten, ging die Treppen hoch und wurde von einer Mitarbeiterin mit der Bitte begrüßt, mich ins Gästebuch einzutragen. Das war mir neu.

Sie schlug eine Seite auf, die noch völlig leer war, mit einer Ausnahme: Links oben hatte sich ein guter Bekannter, ifo-Chef Hans-Werner Sinn, verewigt. »Sieh an«, dachte ich, »Wulff will es wissen.« Ich wurde in einen Raum gebeten, wo mich ein Team von drei Mitarbeitern empfing, darunter auch, wenn ich mich recht erinnere, ein Angestellter der Bundesbank, der mir seine Visitenkarte überreichte.

Dann kam Christian Wulff herein, so freundlich, offen und wissbegierig, wie ich ihn aus vielen Begegnungen kannte. Er dankte mir für mein Kommen und fragte mich ohne viele Umstände, was es eigentlich mit dem »Nord-Euro« auf sich habe. Er musste also vom Inhalt meines kurz zuvor erschienenen Buches *Rettet unser Geld!* Kenntnis erhalten haben, in dem ich zum ersten Mal diese Idee entwickelte: den Euro aufzuteilen in eine starke Nordwährung und einen schwächeren Euro für die verbleibenden Länder des Südens. Das hatte anscheinend sein Interesse geweckt.

Rund eineinhalb Stunden lang sprachen wir über den Euro. Ich kann mich sehr gut erinnern, den Bundespräsidenten mit großer Vehemenz auf ein Problem hingewiesen zu haben: die widerrechtlichen Aufkäufe von südländischen Staatsanleihen, die eigentlich nur Schrottwert hatten, durch die EZB. Ganz abgesehen davon, so erklärte ich ihm, dass dieses Vorgehen volkswirtschaftlich schädlich sei und Europa auch politisch viele Nachteile bringe, würde damit auch gegen geltende Verträge verstoßen. Um die Schuldenstaaten Griechenland und Portugal mit derlei verdeckten Krediten über Wasser zu halten, zögerte man nicht, von allen Euro-Staaten unterzeichnete Abmachungen zu brechen.

Beim Abschied sagte Christian Wulff: »Zwar bin ich nicht für ihren Plan, doch ist es wirklich interessant, dass mir der Besucher, der vor Ihnen hier war, Ihre Warnungen auch schon gesagt hat. Doch haben Sie, im Unterschied zu Ihrem Vorgänger, wenigstens eine Lösung vorgeschlagen.« Er hatte mir nicht gesagt, wer es war. Ich sagte ihm trotzdem: »Ich weiß, wer Sie vorher besucht hat.« – »Und woher?« – »Nun«, entgegnete ich, »Sie haben da ein Gästebuch ...«

Was mich an jenem Augustabend in Bregenz an Wulffs Rede so packte, war die Tatsache, dass er die Bedenken, die er nun äußerte, schon ein halbes Jahr zuvor von Hans-Werner Sinn und mir gehört hatte und gewiss von seinem kompetenten juristischen Stab im Präsidialamt hatte bestätigen lassen. Es erstaunte mich aber, dass er sie publik machte. Das grenzte an Tollkühnheit. Denn wenn ein Bundespräsident als Hüter der Verfassung sich dahingehend äußert, dass die Europäische Zentralbank auch in deutschem Namen Rechtsbruch begeht, muss die Bundesregierung selbstverständlich reagieren. Was das Staatsoberhaupt da sagte, war eine unmissverständliche Aufforderung an die Kanzlerin, aktiv zu werden.

Warum aber hatte er die Tagung der Nobelpreisträger in Lindau ausgewählt? Ich bin mir sicher, dass er nach einer geeigneten Plattform suchte, Angela Merkels unaufhaltsamer Euro-Dynamik einen Bremsklotz unterzuschieben. Zwar würde er seinen Appell »So geht es nicht weiter« nur einem kleinen Kreis Ausgewählter mitteilen. Doch wusste er, dass die anwesende internationale Presse eine breite Öffentlichkeit über seine Bedenken informieren würde. Und darauf war es ihm wohl angekommen.

Ich wartete also auf die Reaktion der Bundesregierung, die von Christian Wulff herausgefordert worden war. Eigentlich hätte das Finanzministerium umgehend den Vorwurf prüfen, gegebenenfalls die EZB verklagen und den deutschen Vertreter aus dem rechtsbrechenden Gremium zurückziehen müssen. Aber nichts geschah.

Als der Bundespräsident später zu Fall kam, hatte Angela Merkel persönlich nichts damit zu tun. Denn im Gegensatz zu Horst Köhler, den sie in einer ähnlich heiklen Situation im Regen stehen ließ, hat sie Christian Wulff mehrmals in Schutz genommen. Dennoch bemerkte ich, dass der Bundespräsident es sich mit einflussreichen Persönlichkeiten verscherzt hatte.

Sehr auffallend war, dass kein Mitglied der Bundesregierung auf den Hinweis des amtierenden Bundespräsidenten reagiert hatte. Man ignorierte ihn einfach. Und dabei muss seine Kritik am Rechtsbruch im Bundeskanzleramt eingeschlagen haben wie eine Bombe. Doch die Bombe ging nicht dort hoch, sondern unter Christian Wulffs Schreibtisch.

Für das *Handelsblatt* habe ich im Januar 2012 eine Kolumne unter dem ironischen Titel »Diekmann for President!« geschrieben, in dem ich das Problem der Pressefreiheit behandelte, wie es sich an diesem Chefredakteur und seinem Opfer Christian Wulff festmachen ließ. Da den damaligen Gedanken nichts Wesentliches hinzuzufügen ist, möchte ich sie dem Leser im Kern zur Kenntnis geben:

Wer kontrolliert eigentlich einen Chefredakteur, der offensichtlich die Bodenhaftung verloren hat?, so fragte ich im *Handelsblatt*. Jeder, der Macht ausübt, braucht einen Boss oder Fachmann, der ihn kontrolliert. Denn sobald Mächtige niemandem mehr Rechenschaft ablegen müssen, können sie für die Gesellschaft bedrohlich werden. Leider gibt es den aufgeklärten und gütigen Machthaber nur im Märchen, weshalb eine auf gegenseitige Kontrolle angelegte Staatsform wie unsere Demokratie allen anderen vorzuziehen ist.

Doch trifft man, wie der aktuelle Fall »Diekmann gegen Wulff« zeigt, selbst in Demokratien Mächtige, die niemanden haben, der ihnen korrigierend ins Steuer greift, wenn sie sich einmal verfahren haben. Natürlich muss der Chefredakteur einer Zeitung unabhängig sein. Zu Recht lehnen es die Chefs von Massenmedien ab, sich in redaktionelle Belange einzumischen – und das, obwohl der Chefredakteur gerade eines Massenblattes über große Macht verfügt. Man setzt einfach voraus, dass er sie benutzt, um den Mächtigen auf die Finger zu schauen, damit sie auf dem Teppich bleiben und nicht abheben.

Aber kann man wirklich davon ausgehen? Welche Vorsichtsmaßnahme gibt es denn, die verhindern würden, dass ein solch mächtiger Chefredakteur selbst nicht mehr auf dem Teppich bleibt? Wer schreitet ein, wenn dieser Journalist seine wahre

Aufgabe vergisst und »Schicksal spielt« oder Privatscharmützel austrägt? Wenn er nicht mehr über die Wirklichkeit berichtet, sondern diese selbst in seinem Sinn zu manipulieren sucht? Wenn er statt der objektiven Wahrheit nur jene Wahrheit gelten lässt, die in sein Bild passt?

Eine Person mit viel Macht, aber ohne Kontrollinstanz, kann nicht nur anderen, sondern auch sich selbst gefährlich werden. Sie glaubt nicht nur, alles richtig zu machen, sondern sorgt auch dafür, dass es an die große Glocke gehängt wird. Sie schwärzt nach Kräften an und sorgt dafür, dass der Betroffene an der nächsten Kolumne aufgehängt wird. Wer massenhaft andere stürzt, steigt unermesslich in seiner Selbstbewunderung. Und kaum einer merkt, dass er eine Spur größenwahnsinnig geworden ist.

Nicht auszudenken für einen solchen Chefredakteur, wenn ihm irgendwann einmal der Bundespräsident selbst vor die Flinte läuft. Bekanntlich ist dieser Fall eingetreten. Der Zerknirschung des Gedemütigten entsprach aufseiten des Demütigers das Hochgefühl ausgeübter Macht. Den Triumph, vom Bundespräsidenten eine persönliche Entschuldigung zu Füßen gelegt zu bekommen, kostete er wohl im Stillen aus.

Um dann den noch größeren Sieg, das *Nonplusultra* seiner millionenfach gedruckten Überlegenheit einzufahren: Er nahm die scheinbar erteilte Gnade zurück und stellte den Bittsteller öffentlich bloß. Überflüssig zu betonen, dass dabei die Grundlagen zivilisierten Zusammenlebens auf der Strecke geblieben sind.

Aber gehört das nicht heimlich zum Triumph hinzu, dass man sich über jegliche humane Konvention hinwegsetzen kann, weil man das als Chefredakteur darf, der die Pressefreiheit als *carte blanche* für seine Feldzüge benutzt?

Ein Nachtrag zum Thema Staatsaffäre. Natürlich haben auch andere Länder ihre politischen Skandale. Im Gegensatz zu den

Deutschen und ihrer lautstarken Boulevardpresse gehen sie aber locker damit um. Nachdem Christian Wulff in die Wüste geschickt worden war, wollte ein Pariser Freund von mir wissen, ob die Deutschen eine, wie er es nannte, »nationalmasochistische« Veranlagung hätten. Irgendwie klang das, als wolle er sagen: vom Nationalsozialismus zum Nationalmasochismus.

Ich fragte, wie genau er das meine. Er lachte. Was da mit dem Bundespräsidenten geschehen sei, wäre in Frankreich undenkbar. »Bei euch Deutschen aber mit eurem ausgeprägten Selbstanklagereflex sehr wohl. Erst wirft man dem harmlosen Mann Bagatellen vor, als hätte er eine Bank überfallen. Dann bläst man zu einer Hetzjagd auf ihn mit unappetitlichen Untertönen in Richtung seiner Frau, und merkt vor lauter Bestrafungswut nicht, dass man sich als Nation zum Gespött der Weltöffentlichkeit macht.« – »Fast hat es den Anschein«, so sagte mein Freund, »als würden die Deutschen, statt anderer, nun sich selbst verfolgen. Irgendwie legen sie das Verhalten eines Verurteilten an den Tag, der auf Bewährung freigelassen wurde: Um nur ja nicht gegen die Auflagen zu verstoßen, benimmt er sich mit peinlichster Korrektheit und kommt jeder möglichen Kritik mit hysterischer Selbstkritik zuvor.«

Es gibt, im Gegensatz zur *causa* Wulff, auch wirkliche Staatsaffären, die durch tatsächliches Fehlverhalten, ja kriminelle Handlungen von Politikern ausgelöst werden. Ich meine also nicht Wulff'sche Petitessen, die von der *Bild*-Zeitung zu Kapitalverbrechen aufgebauscht werden, sondern echte kriminelle Handlungen wie Korruption, Selbstbedienung an Staatseigentum oder Missbrauch von Untergebenen. Es ist zu begrüßen, dass die Toleranz der Weltöffentlichkeit gegenüber solchen durch Macht ausgelösten und gedeckten Vergehen sinkt.

Auch bei der Ahndung von Affären lässt sich allerdings ein Nord-Süd-Gefälle beobachten. Während der Norden, zumal

Deutschland, hohe Sensibilität gegenüber Schwächen von Amtsträgern aufweist, stumpft im Süden das Rechtsempfinden ab. Silvio Berlusconi konnte sich Fehltritte erlauben, die im Vergleich mit Wulffs Ungeschicklichkeiten wahre Hämmer waren. Und doch hält er sich in Politik und Rampenlicht, um seine fragwürdigen Interessen durchzusetzen. Oder soll man an die griechischen Tricks erinnern, die sich mit getürkten Zahlen in den Euro einschlichen? Echte Empörung löste das nirgendwo aus.

Wie ich Frankreich, das ich liebe, volkswirtschaftlich in einem südlichen Euro ohne Deutschland sehen würde, legt es auch in Sachen Staatsaffären eine eher südländische Toleranz an den Tag. Als ich die IBM Europa in Paris führte, kam heraus, dass der blutrünstige afrikanische Diktator Bokassa die Ehefrau von Präsident Giscard d'Estaing mit kostbaren Diamanten beschenkt hatte. Es handelte sich jedenfalls nicht um einen 770-Euro-Oktoberfestbesuch. Als dieser offensichtliche Bestechungsversuch ruchbar wurde – Madame d'Estaing hatte die Klunker ja angenommen –, zuckten meine französischen Kollegen und Geschäftspartner mit den Schultern, und auch die Medien sahen es nicht so tragisch. Durchaus vorstellbar, dass sich die Diamanten heute noch im Tresor der Familie befinden.

Dass die Sache mit den afrikanischen Edelsteinen auch von der Opposition niedrig gehängt wurde, hing wohl damit zusammen, dass Giscards Nachfolger, der Sozialist François Mitterrand, sich den heimlichen Luxus erlaubte, seine Geliebte samt außerehelicher Tochter in einer vom Staat bezahlten Wohnung unterzubringen. Wobei dem Geheimdienst die ehrenvolle Aufgabe zukam, die heiklen Besuche Mitterrands bei seiner Zweitfamilie zu organisieren und zu verschleiern. Die französischen Medien übten noble Diskretion. Und als Mitterrands Lebenswandel doch ans Licht kam, wurde die Kritik am Präsidenten wegen seiner dreisten Vorteilsnahme deutlich übertönt von der unverhohlen zum Ausdruck gebrachten Bewunderung für seine Virilität und Unverfrorenheit. *Voilà, un homme.*

Um die gute Affärentradition fortzusetzen, beförderte sein späterer Nachfolger im höchsten Staatsamt, der konservative Jacques Chirac, schon als Bürgermeister von Paris Dutzende seiner Freunde und Bekannten, seine *amigos* sozusagen, auf Scheinarbeitsstellen, die alle vom Staat finanziert wurden. Obwohl dieser Skandal bekannt wurde, empfanden ihn die Franzosen nicht als solchen und wählten Chirac mit einem Rekordergebnis wieder, als folgten sie der Devise: Was ein Skandal ist, bestimmen wir.

Soll ich noch an Präsident Sarkozy erinnern, Angela Merkels *chèr Nicolas?* Schon kurz nach seiner Wahl fand er nichts dabei, im Luxusanwesen eines Geschäftsmanns an der Côte d'Azur Urlaub zu machen. Im Gegensatz zu seinen deutschen Kollegen dachte er gar nicht daran, dafür zu bezahlen. Und auch die Franzosen dachten nicht daran. Ebenso wenig fiel ins Gewicht, dass er eine bedenkliche Nähe zu reichen Geschäftsleuten entwickelte, im Vergleich zu denen Wulffs Kumpel meist arme Leute waren. Kein Wunder also, dass die Franzosen über unsere Art, mit den Minimalfehltritten unserer Politiker wie Scharfrichter ins Gericht zu gehen, weiterhin nur mitleidig lächeln.

Allerdings muss man, was den deutschen Skandalreflex betrifft, differenzieren. Wie man sagt: »Wenn zwei das Gleiche tun, dann ist es nicht das Gleiche«, so wird auch im Fall der Politikeraffären mit zweierlei Maß gemessen. Als sich der damalige Ministerpräsident Niedersachsens, Gerhard Schröder, mit seiner dritten Frau von VW-Chef Ferdinand Piëch zum pompösen Wiener Opernball hatte einladen lassen, bezahlte er erst dafür, als ihm die Presse auf die Schliche gekommen war. Ich erinnere mich gut daran, wie die *Bild*-Zeitung und der *Spiegel* relativ zahme Bedenken anmeldeten – nichts im Vergleich zu dem Tumult, der um Wulff angezettelt wurde. Aber der gehörte, Pech für ihn, einer anderen Partei an. Dass er sich dummerweise gegen die Euro-Rettungspolitik der EZB ausgesprochen hatte, war wohl ein Zufall.

KAPITEL VIER

Kanzlerin »Gespaltene Zunge«

1. Die Tricks des Machterhalts

Als Johannes Rau im Frühjahr 2004 bekannt gab, nicht für eine zweite Amtszeit zur Verfügung zu stehen, wurde ein neuer Bundespräsident gesucht. Die *Bild am Sonntag* wollte schneller als alle anderen sein und die Exklusivmeldung bringen, wonach auch ich auf Angela Merkels Liste für mögliche Nachfolger Raus stünde. Natürlich handelte es sich um eine Falschmeldung, die sich die Redaktion aus den Fingern gesogen hatte. Offenbar war ihr verborgen geblieben, wie unwahrscheinlich dies war – nicht zuletzt, weil ich in der Bundesversammlung kaum über 1 Prozent der Stimmen hinausgekommen wäre. Dennoch hatte ein ebenso ahnungsloser wie übereifriger Redakteur seinen Artikel so abgefasst, als hätte ich mich selbst ins Gespräch gebracht. Da ich noch rechtzeitig davon »Wind bekam«, rief ich Chefredakteur Claus Strunz an, der sogleich die Druckmaschinen anhalten ließ. Allerdings stellte sich heraus, dass ein Teil der Auflage bereits gedruckt und ausgeliefert war.

Da Frau Merkel, wie ich annahm, die Falschmeldung ebenfalls vorab erhalten haben könnte, sandte ich ihr ein Fax in ihren Urlaubsort im Engadin. Meine Absicht war nicht allein, diese lachhafte Ente zu dementieren, sondern auch, die Kanzlerin noch einmal daran zu erinnern, dass sie doch mit Wolfgang Schäuble in ihren eigenen Reihen einen hervorragenden Kandidaten hätte. In der Folgezeit setzte ich mich nach Kräften für ihn ein und bin noch heute absolut sicher, dass er damals der mit Abstand beste Kandidat war.

Wie viele andere auch, war ich davon überzeugt, dass kein anderer Politiker wie Wolfgang Schäuble 2004 geeignet war, die große Tradition deutscher Bundespräsidenten fortzusetzen, unter denen mich Roman Herzog besonders beeindruckt hatte. Auch verfügten CDU/CSU und FDP über eine bequeme Mehrheit im Bundestag. Seiner Wahl stand also nichts im Weg.

Vielleicht aber doch, und von anderer Seite, als man annehmen durfte. In Gesprächen mit Koalitionspolitikern erfuhr ich Erstaunliches: Altkanzler Helmut Kohl, der wie Schäuble durch Merkel gestürzt worden war, hätte »sehr viel telefoniert«, um diesen Kandidaten zu verhindern. Mir kam es vor, als gönnte er seinem einstigen Stellvertreter den Job nicht. Angeblich würde auch die Kanzlerin die Kandidatur Schäubles unterstützen. Aber sie hätte eben auch erfahren, dass es in der FDP Vorbehalte gegen ihn gebe.

Wie seltsam, dachte ich. Worüber hätten die Liberalen sich denn beschweren können? Dass er ihnen irgendwann auf den Schlips getreten wäre, war mir nicht bekannt. Zusammen mit Alexandra Oetker, einer Liberalen, die sich unermüdlich für die FDP einsetzte, intervenierte ich bei Guido Westerwelle. Auf unsere Nachfrage versicherte er uns, dass es an der FDP nicht liegen solle. Seines Wissens seien es einige CDU-Abgeordnete, die gegen Schäuble stimmen könnten.

Wer hatte nun recht? Wie man weiß, vermied die Kanzlerin letztlich den *Showdown*, ließ ihren hochgelobten Kandidaten fallen und zog Horst Köhler aus dem Hut. Manchmal frage ich mich, wie die Eurokrise verlaufen wäre, wenn Schäuble Bundespräsident und statt seiner ein anderer Finanzminister geworden wäre.

Nach Merkels Coup dachte ich mir zum ersten Mal: Hoppla, vielleicht stimmt irgendetwas nicht mit dieser Frau. Schon einmal hatte sie dafür gesorgt, dass Schäuble ausgebootet wurde: Als sie 1999 in dem berühmten *FAZ*-Artikel zur Parteispendenaffäre den in der Union bis dahin unantastbaren Helmut Kohl absägte, wurde auch Wolfgang Schäuble als Parteivorsitzender demontiert – nicht zufällig trat Angela Merkel sein Erbe an. Dass sie ihren Vertrauten, dem sie eine Wiedergutmachung schuldete, 2004 ein zweites Mal fallen ließ, obwohl sie wusste, wie gut er in dieses Amt gepasst hätte, erschien mir, gelinde gesagt, herzlos.

Was genau sie zu ihrem Schritt bewogen hat, weiß nur sie selbst. Möglicherweise hatte Westerwelle ihr doch angedeutet, dass sie Schäuble in der Bundesversammlung nicht durchbringen würde. Möglicherweise fürchtete sie Abweichler in den eigenen Reihen. Möglicherweise wollte sie selbst ihn nicht. Nach außen und auch Vertrauten gegenüber erweckte sie jedenfalls den Eindruck, als stünde sie unverbrüchlich zu ihm. Und arbeitete heimlich an einem anderen Kandidaten, der mit Sicherheit konsensfähig war. Ob es Schäuble vielleicht doch geschafft hätte, wenn Angela Merkel auf seiner Seite gestanden wäre?

Etwas zu sagen und dabei zu verschweigen, dass man das Gegenteil betreibt, nennt man doppelzüngig. Man spricht im Grunde mit zwei Zungen: der einen, die spricht, und der anderen, die schweigt – deren Schweigen aber unbemerkt bleibt, weil es vom Sprechen übertönt wird. So hat Angela Merkel seit Anfang der Eurokrise sehr viel gesagt, aber ebenso viel verschwiegen. Sämtliche Entscheidungen der Euroländer, in deren Falle wir heute sitzen, hat sie anfangs vehement abgelehnt, um sie irgendwann doch zu akzeptieren, abzunicken, durchzuwinken.

Sie forderte automatische Bestrafung von Defizitsündern – und verzichtete während ihres Spaziergangs auf den *planches* von Deauville darauf. Sie lehnte die »Rettung« Griechenlands ab – und sie kam dann doch. Dauerhafte Rettungsschirme und Euro-Bonds waren für sie tabu – nun sind sie mit dem ESM da. Eine Bankenunion, verharmlosend »Bankenaufsicht« genannt, sollte es auf keinen Fall geben – jetzt bekommen wir sie doch. Die Finanztransaktionssteuer war für sie erst Teufelszeug, jetzt hat sie die Einführung mit beschlossen. Vor allem war Angela Merkel, wie die Bundesbanker und die deutschen EZB-Mitarbeiter, gegen massenhafte Aufkäufe südeuropäischer Staatspapiere, die in Wahrheit Kredite an Staaten waren, die auf dem freien Markt keine mehr bekamen – längst sind sie, mit ihrer Zustimmung, etabliert. Als Mario Draghi, im Vollgefühl der Allmacht, zu der auch sie ihm verholfen hatte, noch eins draufsetzte und für den Notfall den unbegrenzten Aufkauf von Schrottpapieren ankündigte, kam kein Widerwort über ihre Lippen. Lange Zeit hatte sie eine europäische Wirtschaftsregierung abgelehnt, die in deutsche Angelegenheiten massiv hineinregieren könnte – heute bereitet sie ihr den Weg.

Mich wundert immer wieder, wenn ich in der internationalen Presse von Merkels Macht lese, mit der sie angeblich Europa ihren Stempel aufdrückt. In Karikaturen vor allem der Südländer wird sie sogar manchmal mit Stahlhelm oder SS-Uniform dargestellt. Für viele Journalisten ist sie die neue »Madame No«, eine Wiedergängerin der eisernen Margaret Thatcher, die rücksichtslos eigene Interessen verfolgte. Nichts davon stimmt.

Eigentlich ist sogar das genaue Gegenteil wahr. Angela Merkel ist schon deshalb keine Margaret Thatcher, weil sie den Interessen ihres eigenen Landes gar nicht wirklich dient. In Wahrheit liegt ihr nicht Deutschland und ebenso wenig der innereuropäische Wettbewerb am Herzen – sie will Kohls Groß-Europa, ermöglicht durch den Traum der Brüsseler Technokraten, die Vereinheitlichung statt der Vielfalt. Die EU soll möglichst viel Einfluss erhalten, auf Kosten der Staaten, denen Verantwortung entzogen wird. Dies gilt natürlich auch für Deutschland, das einen Teil seiner Selbstbestimmung, vor allem auf volkswirtschaftlichem Gebiet, abgeben muss. Merkel fördert diese Selbstentmachtung – verheimlicht sie aber vor den Deutschen, ihrem eigenen Volk.

Dass sie publikumswirksam Widerstand gegen europäische Begehrlichkeiten leistet, was nur bedeutet, dass sie Gelder lieber später als früher fließen lässt, hat ihr bei den Deutschen einen guten Ruf eingebracht. Auch dass sie wegen ihres angeblichen Sparkurses von den anderen Euroländern und der Opposition im Bundestag angegriffen wird, bringt ihr Wählerstimmen. Angela Merkel braucht diese Kritik, sie braucht die Plakate mit Stahlhelm und am Strick baumelnde Strohpuppen, auf denen ihr Name steht. Denn dafür wird sie in Deutschland geliebt. Man glaubt eben, dass französische Kritik und griechischer Hass einen Beweis dafür liefern, dass die Kanzlerin im Ausland unsere Interessen vertritt. Doch der Schein trügt. Und deshalb schweigt sie zu den Angriffen und Beleidigungen. Sie kommen ihr nämlich zupass.

Wie schon erwähnt, nannte sie der *Spiegel* im Wahljahr 2013 Kanzlerin »Gespaltene Zunge«. Zuerst musste ich an Karl May denken, dann erinnerte ich mich an ein *Stern*-Titelbild: Als Hans-Dietrich Genscher 1982 die »Wende« von einer SPD-Koalition zu Helmut Kohls CDU/CSU vollzog, zeigte ihn der *Stern* ebenfalls mit gespaltener Zunge – eine bitterböse Entstellung. Nun also Merkel. Die Frau, der eine überwältigende Mehrheit der Deutschen ungebrochene Sympathie entgegenbringt, sollte es gerade ihnen gegenüber, vorsichtig ausgedrückt, an Aufrichtigkeit fehlen lassen?

Dass dem tatsächlich so ist, lässt sich an weiteren Beispielen belegen. Nehmen wir die hochgelobte Schuldenbremse: Auf Drängen der Kanzlerin wurde der Fiskalpakt im Frühjahr 2012 von den Euro-Staaten beschlossen. Um den potenziellen Geberländern ihre Befürchtung zu nehmen, sie würden von den Nehmerländern ausgeplündert, sollten sich ab sofort alle Mitgliedsländer an die vorgegebenen Regeln halten. Der Pakt, als eine Art Fortsetzung von Maastricht gedacht, schrieb nicht nur eine Obergrenze der Staatsverschuldung fest, sondern schloss auch bei deren Überschreitung automatische Sanktionen ein.

Großbritannien und Tschechien weigerten sich, dieses Abkommen zu unterzeichnen, da sie klugerweise voraussahen, dass der Pakt dasselbe Schicksal erleiden würde wie der Maastricht-Vertrag – versprochen, gebrochen. Warum auch sollten sich Länder, die sich an den ersten Vertrag nicht gehalten hatten, nun plötzlich an dessen Fortsetzung halten? Zumal der Vertragsbruch schon eine Art Gewohnheitsrecht für sich beanspruchen konnte. Schon im Frühjahr 2013, nur wenige Monate nach seiner Verabschiedung, konnte man feststellen, dass sich tatsächlich kein einziges der Südländer, Hollandes Frankreich eingeschlossen, an den Fiskalpakt gehalten hat. Man wollte nur die Schleusen für weitere Milliarden öffnen – sie zu schließen hatte keiner vor.

Eine besonders traurige Figur machte dabei Italiens Exministerpräsident Mario Monti, der einst in Brüssel als Wettbewerbskommissar gedient hatte. Ich hatte immer hohen Respekt vor seinem Mut, insbesondere, wenn er sich im Sinne des fairen Wettbewerbs mit mächtigen deutschen Industriellen anlegte. In meiner Zeit im BDI habe ich mich stets auf seine Seite geschlagen. Unvergessen sind seine Angriffe auf deutsche Kartelle und auf das Volkswagengesetz, welches dem Land Niedersachsen Sonderrechte einräumte, die zulasten privater Aktionäre gehen.

Der hoch angesehene, auch von der Bundeskanzlerin gepriesene Ökonom, der sein Land »ehrlich machen« wollte, hat dann das Gegenteil getan. Von Staatschef Napolitano 2011 mit der Regierungsbildung beauftragt, verkörperte er die Hoffnung der Euroländer, das unter Berlusconi verluderte Italien endlich wieder eurokompatibel zu machen. Sogleich setzte sein Technokratenkabinett umfangreiche Reformen, darunter eine Änderung des Steuer- und Rentensystems, in Gang. Nur war es das auch. Monti, längst wieder abgewählt, war nur ein Ankündigungspräsident gewesen.

Das hatte sich sehr schnell gezeigt. Den Europäern gestand er, dass er gar nicht vorhabe, die versprochenen Zielmarken des Fiskalpakts zu erreichen. Begründung: Wir müssen unsere Lieferanten bezahlen. Dahinter stand ein Phänomen, das ich noch aus meiner IBM-Zeit kenne: In der Zahlungsmoral unserer Kunden gab es immer ein Nord-Süd-Gefälle. Am schnellsten zahlten die Schweizer, die die fälligen Beträge nach 18 bis 20 Tagen überwiesen. Die Holländer brauchten 23 Tage. Die Deutschen und die nordischen Länder beglichen ihre Rechnungen nach 25 Tagen. Spanien dagegen brauchte 80, Italien und die meisten Südstaaten 90 Tage.

Traditionell ist es gängige Praxis in den Mittelmeerländern, ihre Rechnungen möglichst spät zu bezahlen, um liquide zu bleiben oder den Zinsgewinn einstreichen zu können. Wir in der IBM haben uns immer dagegen gewehrt, auf diese Weise übervorteilt zu werden, aber irgendwie schien es zur südländischen Folklore zu gehören. Wie oft hörte ich die Erklärung: »Bei uns ist das so«, was bedeutete: Wem wir etwas abkaufen, der muss sich mit unseren Usancen abfinden. Seid froh, dass wir überhaupt bezahlen!

Offenbar geht der italienische Staat genauso vor. Das war es, was Monti mit seinem dreisten Bekenntnis angesprochen hatte. Die Leistungen, die ihm von italienischen Firmen gebracht worden waren, hatte er noch nicht bezahlt. Und zwar so lange nicht, dass viele dieser Firmen vor der Pleite standen. Nun sah Monti sich vor der Alternative, den europäischen Fiskalpakt in die Tat umzusetzen oder sich bei seinen Unternehmern unbeliebt zu machen. Die Wahl fiel ihm leicht: Er brüskierte Europa und brach sein Versprechen – aber mit hochmoralischer Motivation: Ich kann meine Lieferanten nicht im Regen stehen lassen.

Die Täuschung bestand darin, dass er das Nächstliegende verschwieg. Wenn der italienische Staat bei seinen Lieferanten säumiger Zahler ist, so sind die italienischen Bürger offensichtlich säumige Steuerzahler beim Staat. Statt für eine bessere Steuermoral zu sorgen und fällige Steuern auch einzutreiben, zog er es vor, für seine ausstehenden Rechnungen neue Schulden aufzunehmen, wohl wissend, wer für sie letzten Ende bezahlen würde. So hatte der hochgelobte Mario Monti den Fiskalpakt, kaum dass er beschlossen war, bereits gebrochen. Sein anfängliches Versprechen wurde in Deutschland als Durchbruch gefeiert. Nach dem späteren Wortbruch krähte kein Hahn. Als Brüssel im Juni 2013 das Defizitverfahren gegen Italien einstellte, obwohl das Land mit 127 Prozent vom Bruttoinlandsprodukt nach Griechenland die zweithöchste Staatsschuld in der EU aufwies, schrieb die *FAZ*: »Brüssel behandelt Defizitsünder großzügig.« Schon bald nachdem er unterzeichnet worden war, hatte ich am Ende einer *hart aber fair*-Sendung gesagt, man könne den Fiskalpakt »in der Pfeife rauchen«. Die unmittelbar danach auftretende *Tagesthemen*-Moderatorin Caren Miosga war darüber offensichtlich so erschrocken, dass sie diese Aussage mit ungläubig-überraschtem Gesichtsausdruck einfach wiederholte. Heute würde sie sich nicht mehr erschrecken. Dass der Fiskalpakt das Schicksal des Maastricht-Vertrages erlitten hat, ist inzwischen allgemein bekannt.

Das nach Aussage der Bundesregierung wichtigste Element des Fiskalpakts war die verfassungsmäßig verankerte Schuldenbremse. Eine Frage, die ich mir schon immer gestellt hatte, war: Warum verschulden sich eigentlich Demokratien? Meine Antwort: Weil es für Politiker der einfachste Weg ist, wiedergewählt zu werden. Man teilt Wohltaten aus, verspricht das Blaue vom

Himmel, für das die Banken schon geradestehen werden, und bleibt im Amt – das höchste Ziel, für das ein Politiker lebt. Dass er damit die Schulden zukünftigen Generationen und zuvor schon den Politikern, die ihm nachfolgen, auf die Schultern lädt, ohne dass diese sich wehren können, kümmert ihn anscheinend nicht. Je mehr man gegen die Nachkommen frevelt, umso mehr scheint das eigentliche Credo der Mandatsträger zu sein: Nach uns die Sintflut.

Dieser Mechanismus des Erfolgs auf Kosten der Zukunft ist als spezifische Schwäche aller Demokratien unübersehbar. Der eine profitiert, der andere haftet. Und dieses Problem, so scheint es, lässt sich nicht aus der Welt schaffen. Eine Möglichkeit, so glaubte ich einmal, biete das Familienwahlrecht, wie es Altbundespräsident Roman Herzog vorgeschlagen hat, bei dem die Eltern auch für ihre Kinder – die Zahler der Zukunft – eine Stimme abgeben könnten. Ob diese Regelung das Problem wirklich gelöst hätte, bezweifle ich heute.

In den Demokratien kommt Verschuldung zwangsläufig, weil Politiker wiedergewählt werden wollen. Auch der Konvent für Deutschland, dem ich angehöre, hat sich darüber Gedanken gemacht, wie man dem Dilemma abhelfen könnte. In der sogenannten Föderalismusreform II versuchten wir, der Politik ein neues System des Länderfinanzausgleichs nahezulegen. Statt der Subventionierung von immer mehr Nehmerländern durch immer weniger Geberländer sollte wieder die Eigenverantwortung im Vordergrund stehen: Wer Schulden macht, soll die Haftung dafür nicht länger auf andere schieben können.

Ebendieser Schuldentransfer findet heute schon in den Ländern der Euro-Gruppe statt. Stellt man die Gruppe der Geberländer jener der Nehmerländer gegenüber, heißt das aus deutscher Sicht: Länder, denen Geld aus der Tasche gezogen wird, sind Baden-Württemberg, Bayern und Hessen, dazu Österreich, Finnland und die Niederlande – Länder, die sich deren Geld in die Tasche stopfen dürfen, sind die 13 bundesdeutschen Nehmerländer plus die anderen Euro-Gruppen-Länder, darunter die üblichen Verdächtigen Griechenland, Spanien, Portugal, die ebenfalls in deutlicher Mehrzahl sind.

Die Begriffe, die mir zu diesem System einfallen, sind »organisierte Verantwortungslosigkeit« auf Nehmerseite und »organisierte Ratlosigkeit« bei den Gebern. Sie geben ja, obwohl sie eigentlich nicht wollen. Sie geben »aus Solidarität«. Wie wenn ein Straßendieb, der einem mit vorgehaltenem Messer die Börse abnimmt, lächelnd hinzufügt: »Danke für Ihre Solidarität!« Was sogar vorkommen soll.

Eine Verbesserung immerhin wurde erreicht: Deutschland hat 2009 in seiner Verfassung eine für alle Bundesländer verbindliche »Schuldenbremse« installiert, die den Pferdefuß der Demokratie, den Diebstahl an der Zukunft, verhindern soll. Diese Schuldenbremse nach deutschem Vorbild auch in ihren Ländern einzuführen, haben 2012 der französische Staatspräsident Sarkozy und alle anderen am Fiskalpakt beteiligten Nationen versprochen. Die Schuldenbremse sollte auch in die Verfassungen aufgenommen werden, sodass nachfolgende Politikergenerationen sie nicht einfach vom Tisch wischen konnten. Dass Nicolas Sarkozy dem zustimmte, beglückte Angela Merkel so sehr, dass sie es immer wieder lobend hervorhob.

Die deutschen Journalisten, die die Freudenbotschaft im Land verbreiteten, hätten allerdings wissen müssen, dass die Schuldenbremse in der Nationalversammlung keine Chance hatte, da die Sozialisten in jedem Fall dagegen stimmen würden. Wie übrigens auch in Deutschland Teile von SPD und Grünen, dazu die Linke, die Sozialverbände und die Gewerkschaften die Schuldenbremse ablehnten – all jene also, für die Politik nur ein Synonym für Schuldenmachen ist. Ich sage, die Medien hätten es wissen müssen, denn es war kein Geheimnis, welche Machtverhältnisse im französischen Parlament herrschen.

Auch Sarkozy, den die Kanzlerin wie keinen anderen herzte, wusste natürlich, dass die französische Opposition längst ihr »ohne uns« verkündet hatte. Er unterschrieb also in der Gewissheit, keinerlei Risiko einzugehen: Da eine Verfassungsänderung einer Zweidrittelmehrheit bedarf, war seine höchstpräsidiale Unterschrift unter den Fiskalpakt, salopp gesprochen, »das Papier nicht wert, auf dem sie stand«. Die notwendige Stimmenzahl wäre selbst dann nicht zustande gekommen, wenn Sarkozy die Wahlen gewonnen hätte. Angela Merkel muss gewusst haben, welches Spiel ihr »lieber Nicolas« spielte. Sie muss gewusst haben, dass ihr Freund die Öffentlichkeit täuschte. Dennoch sang sie ihr Hosianna auf die europäische Schuldenbremse, das der Fraktionsvorsitzende der CDU/CSU, Volker Kauder, mit seinen unsterblichen Worten krönte: »Jetzt auf einmal wird in Europa Deutsch gesprochen.«

Bleibt die Frage, warum die deutschen Medien schwiegen. Dass man die Deutschen für dumm verkaufte, als man ihnen die Lüge von der französischen Schuldenbremse auftischte, hätten sie wissen müssen. Oder hat sich unsere Presse einfach dumm gestellt, um die Siegesbotschaft der Euro- und europahörigen Kanzlerin nicht mit den Misstönen der Wahrheit zu stören? Hat, wieder einmal, der gute Zweck das fragwürdige Mittel der organisierten Lüge geheiligt?

Wusste Angela Merkel, wussten die sonst so klugen Journalisten nicht, dass von allen Euro-Eändern unser Nachbar finanzpolitisch am gefährlichsten für uns werden kann? Ohne Schuldenbremse kann Frankreich nach Belieben haushalten und sich auf Mario Draghis Wort berufen, wonach der Euro »um jeden Preis« gerettet werden muss. Das Hauptgeberland, das sich zur Schuldenbremse verpflichtet hat, darf also nur noch begrenzt Schulden machen, Frankreich dagegen, das diese nicht hat, unbegrenzt.

Im Endeffekt führt dies dazu, dass die Mittel, die Deutschland durch seine freiwillige Selbstkontrolle einspart, von den

Franzosen, die sich keinem solchen Zwang unterwerfen, ausgegeben werden. Wie die Nehmerländer im deutschen Länder-
transfer kann Frankreich Schulden aufnehmen, die von Deutschland irgendwann bezahlt werden müssen. Und wie die Franzosen
beruhigt mit 62 und, nach einer Gesetzesänderung des neu gewählten Präsidenten Hollande, teilweise sogar mit 60 in Rente
gehen können, während der deutsche Michel demnächst bis
67 weiterarbeitet. Wäre es kein Schelmenstück, das die Kanzlerin stillschweigend duldete, müsste man diesen Schachzug der
Franzosen genial nennen. Daran ändert auch die Tatsache nichts,
dass die Franzosen den Fiskalpakt in der Nationalversammlung
mit Zweidrittelmehrheit verabschiedet haben – in der französischen Verfassung steht die Schuldenbremse nicht, wohl aber
in der unseren.

Ich frage mich, welche Antwort Angela Merkel auf den Vorwurf der Doppelzüngigkeit bereithätte? Vermutlich würde sie
auf die »Solidarität« hinweisen, ohne die keine Gemeinschaft
möglich ist. Will sagen: Um der Solidarität willen muss man
manchmal die Wahrheit etwas zurechtbiegen, den Wählern eine
rosarote Brille vorhalten, damit sie über gewisse unangenehme
Einzelheiten hinwegsehen. Man muss ihnen ein X für ein U vor-
machen, weil Ersteres nun einmal Europas gemeinsamer Sache
nützt.

Doch diese Antwort hilft der Kanzlerin nicht wirklich aus
der Klemme: Als das Atomkraftwerk in Fukushima havarierte,
wischte sie Europas »gemeinsame Sache« mit Leichtigkeit vom
Tisch. Gemeinsame Energiepolitik – nein danke. Praktisch über
Nacht änderte sie ihre Meinung über Nuklearanlagen, denen
sie eigentlich längere Laufzeiten zugestanden hatte. Stattdessen
betrieb sie, wie von Furien gehetzt, den sofortigen Ausstieg.

Die EU rieb sich ungläubig die Augen. Deutschland hat neun
Nachbarn, die teilweise Atomkraftwerke betreiben, Nachbarn,
mit denen unser Land in einem europäischen Stromverbund

zusammengeschlossen ist. Dieses System soll Stromausfälle der einzelnen Teilnehmer durch Einspeisungen aus anderen Ländern ausgleichen. Wenn es in Europa eine funktionierende Solidarität gibt, von der alle Seiten profitieren, dann ist es das Verbundsystem der Stromerzeuger.

Nach ihrem Sinneswandel in Sachen Kernkraft dachte Angela Merkel gar nicht daran, die neun Nachbarn darüber zu informieren, geschweige denn zu konsultieren. Stattdessen preschte sie mit dem vor, was sie persönlich für wünschenswert hielt, und fand nichts dabei, die Europäer vor den Kopf zu stoßen. Bedeutet das, dass europäische Solidarität für sie dort endet, wo es um die Wählermehrheit geht? Tatsächlich war die deutsche Öffentlichkeit, angeheizt durch eine hysterische Presse, in einen Schockzustand verfallen, der den der Japaner noch übertraf.

Verfolgte man die Berichterstattung unserer Medien, konnte man glauben, das Erdbeben sei bei Helgoland aufgetreten und der verheerende Tsunami den Rhein hochgeschwappt, um dort das Kernkraftwerk Mülheim-Kärlich zu zerstören. Grünen-Chefin Claudia Roth verfiel gar auf die Vorstellung, die fast 20 000 Toten, die der Tsunami gefordert hatte, als Opfer der »Atom-Katastrophe« auszugeben – als endgültigen Beweis dafür, »wie tödlich die Hochrisikotechnologie Atom ist«. Diese irrationale Angst machte auch vor dem Unterbewusstsein der Kanzlerin nicht Halt, die für einen schwachen Augenblick Europa vergaß.

Dafür dachte Angela Merkel an Deutschland: Sie nutzte die Gelegenheit, den Grünen ihr Lieblingskind abzunehmen. Spontan entschied sie sich für den Ausstieg, unbeeindruckt von den horrenden Kosten, die auf die Deutschen zukommen. Unbeeindruckt auch von den besorgten Mienen, mit denen die Europäer auf ihr sprunghaftes Verhalten blickten. Unbekümmert über den Affront gegenüber ihrem engsten Verbündeten Frankreich, der an die Atomkraft glaubt. Und was, wenn die Franzosen wie wir die Kernkraftwerke abgeschaltet hätten? Dann wäre es bei uns ohne deren Atomstrom bald zappenduster gewesen. Bezeichnend, dass sich kein anderes EU-Land der deutschen Radikalkur angeschlossen hat. Selbst die Japaner sind vom Ausstieg wieder abgerückt.

Man darf also fragen, wo in diesem Fall Merkels heilige Kuh der europäischen Einheit geblieben ist? Und darf man nicht doppelzüngig nennen, wenn sie den Deutschen immer neue Bürgschaften zumutet, die aus Solidarität zu leisten sind, um dann im Fall Fukushima die europäische Einheit beiseitezuschieben und ein deutsches Extrasüppchen zu kochen?

Angela Merkel ist schwer zu durchschauen, das stellte sogar Bundespräsident Gauck fest. Wer ist sie wirklich? Gertrud Höhler hat sich an einer Antwort versucht. Ihr 2012 erschienenes Buch, *Die Patin*, hat einiges Aufsehen erregt. Obwohl es ganz oben auf der Sachbuch-Bestsellerliste stand, ist es nicht eigentlich ein Sachbuch. *Die Patin* ist eine Kampfschrift, die nicht sachlich, sondern leidenschaftlich sein will, gelegentlich auch leidenschaftlich böse. Für eine reine Polemik ist der Erfolg erstaunlich. Was reizte die 71-jährige Professorin zu ihrem Porträt von Merkel als weiblichem Don Corleone? Nicht ihr germanistischer oder unternehmensberaterischer Background, sondern vermutlich die Tatsache, dass sie eine langjährige Vertraute Helmut Kohls ist. Zwischen dem Altkanzler und der Neukanzlerin war noch eine Rechnung offen, und Gertrud Höhler fühlte sich offenbar berufen, sie zu begleichen.

Ist ihr das gelungen? Aus der Sicht des Merkel-Opfers Kohl und der Opposition gewiss. Politik lebt ohnehin von Einseitigkeit, und insofern ist *Die Patin* ein hochpolitisches Buch. Aber stimmt es auch, wenn sie der einstigen DDR-Bürgerin vorwirft, ein DDR-würdiges Demokratieverständnis, das heißt kein Demokratieverständnis, zu besitzen? Und wie ist die Behauptung zu verstehen, Merkel wolle »Kanzlerin Europas« werden, nicht weil ihr der Kontinent das Geringste bedeute, sondern weil es »die nächstgrößere Dimension von Machtfülle« sei? Wäre die deutsche Kanzlerin also die perfekte und perfekt getarnte Machiavellistin? Sozusagen die Verkörperung von Nietzsches Willen zur Macht? Oder die heimliche Vertreterin eines »autoritären Sozialismus«, die im Verborgenen den »Umsturz« plant? Oder, wie Höhler am Ende des Buches auf den Punkt bringt, die »Protagonistin in einem dämonischen Spiel«? Die Uckermärkerin eine verkappte Dämonin? Quatsch!

Dämonisch ist allenfalls Höhlers Hass, der aus jeder Zeile spricht. Aber Hass ist ein schlechter Ratgeber, gerade auch beim Schreiben eines Buches. Vor allem hätte die Professorin einen Rat des Tacitus beherzigen sollen, den jeder Pennäler kennt: Die Wahrheit gibt es nur, so der antike Historiker, *sine ira et studio* – ohne Zorn und Fanatismus, ohne hasserfüllte Ablehnung oder leidenschaftliche Zustimmung. Geschichtsschreibung muss frei von Vorurteilen sein. Hätte die Germanistikprofessorin sich daran gehalten, wäre sogar ein gutes Buch daraus geworden.

Denn was sie schreibt ist zwar einseitig, aber vieles, was sie beobachtet hat, trifft zu. Offenbar schrieb Frau Höhler aus sicherer Entfernung. Meine eigenen Erfahrungen mit Angela Merkel können einige Nähe für sich beanspruchen. Ich kenne sie seit ihrer Zeit als Bundesumweltministerin Mitte der Neunzigerjahre, als ich ihr gegenüber die Position der Industrie vertreten habe. Sie war eine sehr sachliche, zugleich betont freundliche Frau, die, so schien es mir, kein Wässerchen trüben konnte. Die für manche Damen in Machtpositionen typischen Allüren waren ihr unbekannt. Dazu kam, dass sie bescheiden auftrat und dankbar für jede Belehrung war. Sie hörte aufmerksam zu und zog im Stillen ihre Schlüsse. Damals vertraute ich ihr.

In Sachen Umweltschutz waren wir auch einer Meinung. Zusammen flogen wir nach Kyoto, wo sie das berühmte Protokoll unterzeichnete, mit dem der weltweite CO_2-Ausstoß geregelt werden sollte. Die Verabredung zwischen der deutschen Industrie und Politik zur freiwilligen Senkung des Kohlendioxid-Ausstoßes wurde international begrüßt. Damals schrieb ich an sämtliche Industrie-Präsidenten der Welt, um für dieses Modell zu werben. Kurz, wir waren beide aktive Umweltpolitiker, wobei mein Einsatz von der internationalen Industrie übel vermerkt wurde.

Ganz klar kann ich festhalten: Bis zur Eurokrise hatte ich ein entspanntes, wenn nicht sogar von Sympathie getragenes Verhältnis zu Angela Merkel. Ehrlichkeit beeindruckt immer, zumal bei Politikern, von denen viele sehr sparsam damit umgehen. Und sie schien mir ehrlich. Dass sie irgendwann als in sich gespalten oder geradezu doppelzüngig erscheinen würde, konnte ich damals nicht ahnen. Immerhin erinnere ich mich an die ominöse Aussage eines hochgestellten Politikers, der zu ihrem engsten Mitarbeiterkreis gehört. In einem schwachen Moment sagte er auf meine diesbezügliche Frage: »Sie ist eine Schlange.«

Ich wollte das nicht wahrhaben – eigentlich will ich es auch heute noch nicht, wo auch mein Bild von ihr zwiespältig geworden ist. Während allgemein angenommen wird, sie sei im Kampf für den Euro die Hauptakteurin, sehe ich sie vor allem als Getriebene. Versetzt man sich an ihre Stelle und teilt ihre Sichtweise, kann man zu keinen anderen Schlüssen und eben auch keinen anderen Beschlüssen kommen als sie. Wenn auch ihre Behandlung der Eurokrise nicht alternativlos ist – eine überzeugende »Alternative« werde ich später vorstellen –, so sind es doch die Konsequenzen, die sie daraus zieht. Wer A sagt, muss auch B sagen, und wer das Schicksal Europas mit dem des Euro verbindet, muss die Maßnahmen ergreifen, die zur Rettung dieser Kunstwährung nötig sind.

Getrieben ist sie aber nicht nur von der Eigendynamik ihrer einmal getroffenen Grundentscheidung im Mai 2010: Sie steht unter Druck von der Opposition, die meint, sie hätte Griechenland viel zu spät geholfen, sollte endlich die Bankenunion mit europaweiter Einlagensicherung und die Euro-Bonds einführen – und gleichzeitig unter dem der alten Granden ihrer eigenen Partei, für die der Euro im Katechismus steht.

Vor allem Helmut Kohl scheint sich hier gewaltig ins Zeug gelegt zu haben, um der Frau, die ihn wegen der Parteispendenaffäre aufs Altenteil gedrängt hat, die europapolitischen Leviten zu lesen. Da er einer der Initiatoren des Euro war, würde dessen Scheitern einen weiteren Schatten auf seine Biografie werfen, in der er sich als Vater der Einheit Deutschlands und Europas dargestellt wünscht. Sein berühmter Satz »Die macht mir mein Europa kaputt« dürfte sie tief getroffen haben. Nachdem sie anfangs den Ausschluss Griechenlands gefordert hatte, sollte sie später sämtlichen Rettungsaktionen des Pleitestaates zustimmen.

Übrigens wird Kohls Einstellung des »Euro über alles« von seinem ehemaligen Außenminister Hans-Dietrich Genscher geteilt, für den zur Rettung der Einheitswährung kein Preis zu hoch scheint. Beide, davon bin ich überzeugt, interessiert nur eines: ihr Bild im Geschichtsbuch. Ob die Rolle, die Angela Merkel in künftigen Geschichtsbüchern spielt, für sie selber wichtig ist, bezweifle ich. Sie lebt im Augenblick und entscheidet »auf Sicht«. Verfolgen Kohl und Genscher nach wie vor einen Traum, der mit der Wirklichkeit nichts zu tun hat, so konzentriert Angela Merkel sich auf die nun einmal gegebene Wirklichkeit und verfolgt nüchtern, sachlich und wenn nötig auch doppelzüngig ihre Ziele. Alles spricht dafür, dass Angela Merkel nach der Energiewende bald eine nicht minder dramatische Kehrtwende in der europäischen Fiskalpolitik hinlegen wird. Französischem Begehren nach Lockerung der Sparziele, nach

Wachstumsinitiativen mit der Folge neuer Schulden, nach zentralistischen Eingriffen und konjunkturellen Strohfeuern wird sie im Namen der deutsch-französischen Freundschaft genauso nachgeben wie vorher anderen Forderungen von jenseits des Rheins. In der DDR hat Angela Merkel die russische Sprache gelernt, während der ersten Jahre ihrer Kanzlerschaft Englisch. In der Euro-Politik führt sie schon längst das Französische auf der Zunge.

2. Tue Gutes und sprich nicht darüber

Mehrmals habe ich eine Seite von Angela Merkel kennengelernt, die in der Öffentlichkeit wenig bekannt und auch Gertrud Höhler verborgen geblieben ist – und zwar, weil Angela Merkel dies so will. Manches muss die Öffentlichkeit nicht wissen. Es gibt eine amerikanische PR-Regel, wie man am besten in der Öffentlichkeit ankommt: Tue Gutes und sprich darüber. Merkels Variante zu diesem Rat lautet umgekehrt: Tue Gutes und sprich nicht darüber.

Der Fall Ai Weiwei ist durch die Weltpresse gegangen – nicht aber die Rolle, die Angela Merkel dabei spielte. Ai Weiwei ist der Doyen der chinesischen Gegenwartskunst und Superstar der internationalen Kunstszene. In Deutschland wurde er 2007 durch seine überraschenden Beiträge zur Dokumenta bekannt. Als dieser großartige Konzeptkünstler im April 2011 auf dem Pekinger Flughafen verhaftet und an einem unbekannten Ort festgehalten wurde, beschlossen wir von Amnesty International, eine Demonstration zu veranstalten, um uns öffentlich für seine Freilassung einzusetzen.

Mit meiner Frau Bettina und Freunden von Amnesty ging ich zum Brandenburger Tor, wo sich schon zahlreiche Teilnehmer und natürlich auch die Presse eingefunden hatten. Obwohl ich eher selten auf Protestveranstaltungen zu finden bin, sorgte ich diesmal für Aufsehen, indem ich, wie es sich gehört, ein Plakat in die Höhe hielt. Darauf stand, was wir alle gern gewusst hätten: »Where is Ai Weiwei?«

Der Galerist des Künstlers, Alexander Ochs, der Sinologe Michael Lackner und der Berliner Unternehmensberater Jochen Noth haben damals zusammen mit mir eine Lawine losgetreten, mit der die Öffentlichkeit mobilisiert wurde. Wir veröffentlichten eine »Berliner Erklärung«, außerdem bezog ich in zahlreichen Interviews und Artikeln für Ai Weiwei Stellung – nicht ohne dabei Kritik an deutschen Unternehmern zu üben, die sich in Menschenrechtsfragen gern Zurückhaltung auferlegen. Dasselbe gilt für mehrere Berliner Kunsthändler, die dem Gefangenen aus dem deprimierend banalen Grund die Unterstützung verweigerten, dass sie es sich mit den chinesischen Behörden nicht verderben wollten. Dennoch wurde unsere Berliner Bewegung zur Initialzündung für weltweite Proteste.

Ich bewunderte den Künstler schon seit vielen Jahren und hatte ihn in Peking besucht, wo er sich ein eigenes Reich mit großem Garten und mehreren Gebäuden geschaffen hat – alles ultramodern aus Beton und Glas, betont sachlich und doch hochelegant. Die Häuser, die er bewohnt, sind zugleich Museen seiner Kunst, wobei sie sich von gewöhnlichen Musentempeln durch die allgegenwärtige Ironie unterscheiden, die zu den Markenzeichen seiner Kunst gehört. Gerade wegen dieses hintergründigen Humors habe ich durchaus verstanden, warum die bierernsten Machthaber in Peking ihn aus dem Verkehr ziehen wollten. Umso wichtiger war es, in der ganzen Welt auf diesen flagranten Menschenrechtsbruch, diese sinnlose Demütigung eines großen Künstlers hinzuweisen.

Als wir vier Initiatoren der Bewegung hörten, dass der chinesische Ministerpräsident plante, mit seiner Delegation, der bisher größten überhaupt, nach Berlin zu kommen, schrieben wir der Kanzlerin einen Brief, in dem wir sie baten, sich bei ihm für den Gefangenen einzusetzen. Schon einmal hatte ich in dieser Beziehung gute Erfahrungen mit ihr gemacht, als der aus Bremen stammende angebliche Terrorist Murat Kurnaz widerrechtlich in Guantánamo inhaftiert war. Kurz vor ihrer Amerikareise im Januar 2006 schrieb ich – auf Anregung von Kurnaz' Anwalt Bernhard Docke – der Kanzlerin, sie möge sich für den Häftling einsetzen. Es dürfte ihr Appell an Präsident George W. Bush gewesen sein, der nach »angemessener« Frist die Freilassung von Murat Kurnaz bewirkte.

Vom Standpunkt der Nützlichkeit sind diese Engagements für Angela Merkel sinnlos, schlimmstenfalls sogar kontraproduktiv, da sie sich ja mit ihren wichtigsten Partnern anlegt. Weder in Amerika noch in China oder bei der deutschen Wirtschaft macht sie sich damit sonderlich beliebt. Dasselbe galt für ihre Einladung an den Dalai Lama 2007, die bei den Chinesen zu einer rapiden Abkühlung des Verhältnisses führte. Dass es sich von selbst wieder erwärmte, hatte wohl zu ihrem Kalkül gehört.

Nach unserem Brief an Angela Merkel geschah, was wir erhofft hatten. Zwar bekamen wir, wie im Fall Kurnaz, keine Antwort von ihr. Doch noch vor Eintreffen der chinesischen Delegation wurde Ai Weiwei freigelassen. Mir persönlich erschien dies wie das Gastgeschenk der Chinesen an die Kanzlerin, obwohl ich keinen Beweis dafür habe. Doch deutet manches darauf hin, dass sie hinter den Kulissen tätig geworden ist, um dem Künstler aus seiner Notlage zu helfen. Als ich im Mai 2011 mit meiner Frau eine Kreuzfahrt entlang der chinesischen Küste unternahm, nutzte ich die Gelegenheit zu einem Abstecher nach Peking, um Ai Weiwei zu besuchen.

An die Begrüßungsszene kann ich nicht ohne Rührung denken: Er sieht mich, eilt auf mich zu, umarmt mich. Und sagt: »I know I owe my freedom to the Germans« – »Ich weiß, dass ich meine Freiheit den Deutschen verdanke.« Als wir später beim Mittagessen mit Mitgliedern seiner Familie zusammensaßen, berichtete er mir von seiner Haft – nicht in einem Gefängnis, sondern in einem abgeschotteten Privathaus, in dem er niemanden empfangen durfte. Man hatte ihn sozusagen aus der Welt genommen. 91 Tage und Nächte lang wurde er von zwei Leuten so streng bewacht, dass sie ihm überallhin folgten, sogar in die Duschkabine.

Damit er eine Ahnung davon bekam, was seine Peiniger mit ihm vorhatten, sagten sie ihm über seinen Sohn, für den ebenfalls das Besuchsverbot galt: »Du darfst ihn wiedersehen – wenn er 15 ist.« Damals war der Kleine drei.

Ai Weiwei rechnete fest damit, dass er die nächsten zwölf Jahre in dieser kafkaesken Isolationshaft zubringen müsste. Dass ihm dies wie lebenslänglich vorkam, brauche ich nicht eigens zu betonen. Völlig überraschend öffnete sich eines Tages die Türe, und ein Bewacher sagte: »Wir fahren Sie jetzt nach Hause.« Sein Leben und seine Familie waren ihm wiedergeschenkt worden, und er konnte sich wieder seinen künstlerischen Projekten widmen. Allerdings stand er dann monatelang unter 24-Stunden-Beobachtung: Er zeigte mir die Kameras, die vor seinem Haus installiert wurden, um jede seiner Bewegungen festzuhalten. Auf meine Frage, wie er sich diese plötzliche Freilassung erklärte, antwortete er: »Ich bin fest überzeugt, dass es die deutsche Bundeskanzlerin gewesen ist.«

Für mich liegt in ihrem Verhalten ein unerklärlicher Widerspruch, weshalb ich auch von der zweigeteilten Kanzlerin spreche. Auf der einen Seite sehe ich ihre Europa- und Euro-Politik, die weder Europa noch Deutschland nützt, sondern sie im Gegenteil noch tiefer in den Morast treibt, in den beide, auch durch ihre Mitwirkung, geraten sind. Gut denkbar, dass sie längst bemerkt hat, dass ihr Euro-Kurs ein Fehler war – und nicht mehr weiß, wie sie aus der Falle herauskommt.

Gleichzeitig verfolgt sie eine Menschenrechtspolitik, die geradliniger, aktiver und weit mutiger ist als die all ihrer Vorgänger zusammengenommen. Verstehe einer diese Frau! Christoph Schwennicke, Chefredakteur der Zeitschrift *Cicero*, und als ehemaliger Vizechef des *Spiegel*-Hauptstadtbüros langjähriger Beobachter der Kanzlerin, äußerte mir gegenüber, Angela Merkel habe – im Gegensatz zur bei seinen Kollegen weitverbreiteten Meinung – zwei tiefe verankerte Grundüberzeugungen, die auf ihre Sozialisierung als Tochter eines Pfarrers in der DDR zurückzuführen seien. Die eine sei die Notwendigkeit von bedingungslosem Vorgehen gegen alles, was sie für »antisemitisch« hält. Da ist sicher etwas dran. Die andere sei ihre kompromisslose Intoleranz gegenüber der Verletzung von Menschenrechten. Davon konnte ich mich immer wieder überzeugen und ich hoffe, die Leser dieses Buches auch.

KAPITEL FÜNF

Unsere täglichen Euro-Lügen

1. Der Euro ist Europa

Das Raffinierte an den Euro-Lügen besteht ja darin, dass man sie nicht als solche erkennen kann. Sie klingen, als wären sie unbestreitbare Wahrheiten, zumal wenn sie von Autoritäten wie der Kanzlerin oder dem Euro-Gruppen-Chef ausgesprochen werden. Noch überzeugender wirkt, wenn der gesamte Deutsche Bundestag, mit Ausnahme der Linken, den diversen Rettungspaketen zustimmt, was ja für jeden Bürger besagen soll: Es stimmt, was uns als Abgeordneten hier gesagt wird – sonst würden wir nicht dafür stimmen.

Das Deprimierende an diesen Lügen besteht darin, dass kaum jemand sich die Mühe macht, sie zu widerlegen und die Lügner bloßzustellen. So dürfte Angela Merkel ihre berühmten Euro-Durchhalteparolen von Helmut Kohl übernommen haben, wie die Mehrheit des Bundestages sie von Angela Merkel übernimmt, der wiederum das ganze Volk glaubt. Wird das Behauptete dadurch wahrer? Gerade weil so viele an die Wahrheit der Euro-Lügen glauben, wagt es keiner, an deren schimmernder Oberfläche zu kratzen. Jeder ahnt, dass ihm das schlecht bekommen würde. Also zieht man es vor, einfach zu glauben, was einem gesagt wird. Wie im Mittelalter, als man an das Dogma der Jungfrauengeburt oder an das Gottesgnadentum der Potentaten glaubte.

Die am schwersten zu durchschauende Art, Menschen hinters Licht zu führen, besteht in Gleichsetzungen. Dinge, die durchaus verschieden sind, werden behandelt, als wären sie identisch. Das gleicht einem Taschenspielertrick, der ganz simpel ist und doch die Menschen narrt.

Ein Beispiel: Eines der berühmtesten Zitate der Euro-Verteidigerin Angela Merkel lautet: »Scheitert der Euro, dann scheitert Europa.« Damit hat sie den Euro mit Europa gleichgesetzt. Aber stimmt das auch?

Wie sie wohl weiß – denn als Kanzlerin hat sie ja die meisten dieser Länder besucht –, trifft das gar nicht zu. Nur 17 Länder haben den Euro als Währung, die Europäische Gemeinschaft besteht aber aus 27 Ländern, und ganz Europa hat, wie ich nachgerechnet habe, immerhin 51 Länder aufzuweisen, zu denen unter anderem die Schweiz, Norwegen oder die Ukraine gehören. Sollten diese wirklich alle scheitern, wenn der Euro aufgegeben würde? Für Euro-Verteidiger wie Angela Merkel bildet dieser Glaube die Grundlage für alle weiteren Argumente und Rettungsschirme. Schon der Blick auf die Landkarte zeigt aber, was für eine absurde Vorstellung das ist.

Selbst wenn wir nur die zehn EU-Länder nehmen, die ohne den Euro auskommen, möchten alle, dass es auch so bleibt. Der Euro wird seit einigen Jahren von allen auffällig gemieden. Eine Ausnahme: die rumänische Bevölkerung. Eine andere Ausnahme bilden Politiker, die wie Donald Tusk nur so tun, als wollten sie den Euro, wohl wissend, dass sich keine heimische Mehrheit dafür finden wird.

2012 habe ich die baltischen Länder Lettland, Estland und Litauen besucht, von denen Estland den Euro bereits eingeführt hat. Obwohl diese Länder vergleichsweise arm sind, wird der Euro dort nicht weniger kritisch gesehen als in Tschechien oder Polen. Wenn man ihn trotzdem haben möchte, dann nur, weil er eine weitere Abgrenzung gegenüber Russland bildet und damit eine zusätzliche Sicherung der eigenen Unabhängigkeit.

Eine andere Gleichsetzung, die ebenso häufig angewandt wird, um dem Bürger blauen Dunst vorzumachen, setzt die Euro-Zone mit dem Binnenmarkt gleich. Nur weil wir den Euro haben, so wird suggeriert, haben wir einen so gut funktionierenden europäischen Waren- und Dienstleistungsaustausch.

Auch das ist nicht wahr. Den europäischen Binnenmarkt gibt es nämlich schon seit 1992. Er bedeutet, dass Güter ohne Zollerhebung, Mehrwertsteuerausgleich oder andere Beschränkungen von einem Land der EU in ein anderes aus- respektive eingeführt werden dürfen. Er ist der wahre Grund für den enormen Aufschwung innerhalb der Europäischen Union. Dieser freie Warenaustausch hat dazu geführt, dass jedes Land unbegrenzt das anbieten durfte, was es am besten konnte und was es anderen voraushatte.

Die Deutschen glänzten mit Automobilindustrie und Maschinenbau, die Franzosen mit ihren Flugzeugen, die Holländer mit Käse, Tomaten und Tulpen – und weil es keine Strafzölle gab, konnte man ungehemmt verkaufen und verdienen. Mit dem Euro hing das nicht zusammen. Dass mit der Vergrößerung von Binnenmärkten auch der Wohlstand steigt, kann man auf der ganzen Welt beobachten. Als 1994 zwischen Kanada, den USA und Mexiko die Freihandelszone NAFTA – North American Free Trade Agreement – gebildet wurde, hat sie allen Beteiligten nur Vorteile gebracht, obwohl dabei bewusst auf nationenübergreifende Regierungsformen wie in der EU verzichtet wurde.

Dass der Euro nicht mit dem erfolgreichen Binnenmarkt identisch ist, lässt sich schon daran erkennen, dass wir Deutschen genauso gut in die Nicht-Euroländer Polen, Dänemark oder Schweden exportieren können wie in die Euroländer Portugal oder Zypern. Den einzigen Unterschied machen die paar Cent

Wechselgebühren pro Euro aus, die im Vergleich zu den Kosten der Euro-Rettungsschirme geradezu lächerlich sind.

Deshalb halte ich es für eine Irreführung, wenn unsere Politiker, wie auch der BDI, der es besser wissen müsste, ständig darauf hinweisen, dass unsere Exporte zu 60 Prozent in Europa bleiben. Denn mit dem Euro und seinen 17 Ländern hat das gar nichts zu tun, sondern mit den vielen Ländern, die zusammen Europa bilden und gern bei uns einkaufen. Weil aber von unseren weltweiten Exporten die in die Euro-Zone vergleichsweise bescheidene 37 Prozent ausmachen, wird diese Zahl nie genannt – ebenso wenig wie die Tatsache, dass unser Außenhandel mit ebendiesen Euroländern zu D-Mark-Zeiten noch 46 Prozent der Exporte betrug.

Dass 60 Prozent unserer weltweiten Exporte in Europa landen, ist wahr, aber irrelevant. Dass über 60 Prozent unserer Exporte außerhalb der Euro-Zone landen, ist nicht nur wahr, sondern höchst relevant.

2. Wir profitieren vom Euro

Ganz klar: Das stimmt nicht. Alle behaupten es landauf und landab, innerhalb und außerhalb des Bundestages, wenn Spatzen pfeifen könnten, würden sie es von den Dächern tun. Und wenn sogar »wissenschaftliche« Untersuchungen wie die von der Bertelsmann-Stiftung bei der Prognos AG in Auftrag gegebene uns »beweisen«, dass wir am meisten vom Euro profitieren, stimmt es nicht. Übrigens hat der emeritierte Mannheimer Wirtschaftswissenschaftler Roland Vaubel ein Gegengutachten erstellt, in dem er das Auftragsgutachten der Bertelsmann-Stiftung zerpflückt.

Zunächst einmal muss man die Fakten sehen: Seit Einführung des Euro hat Deutschland massiv Kapital in andere europäische Länder exportiert und für deren Wachstum gesorgt. Dafür importiert Deutschland die Inflation und sorgt so für unsere eigene Schwächung.

Und wie war es früher? Der sagenhafte Erfolg der deutschen Vor-Euro-Wirtschaft war auch Folge der starken, stabilen und inflationsarmen Währung. Insgesamt 17 Aufwertungen hat die D-Mark erlebt, und jede führte zu einer Verbesserung der Kostendisziplin, der Innovationsfähigkeit und der Kreativität der Unternehmen. Wer höhere Preise verlangt, muss auch bessere Leistung liefern. Deutschland lieferte, und beständig wuchs sein Wohlstand.

Mit dem Euro kam die Wende. So hat Professor Hans-Werner Sinn vom ifo-Institut nachgewiesen, dass die deutsche Wirtschaft seit Einführung des Euro im Vergleich zu anderen Euroländern viel langsamer gewachsen ist – weil durch die Einheitswährung die Zinsen für geliehenes Geld aus deutscher Sicht viel zu hoch, für die Südländer viel zu niedrig waren. Das heißt, durch die falsche Zinssteuerung wurde die Konjunktur im Süden Europas künstlich aufgeheizt, während sie bei uns ausgebremst wurde.

Wenn man sich die neuesten Statistiken der Bundesbank über das tatsächliche Vermögen der Europäer ansieht, dann wird einem ein anderes Ungleichgewicht drastisch vor Augen geführt. Die angeblich so reichen Deutschen sind in Wahrheit vergleichsweise arm, während unsere Not leidenden Freunde in Frankreich, Italien, Spanien die Reichen sind. Das mittlere Vermögen der Franzosen beträgt 113 500 Euro, das der Italiener 163 900 Euro, das der Spanier gar 178 300 Euro. Das deutsche Vermögen beläuft sich auf ganze 51 400 Euro.

Dieser Vergleich, der im März 2013 von der Bundesbank veröffentlicht wurde, war natürlich vielen EU-Funktionären längst bekannt. Nur durfte er nicht publik werden, da ihnen sonst das Hauptargument entglitten wäre, warum die Deutschen am meisten beitragen müssen – eben weil sie die Reichsten seien.

Und deshalb müssen sie auch den armen Zyprern kräftig unter die Arme greifen, die wochenlang in jeder *Tagesschau* ihre Armut zu Markte trugen. Laut *Spiegel* beträgt das mittlere Nettovermögen eines zyprischen Haushalts 266 900 Euro.

Voraussehbar war die Reaktion der Euro-Verteidiger: In der *Bild*-Zeitung, wo sonst, meinte die Kanzlerin, die Bundesbankstudie verzerre die Wirklichkeit, man habe die Deutschen nur arm gerechnet. So hätten in den Südstaaten viel mehr Menschen Immobilien als Altersvorsorge, während jeden Deutschen »hohe Rentenansprüche« erwarten. »Deshalb sehen die Durchschnittsvermögen kleiner aus, als sie sind.« Merkel übersah schlicht, dass Häuser nicht nur zur Altersvorsorge dienen, sondern veräußerbarer Besitz sind, mit dem sich trefflich spekulieren lässt. Sie übersah auch, dass die deutschen Rentensysteme alles andere als sicher sind und außerdem mit »Vermögen« im Sinn der Studie nichts zu tun haben. Es handelt sich nämlich nicht um Vermögen, sondern Versprechen der Generationen untereinander. Außerdem behauptete sie, dass die Auslandsimmobilien der Deutschen in dieser Statistik nicht erfasst seien, was schlicht falsch war.

Sieht man einmal davon ab, dass die Zahlen für Zypern durch die Investitionen russischer Oligarchen künstlich aufgebläht sind und die durchschnittliche Anzahl der in den europäischen Haushalten wohnenden Personen unterschiedlich ist, waren die Statistiken im Kern nicht zu widerlegen. Deshalb mussten die eurohörigen Politiker und Medien umgehend den Kriegsschauplatz wechseln: Statt wie in der Bundesbankstudie über die Ungleichheit der Vermögen in Europa, wurde über die in Deutschland geschrieben. Man ahnt, mit welchem Resultat. Dass das nur ein billiges Ablenkungsmanöver war, scheint kaum einem aufgefallen zu sein.

Im April 2013 kam die nächste Euro-Überraschung, und wieder war es für die Deutschen eine böse: Die Studie der OECD über europäische Rentenansprüche war schon 2011 erschienen, aber totgeschwiegen worden. Sie zeigte nämlich, dass deutsche Ruheständler doppelt angeschmiert sind: Sie müssen länger für ihre Rente arbeiten und bekommen am Ende weniger als die anderen.

In allen Punkten, so der *Spiegel*, liegen die Deutschen unter dem Durchschnitt – »vom höheren Renteneintrittsalter über die Bezugsdauer bis zur Rentenhöhe«. In einer Quote der OECD-Statistik liegt der europäische Durchschnitt bei 69 Prozent des letzten Einkommens, italienische Rentner kommen auf 79 Prozent, Spanier auf 84 Prozent und griechische Rentner, nach deutscher Medienüberzeugung die Ärmsten der Armen, liegen sogar bei 110 Prozent.

Was die Arbeitsjahre betrifft, sieht es für die Deutschen ähnlich düster aus. Um eine Rente ohne Abschläge zu beziehen, müssen sie 45 Jahre arbeiten, in Frankreich genügen 41, in Italien 40, in Spanien und Griechenland sogar nur 35 Jahre. Dasselbe Bild zeigt sich im Vergleich des Renteneintrittsalters: Während bei uns noch fast 60 Prozent der Menschen zwischen 55 und 64 Jahren arbeiten, sind es in Frankreich nur 41,5 Prozent, und in Griechenland oder Italien liegt der Anteil bei unter 40 Prozent.

Wer nun glaubt, dass wir für diese Zurückhaltung, die an Selbstdemontage grenzt, zum Ausgleich irgendwelche Vorteile oder Privilegien erhielten, der täuscht sich. Das Gegenteil ist der Fall: Da unsere Politiker unablässig und in allen Tonarten darauf beharren, wie sehr wir vom Euro profitieren – eine Lobhudelei zur Beruhigung der eigenen Bürger –, nehmen die Südeuropäer den Ball dankend auf und halten uns zurecht entgegen: Wenn ihr solche gewaltigen Vorteile durch den Euro genießt, dann könnt ihr auch unsere gewaltigen Schulden übernehmen. Denn was ihr für uns tut, das tut ihr für den Euro. Und der ist gut für euch. Genau so wird es gesagt, und genau so wiederholen es unsere Politiker. Sonst könnte ja jemand auf den Gedanken kommen, mit uns würde ein Falschspiel betrieben.

3. Vertuschte Schulden

Unbemerkt von den Deutschen und wohl auch von ihren Politikern, die in Sachen Euro-Finanzierung nicht so genau hinschauen, hat sich ein obskures Feld der Euro-Rettung entwickelt, das den harmlosen Namen TARGET trägt. Das heißt im Englischen »Ziel«, aber in diesem Fall steht es, gewollt verwirrend, für »Trans-European Automated Real-Time Gross Settlement Express Transfer System«, in der offiziellen Übersetzung »Transeuropäisches Automatisiertes Echtzeit-Brutto-Express-Zahlungsverkehrssystem«. Wie bitte? Hier zeigt sich, dass Worte nicht nur etwas ausdrücken, sondern auch verschleiern können.

Es geht um das, was man in der deutschen Übersetzung bewusst unter den Tisch fallen lässt: Um Transfer, genauer den Transfer deutschen Geldes ins Ausland, ohne einen Gegenwert dafür zu bekommen. Diesen unglaublichen Vorgang, der still und leise in den Büchern der Zentralbanken vor sich geht, hat als Erster der frühere Bundesbankpräsident Helmut Schlesinger publik gemacht. In den Monatsberichten der Bundesbank hat er auf Kleingedrucktes hingewiesen, in dem »Forderungen innerhalb des Euro-Systems« aufgeführt wurden. Während dieser Posten vor 2007 keine Rolle spielte, ist er seit der weltweiten Finanzkrise sprungartig in die Höhe geschnellt. Handelte es sich dabei etwa um versteckte *Bail-out*-Zahlungen der Deutschen, die über die abgesegneten Rettungsschirmmilliarden hinausgingen?

Ifo-Chef Hans-Werner Sinn wollte es genauer wissen, stellte bei Bundesbank und EZB Recherchen an, rechnete nach. Was ihm gleich zu Anfang seiner Suche im Dunkelbereich auffiel: Nirgends war vermerkt, dass das, was als »Forderungen« geführt wurde, de facto Schulden der Südländer waren – Schulden ihrer Zentralbanken gegenüber der Bundesbank, also gegenüber Deutschland. Versteckt unter dem harmlosen Akronym TARGET.

Was genau geschieht hier? Wenn ein Südland wie Frankreich oder Griechenland einen Mercedes-Lkw kauft, bekommt der Autobauer den Gegenwert aus dem Käuferland überwiesen. Mercedes hat am Ende der Transaktion sein Geld und denkt sich nichts weiter dabei.

Auf der anderen Seite muss dieses Geld ja von irgendwoher gekommen sein. Mercedes erhält es nicht direkt von einer Pariser oder Athener Bank, sondern über die sogenannten Target-Salden der Bundesbank. Diese legt es sozusagen für den Käufer aus, indem sie es an die EZB weiterreicht, die wiederum den Verkäufer bezahlt. Ein seltsames Geschäft: Eine französische, italienische oder zyprische Firma erhält einen Mercedes-Lkw, aber bezahlt wird er von der Bundesbank. Der Käufer ist zufrieden, ebenso der Autobauer – nur die Bundesbank ist unzufrieden, denn den ausgelegten Betrag hat sie nun in ihren Bilanzen als Forderung stehen. Als Schulden, die die EZB, als Vertreter der französischen oder spanischen Zentralbanken, gegenüber der Bundesbank hat.

Normalerweise wird diese Einseitigkeit dadurch ausgeglichen, dass das Käuferland selbst Waren oder Dienstleistungen nach Deutschland verkauft, die auf dieselbe Weise durch die EZB, als Vertreterin der nationalen Zentralbanken, finanziert werden, wodurch in diesem Fall die Bundesbank ihr Schuldner wird.

Dieses ungefähre Gleichgewicht im innereuropäischen Warenaustausch, das in den Anfangsjahren des Euro herrschte, hat sich seit 2007 in ein krasses Ungleichgewicht verwandelt – zuungunsten Deutschlands. Warum? Dadurch, dass der Euro immer stärker für die südlichen, immer schwächer für die nördlichen Länder, hauptsächlich also Deutschland, wurde, ergab sich folgendes Phänomen: Da die Waren oder Dienstleistungen der Südländer wegen des Euro immer teurer wurden, holten sich die Deutschen das Gewünschte in außereuropäischen Ländern. Sie fuhren im Urlaub nicht mehr nach Kreta, sondern nach Antalya. Oder kauften ihre Oliven nicht mehr in Spanien, sondern in Tunesien.

Folge: Das deutsche Übergewicht in der Handelsbilanz wurde immer stärker. Inzwischen haben wir in der EZB einen Überhang zugunsten Deutschlands in Höhe von über 600 Milliarden Euro, deren Tilgung vermutlich erst am Sankt-Nimmerleins-Tag erfolgt. Auf diesen skandalösen – und skandalös vertuschten – Zustand, dass die Südländer bei uns Schulden machen, ohne sie zu bezahlen, hat Hans-Werner Sinn in seinem Buch *Die Target-Falle* hingewiesen.

Welch unhaltbarer Zustand: Die deutsche Volkswirtschaft schickt ununterbrochen und massenhaft ihre Waren in den Süden – und bekommt nichts dafür. Zwar merkt Mercedes nichts davon, weil man dort ja sein Geld erhält. Aber woher? Von der Bundesbank, die dafür einen Schuldschein der EZB bekommt. So werden die Unternehmen immer reicher, die Bundesbank immer reicher an Forderungen.

»Es ist«, so Hans-Werner Sinn, »als ob ich für meinen Freund, der sein Portemonnaie vergessen hat, eine Handwerkerrechnung bezahle. Ich gebe ihm durch die Ausführung der Zahlung an seiner Stelle einen Kredit und erwerbe dadurch eine Forderung gegen ihn. Der Unterschied ist nur, dass mein Freund mir das Geld des Abends zurückgibt, während die Target-Forderung im Prinzip unbegrenzt stehen bleibt und niemals fällig gestellt«, also eingetrieben werden kann. Allerdings, so schränkt Hans-Werner Sinn seinen Vergleich mit dem freundschaftlichen

Geldverleih ein, »kann ich mich jederzeit entscheiden, ob ich meinem Freund aus seiner Bredouille helfe oder nicht. Beim Target-Kredit hat die Bundesbank hingegen keinerlei Entscheidungsfreiheit.« Sie »muss die Zahlungen ausführen und kann sich nicht verweigern. So ist nun mal das Euro-System.«

Diese einseitige Belastung der Deutschen taucht in den ganzen ESM-und-EFSF-Rettungsmechanismen gar nicht auf. Die Deutschen retten, und keiner weiß es. Ganz zu schweigen davon, dass ihnen keiner dankt. Und keiner außer Helmut Schlesinger und Hans-Werner Sinn sagt etwas, weil diese für Deutschland so riskanten Salden ja vielleicht doch irgendwann beglichen werden, in fernster Zukunft. Oder spätestens dann, wenn Griechenland, Spanien und Portugal so viele Lkws, Flugzeuge und Werkzeugmaschinen nach Deutschland exportieren, dass sie damit unsere Lieferungen ausgleichen können.

Derlei Hoffnungsposten – in Wahrheit Hoffnungslosposten – erscheinen in der Bilanz aber als Aktiva. Als hätte man sie schon, sozusagen. Was wollt ihr, sagt die Bundesbank, wir haben doch die Forderungen, die sind ja fast schon wie künftige Guthaben. Sie hofft und wir hoffen – aber das Prinzip Hoffnung ist in einer Volkswirtschaft ein schlechter Ratgeber.

Wie das Kaninchen auf die Schlange, so starren seit Hans-Werner Sinns Buch alle Volkswirte der Banken auf die Target-Salden. Da sie die Euro-Rettung ganz toll finden, beobachten sie die aufgelaufenen Schulden in der Hoffnung, dass diese irgendwann wieder sinken werden. Geschieht es dann einmal, rufen sie begeistert: Wir sind gerettet. Unser System funktioniert.

Welch ein Irrtum: Warum glauben die Volkswirte denn, dass der Target-Saldo eines Südlandes schrumpft? Etwa weil es plötzlich Berge von Flachbildfernsehern oder Schiffsladungen von Oliven nach Deutschland exportiert? Nein, das Absinken ist Folge der katastrophalen Entwicklung in diesem Land, die einfach dazu führt, dass sie viele Waren gar nicht mehr einkaufen.

Eine Firma, die pleitegeht, importiert nichts mehr. Und die Bundesbank bleibt auf den Target-Schulden sitzen.

Dasselbe gilt, wenn ein Land pleitegeht. Auf wie wackligen Füßen die Forderungen stehen, zeigt sich schon darin, dass im selben Augenblick, in dem ein Land bankrott ist und die Euro-Zone verlässt, seine Schulden gelöscht sind. Wie wenn eine Firma in Konkurs geht: Wo nichts ist, hat der Kaiser sein Recht verloren. In unserem Beispiel: Griechenland hat jahrelang Mercedes-Lkws importiert, aber das von der Bundesbank, also vom Bund, also von den Deutschen ausgelegte Geld muss abgeschrieben werden. Für die Griechen waren die Lastwagen kostenlos, und wir sind unsere Forderungen los.

Warum, fragt man sich dann, wollen die Griechen eigentlich ihre Pleite abwenden? Würden sie doch die Importe aus Deutschland zum Nulltarif bekommen haben. Nun, eben deshalb: Sie wollen sie weiterhin zum Nulltarif bekommen. Deshalb wollen sie ihren Ausstieg aus dem Euro verhindern, koste es, was es wolle. Wissen sie doch: Kosten wird es nicht sie etwas, sondern die Deutschen.

Wen wundert es also, wenn die Bundesbank diesen unglaublichen Missstand nach Kräften zu vertuschen sucht und »ins Kleingedruckte« verschiebt? Aber ganz und gar unerträglich ist es, wenn unsere Politiker ihn zwar erkennen, ihn dann aber, statt die Bürger zu warnen, ebenfalls mit Stillschweigen übergehen.

Ausgerechnet Finanzminister Schäuble tat sich damit hervor, die wissenschaftlich fundierte Darstellung Professor Sinns als »Milchmädchenrechnung« abzutun. Auf dem Weg zum Markt, so die alte Fabel, träumt eine Milchverkäuferin davon, was sie mit dem Erlös ihrer Ware alles kaufen kann, um damit zur reichen Bäuerin zu werden – und verschüttet im Überschwang ihre Milch. Schäuble will damit sagen, dass die Rechnung, die das ifo-Institut hier aufmacht, von einer Naivität zeugt, die ernsten Widerspruch nicht wert ist. Fragt sich nur, wer hier so naiv ist, eine Wunschvorstellung – die Griechen werden uns unser Geld schon zurückgeben – mit der Wirklichkeit – sie husten uns was – gleichzusetzen.

Die beleidigende Antwort des Finanzministers zeugt entweder von Nichtwissen oder Nichtwissen-Wollen, was einen beides nur den Kopf schütteln lässt. Der ifo-Chef hat den Vorwurf nicht auf sich sitzen lassen. Im Juli 2012 konterte er: »Als von Bund und Ländern geförderte Forschungseinrichtung hat das ifo-Institut die Aufgabe und Verantwortung, Politik und Öffentlichkeit ungeschönt über die wahren Risiken einer potenziellen Zahlungsunfähigkeit Griechenlands zu informieren ... Das Ifo-Institut appelliert an die Bundesregierung, die möglichen deutschen Vermögensverluste aus den Target-Krediten der Deutschen Bundesbank nicht länger unter den Tisch zu kehren ... Die Target-Kredite stiegen zuletzt immer noch progressiv und machten mit etwa 730 Milliarden Euro drei Viertel des deutschen Nettoauslandsvermögens der Deutschen aus. Dahinter steht ein entsprechender Teil der Ersparnisse der deutschen Bürger ...«

Wenn ich das harte Wort von den Euro-Lügnern benutze, dann meine ich damit auch die notorischen Unter-den-Teppich-Kehrer, die Beschöniger und Beschwichtiger. Sie wollen, so scheint es, die Deutschen zu ihrem Glück zwingen. Das ist aber die wahre Milchmädchenrechnung: Unversehens kann das Glück, das sie sich für die Zukunft so überschwänglich ausgemalt haben, in der Gegenwart zur Katastrophe führen.

4. Mythos USA

In den Diskussionen über den Euro weisen mich die Euro-Verteidiger gern auf die Vereinigten Staaten hin, die, wie der Name sagt, aus vielen verschiedenen Staaten zusammengesetzt sind – und doch mit einer einzigen Währung auskommen, und zwar blendend. Obwohl die 50 Staaten ökonomisch, mentalitätsmäßig und vom Vermögen her völlig verschieden sind, haben sie alle den gleichen Dollar in der Tasche. Und obwohl die wirtschaftliche Situation in Detroit eine andere ist als im Silicon Valley, die Produktivität von Texas mit der von Alaska nur wenig Ähnlichkeit aufweist und Kalifornien mehr Schulden hat als Massachusetts, funktioniert die gemeinsame Währung, der Dollar, so gut, dass er seit dem letzten Jahrhundert zur Weltwährung Nummer eins aufgestiegen ist. Warum also soll der Euro nicht der Dollar Europas sein?

Deshalb, weil es zwei wesentliche Unterschiede gibt: Zum einen käme in den USA keiner auf die Idee, dass ein Staat die Schulden eines anderen übernehmen würde. Wenn Kalifornien beim reichen Texas anfragte, ob es ihm eine Schuldentilgungshilfe geben könnte, würde es nur ungläubiges Staunen auslösen. Denn wer die Schulden macht, so die Devise, der soll sie auch bezahlen.

Ein Äquivalent der Rettungspakete, die wir für Griechenland, Portugal oder Zypern geschnürt haben, gibt es in den Vereinigten Staaten nicht. Das liegt nicht daran, dass sie weniger Solidarität als wir Europäer hätten, sondern dass sie mehr *common sense*, Menschenverstand und praktische Vernunft, besitzen als wir. Mit anderen Worten: Obwohl die Amerikaner schon seit über 200 Jahren eine Nation sind, helfen sie einander nicht mit ihren Schulden aus. Wir aber tun das mit Griechenland und Co., obwohl wir keine Nation sind.

Zum anderen haben die Amerikaner zwar ein Äquivalent unserer EZB, die berühmte Federal Reserve, samt den verschiedenen Regionalzentralbanken. Aber sie haben nicht für jeden der 50 Staaten eine eigene Zentralbank. Der wichtigste Unterschied zu unserer EZB besteht darin, dass die Target-Salden der amerikanischen Staatsbanken untereinander einmal im Jahr ausgeglichen werden müssen. Das in der EZB übliche unbegrenzte Auftürmen von Target-Schulden, wie es etwa zwischen dem armen South Carolina und dem reichen Connecticut stattfinden würde, gibt es in Amerika nicht. Auf europäische Verhältnisse übertragen, hieße das, die Griechen oder Spanier, die Zyprer oder Italiener, die Portugiesen oder Iren würden einmal im Jahr aufgefordert, ihre bei den Deutschen aufgelaufenen Target-Schulden zu bezahlen. Traumhafte Vorstellung.

Nein, im Euroland gibt es diesen Ausgleich nicht, der für geordnete Verhältnisse sorgt, ganz einfach, weil man keine geordneten Verhältnisse im amerikanischen Sinn möchte. Man will den Geldtransfer Nord-Süd erzwingen, und man nennt das Solidarität. So zahlen die Deutschen neben dem Soli für die neuen Bundesländer einen noch größeren Soli für die Südländer. Und wissen es nicht einmal, weil man es ihnen nicht sagt.

Ist »Lüge« dafür ein zu hartes Wort? Ich glaube nicht.

5. Der Ausstieg ruiniert den Export

Leider wird dieses Märchen von der deutschen Industrie erzählt, weshalb unsere Politiker glauben, sie könnten es guten Gewissens verbreiten. Natürlich ist es wahr, dass bei einer Einführung des Nord-Euro, wie ich sie vorschlage, sogleich eine Aufwertung einsetzen würde und unsere Exporte sich verteuern würden. Das ist auch so gewollt. Wir können nämlich nicht sagen, der Euro ist zu teuer für den Süden und zu billig für den

Norden, ohne im Gegenzug den Nord-Euro teurer und den verbleibenden Euro billiger zu machen. Wenn dann die Südländer leichter exportieren können, wird es den nördlichen schwerer fallen. Aber das, so zeigt die Erfahrung, verkraften sie lässig.

Zur Erinnerung: Zu D-Mark-Zeiten haben wir 17 Aufwertungen erlebt, und nie ist unser Exportgeschäft deshalb nachhaltig eingebrochen. Vielmehr hat es sich gesteigert, unter anderem auch deshalb, weil die deutsche Industrie durch den Aufwertungsdruck gezwungen wurde, den preislichen Wettbewerbsnachteil durch höhere Kreativität und Qualität auszugleichen. Man nannte das die »Produktivitätspeitsche«. Das ist uns immer gelungen und hat den Wohlstand begründet, der uns heute durch den Euro genommen wird.

Dieser Druck, der die deutsche Wirtschaft zu Höchstleistungen antrieb, ist durch den gegenüber der D-Mark abgewerteten Euro gewichen. Meine Kollegen in der Wirtschaft halten sich heute für die Größten, weil sie in der Tat eine hervorragende Exportleistung erbringen, die sich in einem Welt- oder Vizeweltrekord nach dem anderen niederschlägt.

Dieser Stolz ist aber höchstens zur Hälfte berechtigt. Die andere Hälfte resultiert schlicht aus dem »weichen« Euro. Der BDI hat insofern mit seinem Eigenlob recht, als es sich mit einer relativ billigen Währung eine Zeit lang gut leben lässt. Nur scheint keiner der Unternehmer zu sehen oder sehen zu wollen, dass es sich hier um eine zutiefst unmoralische Subventionspolitik handelt.

Zwar kann die deutsche Industrie mit einem abgewerteten Euro schöne Exporterfolge einfahren. Aber zugleich erwartet sie, dass die finanziellen Folgen, wie sie sich im Süden zeigen, vom deutschen Steuerzahler und seinen Kindern getragen werden. Unmoralisch nenne ich das zum einen, weil hier die Profite der einen mit den Ersparnissen der anderen bezahlt werden. Unmoralisch nenne ich es auch, weil keinem der Bürger, denen man das Geld aus der Tasche zieht, dieser Zusammenhang erklärt wird.

Weil unsere Industrie dank Euro billige Waren in den Süden verkauft und dieser sich überschuldet, muss der deutsche Steuerzahler Euro-Rettungsschirme finanzieren, mit seinem Geld zu Hilfspaketen beitragen und für die südländischen Kunden unserer Unternehmen mit unvorstellbar großen Summen bürgen. Er muss es und weiß es nicht einmal. Früher sprach man vom »deutschen Michel«, der alles über sich ergehen ließ. Sind wir nun so weit, dass man den angeblich mündigen Bürger wieder »zum Michel macht«?

Hier kommen wieder unsere Politiker ins Spiel, die von der europäischen Solidarität und dem ansonsten drohenden Krieg reden, in Wahrheit aber nur den billigen Euro schützen wollen, der die Geschäfte unserer exportorientierten Unternehmen und Banken zumindest kurzfristig garantiert. Warum erklären die Medien, warum erklärt Wolfgang Schäuble, warum erklärt die populäre Angela Merkel ihren Deutschen nicht, dass sie hier an einem Subventionsprogramm teilnehmen, das jenes für die Deutsche Einheit bei Weitem übertrifft? Ich weiß es nicht. Sehr wohl aber weiß ich, dass es unverantwortlich ist gegenüber unserem Volk. Wie schon Otto Graf Lambsdorff voraussagte: »Der einfache Bürger zahlt dafür.«

Darum schlage ich den Nord-Euro vor: Weil unsere Exporte dann einen auf dem Weltmarkt realistischen Preis erzielen und nicht mehr durch die Steuerzahler subventioniert werden müssen. Und weil dann unsere Politiker, Unternehmer und Medienvertreter den Interessen der Deutschen dienen könnten und nicht länger als Euro-Lügner auftreten müssten. Vor allem aber, weil nur so die Südländer wieder eine Chance haben, ihre Güter und Dienstleistungen auf den Weltmärkten abzusetzen.

KAPITEL SECHS

Was uns Deutschen droht

1. Nivellierung statt Wettbewerb

Im Jahr 2000 hatten die europäischen Regierungschefs Jacques Chirac und Gerhard Schröder vollmundig erklärt, 2010 würde die EU zur wettbewerbsfähigsten Region der Welt aufsteigen. Als ich dieses Versprechen in seiner Mischung aus Selbstbeweihräucherung und platter Angeberei hörte, musste ich lachen. Das passte exakt zum Selbstverständnis unseres Brioni-tragenden Bundeskanzlers und demonstrierte zugleich die fidele Wirklichkeitsverleugnung der Europapolitiker.

Schon damals war deutlich erkennbar, dass wir in Wirklichkeit an Wettbewerbsfähigkeit verlieren würden. Die Politiker, beschäftigt mit gegenseitigem Schulterklopfen, vergaßen nämlich, die Weichen für eine bessere Entwicklung zu stellen. Und haben etwas Wesentliches übersehen: Wettbewerbsfähigkeit muss sich nicht nur innerhalb Europas bewähren, sondern im globalen Maßstab. Unsere großen Konkurrenten im Kampf um die Weltmärkte werden sich ihr Teil gedacht haben – keiner von ihnen hat sich je zu einer solchen Ankündigung hinreißen lassen.

Als die Europäer sich 2010 an ihre damalige Großsprecherei erinnerten, mussten sie eingestehen, dass man um Längen hinter dem Ziel zurückgeblieben war. Nur hatte das für die Chiracs und Schröders, die sich damals vor der Welt gebrüstet hatten, keine Konsequenzen mehr. Denn da waren sie längst abgewählt. Die einen verzehren ihre üppigen Pensionen, die anderen, wie unser Exkanzler, verdienen ihr Brot bei russischen Gazprom-Oligarchen, denen mehrheitlich das Gaspipeline-Unternehmen gehört, welches erst durch einen entsprechenden Beschluss der Regierung Schröder gegründet werden konnte. Was Schröder und Chirac für sich selbst erstrebt haben mögen, war eingetreten; ihre Prophezeiung einer europäischen Weltmarktdominanz nicht.

Einer der Gründe, warum wir in den zurückliegenden zehn Jahren in Sachen Wettbewerbsfähigkeit nicht weitergekommen sind, ist der Euro. Mit der Einheitswährung wurde eben nicht, wie den Deutschen versprochen, eine stabile Grundlage für gegenseitigen Wettbewerb geschaffen, sondern ein weiches Polster der innereuropäischen Harmonisierung. Wobei bereits dieser heute gebräuchliche Begriff eine Beschönigung darstellt: Nicht Harmonie wird durch diesen Prozess erzeugt, sondern Nivellierung, Gleichmacherei. Lebensstandard und Arbeitsverhältnisse der Europäer sollen einander angeglichen werden. Dass bei dieser Angleichung der eine mehr bekommt, der andere weniger, liegt auf der Hand. Unbemerkt bleibt, dass der eine mehr bekommt, *weil* es dem anderen einfach genommen wird. Als harmonisch kann man diese Umverteilung wohl nicht bezeichnen.

Und das liegt eben am Euro. Zu Recht haben die Regierungschefs inzwischen erkannt, dass diese Währung nur dann überleben kann, wenn die ökonomischen Verhältnisse innerhalb der Euro-Zone einigermaßen angeglichen werden. Waren es doch die Ungleichgewichte, die den Einsatz von Hilfspaketen und Rettungsschirmen nötig machten. Da die innereuropäischen Unterschiede sich am Nord-Süd-Gefälle festmachen ließen, musste man beschließen, die südlichen, wirtschaftlich schwächeren Länder den nördlichen, stärkeren anzupassen. Nur ist das leichter gesagt als getan.

Immerhin hat der Süden erkannt, dass nur durch Reformen des aufgeblähten Staatsapparats, seines restriktiven Arbeitsmarkts und der überbordenden Sozialsysteme eine gewisse Kompatibilität mit dem bewunderten und beneideten Norden erreicht werden kann. Gern haben die Südländer den Sparzielen zugestimmt, die in Brüssel und durch die Troika vorgegeben wurden.

Nur haben sie keines erreicht. Ob man nun Portugal, Griechenland, Spanien, Italien oder Frankreich betrachtet – in keinem dieser dringend reformbedürftigen Länder wurden die versprochenen Reformen wie angekündigt durchgeführt. Geht man davon aus, dass nur durch sie die nötige Wettbewerbsfähigkeit erreicht werden kann, von der die Regierungschefs im Jahr 2000 geschwärmt haben, so hat sich der südliche Teil der Euro-Zone, allen voran Frankreich, durch seine Reformverweigerung selbst um diese Wettbewerbsfähigkeit gebracht. Wer sich aber nicht selbst helfen kann oder will, dem müssen in einer Einheitswährung andere helfen. Von wo nach wo die Unterstützung geht, scheint durch das Nord-Süd-Gefälle gleichsam naturgesetzlich vorgegeben. Wobei anzumerken ist, dass Irland zwar ein frühes Hilfspaket angenommen hat, dies jedoch nicht wegen der im Süden vorherrschenden »klassischen« Reformverweigerung nötig geworden war, sondern wegen der außer Rand und Band geratenen Bankenaufsicht. Was die ökonomische Tradition und Kultur betrifft, gehört Irland zum »Norden«.

Um das Überleben des Euro zu sichern, sind aber nicht nur Transfers von den Starken zu den Schwachen nötig. Da die Schwachen nun einmal nur ungenügende Anstalten machen, ihr Niveau in Richtung der Starken anzuheben, drängt sich förmlich die umgekehrte Maßnahme auf: das der Starken an das der Schwachen anzupassen. Nach der Devise »Man stärkt die Schwachen am besten, indem man die Starken schwächt«, bemüht sich Brüssel, den Fleißigen ein wenig von ihrer Produktivität auszutreiben.

Als die heutige IWF-Chefin, Christine Lagarde, noch konservative Finanzministerin unter Nicolas Sarkozy war, schlug sie allen Ernstes vor, die Deutschen sollten die Löhne erhöhen, um ihre Exporte zu verteuern. Ihr Nachfolger, der Sozialist Pierre Moscovici, legte seinen Nachbarn ebenfalls nahe, endlich ihre Exportüberschüsse abzubauen. Im Namen der EU-Kommission krönte der ungarische Sozialkommissar László Andor das Deutschland-*bashing*, indem er nicht nur höhere Löhne in der deutschen Wirtschaft forderte, sondern deren zurückhaltende Lohnabschlüsse im Namen der europäischen Konkurrenz kritisierte.

»Belgien und Frankreich beschweren sich schon über deutsches Lohndumping«, sagte Andor vorwurfsvoll. So wird der Sparsame vom Verschwender als Geizhals, der Fleißige vom Faulen als Streber gebrandmarkt. Wenn die Deutschen ein Tarifsystem haben, das auf dem Weltmarkt konkurrenzfähig ist, und seine Nachbarn nicht, muss es sich wohl um »Lohndumping« handeln.

Traurig, aber nicht überraschend, dass die deutschen Gewerkschaften und ihnen nahestehende Ökonomen wie Peter Bofinger, Rudolf Hickel und Gustav Adolf Horn auf den Brüsseler Zug aufspringen und kräftige Lohnerhöhungen fordern, wohl wissend, dass dann der Export sinken und die Arbeitslosenzahl steigen werden. Hier bildet sich eine Allianz, die meint, den Euro retten zu können, indem man den Norden, vor allem aber Deutschland schwächt. Was durchaus seine Logik hat: Wenn man die Einheitswährung beibehalten will, muss man weitestgehende ökonomische Uniformität schaffen. Man trifft sich dann auf niedrigem Niveau und wundert sich, wenn die internationale Konkurrenz sich die Hände reibt.

Erwünschte Folge dieser neueuropäischen Planwirtschaft: Der Wettbewerb unter den Partnern weicht freundschaftlicher Harmonie. Doch ist die unerwünschte Nebenwirkung, dass man im internationalen Wettbewerb mit gar nicht freundlichen Methoden in die Knie gezwungen wird. Natürlich will die Regierung Merkel, der man ein gewisses Harmoniebedürfnis nachsagt, beim Aufeinander-Zugehen der Volkswirtschaften nicht im Abseits stehen. So hat Finanzminister Schäuble mit seinem französischen Amtskollegen bereits eine Arbeitsgruppe gegründet, die eine Harmonisierung der Steuersysteme herbeiführen soll. Unwahrscheinlich, dass dies zu einer Reduzierung der deutschen Steuerlast führen wird, im Gegenteil: Für die französischen Sozialisten wie ihre Berliner Genossen stehen Steuererhöhungen am Anfang aller Harmonisierungen. So werden zuerst die Unterschiede der Vermögensgruppen nivelliert, bevor man die Nivellierung der Volkswirtschaften in Angriff nehmen kann.

Der bisher dreisteste Anschlag auf den deutschen Leistungsvorsprung ging von der französischen Regierung aus: Allen Ernstes schlug man vor, im Sinne einer »solidarischen Integration« die deutsche und französische Arbeitslosenversicherung zusammenzulegen. Angesichts der Statistik, die den 6,8 Prozent Arbeitslosigkeit in Deutschland fast den doppelten Wert in Frankreich gegenüberstellt, liefe das darauf hinaus, dass arbeitende Deutsche für beschäftigungslose Franzosen bezahlen würden. Wie so viele ähnlicher solidarischer Integrationsprojekte vorher auch, hat man das Projekt der Arbeitslosenharmonisierung erst einmal verschoben. Sollte es irgendwann umgesetzt werden, dürfte es sich auf Frankreich so belebend auswirken, dass bald auch Spanien bei uns anklopfen würde: Ihre 26,3 Prozent Arbeitslosen würden sich im deutschen Versicherungssystem gewiss gut aufgehoben fühlen.

Nebenbei bemerkt: Die Franzosen würden niemals auf die Idee kommen, ihre Rentenversicherung mit den Deutschen zu teilen. Aufgrund der demografischen Entwicklung wäre das nicht lohnend für sie. Ihre Solidarität endet oft dort, wo keine Vorteile für das eigene Land herausspringen. Aber man erwähnt das gegenüber den Deutschen gar nicht, weil man ohnehin sicher sein kann, dass die kaum den Mut aufbrächten, nun ihrerseits Solidarität einzufordern.

Wenn das oberste Ziel der Euroländer tatsächlich die Rettung ihrer Währung sein sollte – und nicht etwa die Mehrung des Wohlstandes oder die Sicherung der globalen Wettbewerbsfähigkeit –, dann muss ich konzedieren, dass Brüssel, Frau Merkel und Herr Schäuble alles richtig gemacht haben. Ein starkes Deutschland steht dem harmonisierten Euro so lange im Weg, als es seine Stärke nicht zur Stärkung der Schwächeren ausgibt. Nur als Barmherziger Euro-Samariter, so scheint es, hat Deutschland überhaupt noch ein Existenzrecht in diesem noblen Kreis.

Natürlich ist für alle Euroländer die Rettung der Kunstwährung oberstes Ziel, da die meisten der Politiker dort glauben, dass sie nur über den Euro auf einen grünen Zweig kommen können. Obwohl Deutschland auch ohne Euro auf einem grünen Zweig säße, schließt Angela Merkel sich diesem kollektiven Ziel an. Wie anders wäre ihr Donnerwort »Scheitert der Euro, dann scheitert Europa« zu erklären? Sie sagte ja nicht: »Scheitert der Euro, dann scheitert Deutschland.« Unbemerkt hat sie damit ihre Priorität von Deutschland auf Europa verschoben. Was im Endeffekt bedeuten könnte, dass für den Erhalt der Friedens- und Freundschaftswährung selbst ein Scheitern Deutschlands in Kauf genommen würde. Und ich bin sicher, wir haben in Euroland eine Menge gute Freunde, die dagegen gar nichts einzuwenden hätten.

Als ich im ersten Teil dieses Buches die »Energiewende« der Kanzlerin angesprochen habe, mit der sie die europäischen Partner vor den Kopf stieß, wollte ich demonstrieren, dass auch ihre Solidarität mit der EU Grenzen hat – nämlich dort, wo es um Wählerstimmen geht. Die von ihren Medien in Angst und Schrecken versetzten Deutschen brauchten damals eine schnelle

Beruhigungspille, und die Kanzlerin hat sie ihnen verabreicht. Inzwischen sind sich immer mehr Fachleute einig, dass dieser Spontanentschluss kurzsichtig war und zudem kaum bezahlbar.

Bekanntlich blieb das Trauma des japanischen Reaktorunfalls, der übrigens noch kein einziges Menschenleben gefordert hat, auf Deutschland beschränkt. Heute gibt es mehr Länder mit Kernkraft als vor Fukushima. Es gibt mehr Atomreaktoren in Bau oder Planung als vor Fukushima. Die Briten wollen verstärkt in Kernkraft investieren, Obama setzt ebenfalls auf Kernkraft. Selbst die Japaner, die sich kurzfristig von dieser Energiegewinnung abgewendet hatten, sind reumütig zu ihr zurückgekehrt. Schon 2010 waren die umweltbewussten Schweden aus dem Atomausstieg wieder ausgestiegen. Dass sich daran durch Fukushima etwas geändert hätte, ist mir nicht bekannt. Ein neuer finnischer Reaktor steht kurz vor der Inbetriebnahme.

Heute frage ich mich, wie es bei Angela Merkel zu diesem Kurzschluss kommen konnte. Sicher hat sie nicht gewusst, dass der größte Profiteur des Atomausstiegs der Euro sein wird und dass sie mit der Energiewende dem Ziel der europäischen Harmonisierung ein Stück näherkommt. Nicht was die Energieversorgung betrifft, denn alle Länder, die Atomkraftwerke betreiben, werden dies weiterhin tun. Sondern im Hinblick auf die deutsche Wettbewerbsfähigkeit: Durch die enormen Kosten, die wegen der Energiewende auf die deutsche Industrie zukommen, wird die deutsche Wettbewerbsfähigkeit schwer beschädigt, und entsprechend geht der Traum der Partner von einem geschwächten Deutschland in Erfüllung.

Ende der Neunzigerjahre habe ich die rot-grüne Bundesregierung, vertreten durch Umweltminister Jürgen Trittin und Wirtschaftsminister Werner Müller, darauf hingewiesen, dass die Ökosteuer, wie Trittin sie plante, die energieintensive Industrie unseres Landes förmlich zur Abwanderung zwinge. So die Zementfirmen, bei denen der Kostenanteil der Energie 30 Prozent beträgt, die Aluminiumfirmen, bei denen er rund 70 Prozent ausmachen kann, und natürlich auch die Chemie-, Stahl- und sonstigen großen und kleinen Unternehmen, die von günstiger Stromlieferung abhängig sind. Sie alle werden, so erklärte ich, an diesem Standort langfristig nicht überleben können. Wenn sie aber auswandern, wird dies die Umwelt zusätzlich belasten, weil sich der CO_2-Ausstoß erhöhen wird: In anderen Ländern gelten meist weniger strenge Abgaswerte.

Dass die Ökosteuer am Ende das Gegenteil dessen bewirken würde, was er angestrebt hatte, begriff auch Trittin. So war er damit einverstanden, den energieintensiven Unternehmen eine Ausnahme zu genehmigen und sie von der Zusatzsteuer zu verschonen. Damals sagte ich den Regierungsvertretern, dass es sich hier um eine absurde Steuer handele. Man führte sie ein, um den CO_2-Ausstoß zu senken, musste aber ausgerechnet die Unternehmen schonen, die die Umwelt am stärksten mit CO_2 verschmutzen.

Mein zusätzlicher Hinweis, jemand könne auf die Idee kommen, diese Ausnahmen zu verdeckten Subventionen zu erklären, blieb damals ungehört. Nach der Tsunamikatastrophe in Japan änderte sich das: Jürgen Trittin, zugleich mitverantwortlich für die Ökosteuer und die Ausnahmen von der Ökosteuer, nannte es plötzlich einen Skandal, dass energieintensive Unternehmen auf diese Weise subventioniert würden. Er hatte offenbar schlicht vergessen, dass diese Regelung von ihm selbst stammt.

Nun hat der Grünen-Chef ausrechnen lassen, dass die Kosten des Umstiegs auf erneuerbare Energien mit den entfallenden Subventionen teilweise beglichen werden könnten. Mit dem zusätzlich eingenommenen Geld würden überall neue Windräder und Solaranlagen entstehen, und die teure Energiewende wäre plötzlich bezahlbar. Welch geniale Idee, die jedem Grünen-Wähler spontan einleuchten musste. Nur wird eben durch die erhebliche Verteuerung des Stroms die Konkurrenzfähigkeit der deutschen Wirtschaft beschädigt. Aus Sicht des Grünen Trittin ist das allerdings ein doppelter Vorteil.

Ein erheblicher Nutzen entsteht auch für Putins Russland: Da sich unser Strombedarf kaum je mit Windmühlen und Solarpanels decken lassen wird, wird eine Nebenwirkung der deutschen Selbstschwächung durch Selbstbeschränkung eine steigende Abhängigkeit von russischem Gas sein. Dass dies auf Dauer auch unsere Versorgungssicherheit ernsthaft gefährden kann, liegt auf der Hand – man frage die Ukrainer oder die Polen.

So oder so werden unsere Energiekosten steigen. Wie nützlich diese Abkassierung der deutschen Industrie und Haushalte für Europa und die Einheitswährung sein wird, dürfte auch unsere Regierung schon bemerkt haben. Denn die Mehrkosten, die den Deutschen durch die Energiewende aufgebürdet werden, entstehen den Franzosen nicht. Für sie erzeugen 58 aktive Reaktoren sicheren und vor allem billigen Strom. Deshalb wird in Frankreich immer noch – bei uns undenkbar – für Elektroheizungen geworben, mit der Begründung, diese Energie sei viel umweltfreundlicher als fossile Brennstoffe.

Ich bin mir sicher: Die Energiewende wird die Wettbewerbsfähigkeit unserer Industrie so weit schwächen, dass auch durch sie der wirtschaftliche Vorsprung gegenüber Frankreich nivelliert, pardon, harmonisiert wird. Es klingt paradox, aber es stimmt: Auch das trägt zur Rettung des Euro bei, natürlich auf unsere Kosten. Denn der Stärkere verliert, der Schwächere gewinnt – mehr noch, der Schwächere gewinnt, was der Stärkere verliert. Ich bin mir sicher, dass der eine oder andere schlaue Politiker bei uns das längst bemerkt hat.

In den Neunzigerjahren stellte der ehemalige EU-Kommissar für Wettbewerb, Leon Brittan, am Ende einer Rede die Frage: »Wie wird man wettbewerbsfähig?«, und gab selbst die Antwort: »Durch Wettbewerb.« Der Konkurrenzkampf ist es, der im Sport, in der Kultur und natürlich auch in der Wirtschaft dafür sorgt, dass sich aus kleinen, miteinander rivalisierenden und sich gegenseitig anfeuernden Einheiten ein stärkeres Ganzes formt. Hebelt man diesen Wettbewerb zwischen den Euroländern durch Harmonisierung aus, dann wird zwar der Euro gerettet, aber die Konkurrenzfähigkeit der Länder zerstört. Man hat die Einheit um der Einheit willen, aber leider taugt sie nichts.

2. Zentralismus statt Föderalismus

Verfolgt man die Tendenz Brüssels, den Wettbewerb der Euroländer untereinander zugunsten einer Nivellierung außer Kraft zu setzen, erscheint einem der nächste Schritt nur folgerichtig: Wenn die Vielfalt der europäischen Staatssysteme und Wirtschaftsformen zusammengeführt wird, muss eine höhere Instanz dafür sorgen, dass alle sozusagen nach einer Pfeife tanzen. Auf dieser Pfeife wird Brüssel spielen, und die Staaten, die bisher souverän waren, werden nach der Melodie dieser Zentralgewalt tanzen.

Was sonst kann der Slogan »Mehr Europa« bedeuten? Angela Merkel verwendet ihn, Guido Westerwelle und Peer Steinbrück, natürlich haben ihn sich auch Claudia Roth und Jürgen Trittin auf die Fahnen geschrieben. »Mehr Europa«, ruft der Grünen-Chef und präzisiert: »Wir möchten mehr Demokratie in Europa, mehr Gemeinsamkeiten in der Wirtschafts- und Währungspolitik und eine Stärkung der europäischen Institutionen. Wir möchten eine Finanztransaktionssteuer, Finanzmarktkontrollen und ein gerechtes Steuersystem!«

Alle deutschen Politiker scheinen sich danach zu sehnen, das, was die Deutschen von den anderen Europäern unterscheidet, aufzugeben. Wie sie ohne Not die D-Mark aufgegeben haben. Man würde um Europas willen die eigene Verfassung, das eigene Parlament, die eigene Regierung beiseiteschieben, um sich zur

Gänze der neuen Zentralregierung, dem Brüsseler Politbüro, zu unterwerfen. Zur Not ließe man sich sogar die deutsche Sprache abhandeln: Brüssel kommt ohnehin ohne sie aus. Wie wäre es mit Französisch?

Alles ruft nach »mehr Europa«. Doch Angela Merkel ist, wie immer, etwas vorsichtiger, hält sich auch hier ein rhetorisches Hintertürchen offen. Sie sagt nämlich: »Mehr Europa *wagen*.« Das ist ein wesentlicher Unterschied. »Wagen« kommt von »Wagnis«, und ein Wagnis ist etwas, das schiefgehen kann. Es hat etwas Tollkühnes, Dreistes, bei dem man sich der Möglichkeit des Scheiterns immer bewusst ist. Wer etwas wagt, ohne die Risiken zu bedenken, ist ein Narr.

Die Kanzlerin hat sie offenbar bedacht, will sie aber um der höheren Einheit Europa willen eingehen. Sie sagt »Mehr Europa« und fügt hinzu, dass es ein riskantes Unternehmen ist. Da fragt man sich doch, ob es mit unserem Land wirklich so schlecht steht, dass man sich auf ein solches Abenteuer einlassen muss. Risiko nimmt man nur auf sich, wenn man sich aus einer Notsituation befreien oder andere durch Kühnheit beeindrucken will. Aber beides ist im Fall Deutschland nicht gegeben.

Warum also? Vermutlich weil man glaubt, Einheit sei der Vielfalt allemal vorzuziehen. Vielleicht liegt aber schon in dieser Idee der »höheren« Einheit, in der sich alle Probleme auflösen, ein Denkfehler. Denn die Schuldenkrise, die wir heute haben, ist nicht durch ein Zuwenig an Einheit entstanden, sondern durch ein Zuviel. Dieses Zuviel an Einheit heißt Euro.

Der Euro ist eine Kopfgeburt aus dem Gehirn eines zentralistischen Bürokraten. Er ist nicht gewachsen, wurde vom deutschen Volk nicht gewünscht. Politiker, von der Idee der Einheit Europas besessen, haben sich auf ihn geeinigt und dabei nicht bedacht, dass jede Zusammenführung von verschiedenen Elementen ein Wagnis ist. Oder sie haben es bedacht, aber ihrem Volk verschwiegen.

Man kann durchaus sagen, dass die erzwungene Gemeinschaftswährung zur schwersten Krise Europas seit dem Zweiten Weltkrieg geführt hat: In vielen Ländern herrscht tiefes Misstrauen gegen Europa, in einigen Feindseligkeit gegenüber Deutschland wie seit der Hitler-Zeit nicht mehr. Wie kommt es dann, dass Europas Politiker nicht die Konsequenz ziehen und einräumen, dass das Wagnis misslungen, die Kopfgeburt gescheitert ist? Stattdessen fordern sie ein Mehr an Einheitsbrei, ein Mehr an Brüssel.

Fast alle Wirtschaftswissenschaftler sind überzeugt davon, dass eine Einheitswährung nur funktionieren kann, wenn man eine einheitliche Wirtschafts-, Finanz- und Fiskalpolitik betreibt. Das mag stimmen, aber da beißt sich die Schlange in den Schwanz: Man hat den Euro eingeführt, um durch ihn eine Vereinheitlichung zu erreichen. Stattdessen ist man nun gezwungen zu vereinheitlichen, um den Euro zu retten.

Vielleicht ist schon der Gedanke einer Einheitswährung, die Unvereinbares zu vereinen sucht, falsch. Vielleicht ist der Euro nicht die Lösung, sondern das Problem.

Aber man hält am Euro fest, und da ist es nur konsequent, dass man zu der vorgegebenen Währung die passende Staatengemeinschaft bilden will. Als würde man zu einer Krawatte den passenden Anzug, zu einer Leichtmetallfelge das passende Auto suchen. Absurd. Logischerweise fordert Wolfgang Schäuble für das neue Einheitsgebilde einen eigenen, vom Volk zu wählenden Präsidenten – aber heißt das nicht, dass jedes Volk auf den eigenen nationalen Präsidenten verzichten muss? Niemand kann zwei Herren dienen. Schäuble fordert außerdem, was naheliegt, die Budgethoheit, also das exklusive Recht der nationalen Parlamente, an die neue Zentrale abzutreten. Das hieße, dass die Bürger aller beteiligten Länder dort auch ihre Steuern abzugeben hätten. Ohne kontrollieren zu können, was damit geschieht. Aber so ist es ja heute schon, dank Hilfspaket und Rettungsschirm.

Der Denkfehler, der dem Zentralismus zugrunde liegt, besteht in der Annahme, dass Verantwortung am besten in *einer* Hand aufgehoben ist, die alles »von oben« lenkt. Das mag für überschaubare Gebilde wie eine Schulklasse gelten, aber schon in einer Fußballmannschaft und mit Sicherheit in einem komplexen Gebilde wie der modernen Gesellschaft muss Verantwortung »nach unten« abgegeben werden. Wie es früher hieß: »Jeder Soldat muss im Tornister den Feldherrnstab tragen«, so muss heute jede Nation, jede Kommune, ja, eigentlich jeder Bürger sich seiner Verantwortung für das Ganze bewusst sein.

In Europas jüngerer Geschichte lassen sich zahlreiche Beispiele finden, wie künstliche Gebilde, die eine Vielzahl von Völkern einer Zentralgewalt unterordneten, gescheitert sind. Meist geschah die Zentralisierung im Zeichen einer Ideologie, sei es die des Kommunismus oder des »real existierenden Sozialismus«. In unserem Fall wäre diese Ideologie der Euro. Sobald divergierende Einheiten mit unterschiedlichen Interessen zusammengezwungen werden, entwickeln sich Zentrifugalkräfte, und das ganze Konglomerat fliegt seinen Erfindern, die meist auch seine Nutznießer sind, um die Ohren.

Beispiel UdSSR: Das Reich der roten Zaren ging ja nicht nur wegen des Kommunismus zugrunde, sondern weil man einen Vielvölkerstaat mit inkompatiblen Teilnehmern gebildet hatte, ohne diese auch nur nach ihrer Meinung zu fragen. Aber Zwang geht irgendwann immer an der eigenen Inflexibilität zugrunde. Wenn man heute die ehemaligen Teile des Sowjetreichs betrachtet, sind sie ebenso unterschiedlich wie die EU-Staaten oder die Euroländer. Nur sind die aus der UdSSR ausgebrochenen Staaten einen Schritt weiter als wir: Sie haben, im Gegensatz zur EU, ihre Verschiedenheit und ihre in vielem unvereinbare Interessenlage begriffen und die Konsequenzen daraus gezogen.

Nicht anders als dem Russenreich erging es dem ebenfalls kommunistischen Jugoslawien, dessen von Tito künstlich ge-

schmiedete Einheit in den Neunzigerjahren blutig auseinander-
brach. Besonders eingeprägt haben sich die Bilder des Hasses,
der sich zwischen den »Teilstaaten« Jugoslawiens entwickelt
hatte und zu Massakern führte. Von diesen Spannungen habe
ich bei meinen Geschäftsreisen nach Jugoslawien nie etwas bemerkt, ganz einfach, weil sie verdrängt und von der Presse verschwiegen wurden – wie heute die Presse den Interessenkonflikt der Euroländer unterdrückt. Aber, wie schon Sigmund Freud
zeigte, das Verdrängte bricht sich irgendwann Bahn, und zwar
gewaltsam. Und dann ist es schwer, den oft explosiven Auflö-
sungsprozess unter Kontrolle zu bringen.

Viel effektiver als solche Konglomerate mit Verfallsdatum
sind die kleinen Einheiten, die ihr Zusammenspiel untereinander selbst regeln, und zwar den jeweiligen Gegebenheiten entsprechend. Nicht die Theorie formt sich die Wirklichkeit zurecht, sondern aus der Wirklichkeit ergeben sich die nötigen
Maßnahmen. Und diese Wirklichkeit, in der konkrete Probleme
auftreten und adäquate, der Situation angepasste Lösungen
gefunden werden, wird nicht in einem Politbüro oder einer
Brüsseler Kommission erfahren, sondern in den Ländern, den
Kommunen und von ihren Bürgern. Entsprechend werden viele
Brüsseler Vorschriften nicht als Hilfe im Alltag, sondern als welt-
fremdes Diktat empfunden.

Nur wer sich in einer konkreten Lebens- und Arbeitssitua-
tion befindet, kann einschätzen, was an dieser Stelle für das Land
und die Kommune getan werden kann. In modernen Staaten
nennt man dieses Prinzip Föderalismus oder Subsidiarität. Folgt
man unserem Grundgesetz, so steht den einzelnen Bundesländern gegenüber der Berliner Zentrale größte Autonomie zu –
ob sie sie voll ausschöpfen, ist eine andere Frage.

In der Wirtschaft habe ich die Erfahrung gemacht, dass mit-
telständische Unternehmen oft viel flexibler und einfallsreicher
auf veränderte Marktsituationen reagieren als Großunterneh-

men – woraus ich den Schluss zog, dass Großunternehmen dann am reaktionsschnellsten sind, wenn sie sich selbst subsidiär organisieren, sich also in kleine, für sich verantwortliche Unternehmen oder Einheiten aufgliedern. Je größer eine Organisation ist, umso mehr muss sie delegieren, eigenverantwortlich agierende Zentren bilden und die Möglichkeit schaffen, »unten« beim Kunden beziehungsweise Bürger die optimale Lösung zu finden. Als IBM-Chef habe ich dieses Prinzip immer zu beherzigen versucht. Und wenn ich es doch einmal außer Acht ließ, habe ich es schnell bereut.

Mir fällt auf, dass im Lissaboner Vertrag von 2007 der Begriff »Subsidiarität« ständig auftaucht. Man wusste also, was für Europa nützlich ist, und deshalb haben sich die Europäer darauf geeinigt, einander bei aller Gemeinsamkeit doch größtmögliche Selbstverantwortung zu belassen. Bis zur Eurokrise gehörte der Begriff »Subsidiarität« zum Kern jeder europapolitischen Rede, bildete sie doch die Grundlage der europäischen Einigung. Im Konvent für Deutschland haben wir unserer Regierung vorgeschlagen, einige Verantwortlichkeiten, die inzwischen in Berlin oder Brüssel konzentriert wurden, an die Bundesländer beziehungsweise an die Staaten zurückzugeben. Dagegen gibt es Elemente, bei denen eine Zentralisierung Sinn macht, wie zum Beispiel eine gemeinsame Verteidigungs- oder Außenpolitik. Oder meinetwegen die Durchsetzung eines einheitlichen Steckers für Mobiltelefone und Laptops.

Als Nebeneffekt der Euro-Rettungspakete hat sich diese Tendenz zum Föderalismus plötzlich umgekehrt. Da alles nach Zentralisierung strebt, als wäre sie ein Allheilmittel für die Eurokrise, taucht der Begriff »Subsidiarität« in Politikerreden nicht mehr auf. Stattdessen wird mehr Macht für Brüssel, und überhaupt »mehr Europa« gefordert, was in unserem Fall heißt: weniger Deutschland, weniger Baden-Württemberg oder Hamburg. Diese Entmachtung geschieht nicht plötzlich, sondern als schleichender Prozess nach dem berühmten Rezept, wie man einen Frosch kocht: Wirft man ihn in heißes Wasser, wird er schnellstmöglich wieder herausspringen. Setzt man ihn dagegen in Wasser, dessen Temperatur man langsam erhöht, wird er in der ansteigenden Hitze so erschlaffen, dass er, wenn es zu kochen beginnt, nicht mehr fliehen kann.

Genau so werden im Augenblick die europäischen Nationen in der Euro-Zone abgekocht. Dass sie ihre Souveränität verloren haben, werden sie erst merken, wenn es zu spät ist. Zwar lässt sich gegen eine Diskussion darüber, ob man die Vereinigten Staaten von Europa will oder nicht, nichts einwenden. Doch wird diese Diskussion nicht öffentlich geführt, sondern in Brüsseler Geheimverhandlungen der exklusiven Euro-Gruppe, in denen die Bedingungen für die nächsten, von der Zentrale zu organisierenden *Bail-outs* festgelegt werden. Mit dem Ergebnis wird die Öffentlichkeit dann ohne Einspruchsmöglichkeiten konfrontiert, und vor Verblüffung über die neuen unvorstellbaren Milliardensummen, mit denen hier jongliert wird, bleibt der Nebeneffekt, die Brüsseler Machterweiterung, unbemerkt.

Konkret bedeutet diese Selbstermächtigung Brüssels, dass immer weniger Menschen für immer mehr Menschen Entscheidungen treffen. Ein anderes Wort dafür ist »Entmündigung«. Und so wird der schleichende Einstieg in den Zentralstaat zum schleichenden Ausstieg aus der Demokratie. Gleichzeitig entstehen neue Gefahren: Wie will man die Zentrifugalkräfte beherrschen, die entstehen, wenn ein zentralistisches Europa entsteht, in dem 23 Sprachen gesprochen werden, wenn nicht einmal Belgien mit seinen »zweieinhalb« Sprachen (Flämisch, Französisch, Deutsch) zur Ruhe gekommen ist?

3. Der Abriss der Brandmauer

Ursprünglich war der Maastricht-Vertrag mit einer *No-bail-out-Klausel* versehen, die auf Drängen der Deutschen aufgenommen wurde. *No-bail-out* heißt, dass Schulden des einen Mitglieds nicht von den anderen übernommen werden müssen. Anders ausgedrückt: dass die Schulden auf das Land beschränkt bleiben, das sie akkumuliert hat, und nicht auf die anderen überspringen wie eine Epidemie. Dazu wollte man das *No-bail-out* als »Brandmauer« einziehen

»Brandmauer« – in mir löste das Wort eine Erinnerung an meine früheste Kindheit aus. Wir lebten in einer stattlichen Villa an der schönen Hamburger Rothenbaumchaussee 141, wo man diese Gründerzeithäuser mit klassizistischer Fassade auch heute noch bewundern kann. Unseres allerdings nicht mehr.

Der Sommer 1943 war sehr heiß gewesen, und als in der Nacht des 25. Juli britische Bomber die *Operation Gomorrha* durchführten, entwickelte sich ein riesiger Flächenbrand, ein sogenannter Feuersturm, dem 35 000 Hamburger zum Opfer fielen. Unser Haus wurde bei dem folgenden Angriff am 26. Juli getroffen. Nachdem eine Sprengbombe im Garten gelandet und nicht explodiert war, durchschlug eine Phosphor-Brandbombe unseren Dachstuhl und setzte das ganze Haus in Flammen.

Meine Erinnerung setzt ein, als ich, ein dreijähriger Knirps, hinter einem Baum stehend auf unser brennendes Haus blicke, das prasselnd in Schutt und Asche sinkt. Vater, der gerade unsere Familie herausgebracht hat, hält seine Kamera in der Hand, um den Untergang seines Besitzes zu filmen – sehr zum Ärger meiner Mutter, die es lieber gesehen hätte, wenn er ins Haus zurückgegangen wäre, um ihre Wertsachen zu retten.

Am Morgen nach dem Brand kehrten wir aus der Notunterkunft zu den »Trümmern unsers Lebens« zurück. Wann immer ich den Film sehe, fällt mir auf, dass das fast identische, an unsere Villa direkt anschließende Nebenhaus vollkommen unversehrt geblieben war. Ich empfand das nicht nur als ungerecht – ich konnte mir nicht erklären, wieso das eine Haus abbrennt, während das Nachbarhaus intakt bleibt.

Später fand ich es heraus: Es war die Mauer zwischen den beiden Häusern gewesen, die das Übergreifen der Flammen verhindert hatte. Zu Recht nennt man sie Brandmauer. Sie hatte verhindert, dass das Feuer ungehindert auf das Nachbarhaus und von dort vielleicht auf den ganzen Straßenzug überspringen konnte.

Als der Maastricht-Vertrag 1992 entworfen wurde, war der spätere Bundespräsident Horst Köhler einer der deutschen Verhandlungsführer. Als hätte auch er erlebt, wie überlebenswichtig eine Brandmauer zwischen engen Nachbarn ist, hatte er auf einer solch unüberwindlichen Trennlinie bestanden – gegen energischen Widerstand unserer französischen Nachbarn. Die Bedeutung der *No-bail-out*-Klausel lag nicht nur darin, finanzielle Schwierigkeiten des einen Landes nicht automatisch auf die Nachbarn überspringen zu lassen, sie sollte außerdem spendable Sozialpolitiker eines Landes vom Schuldenmachen zulasten des Finanzministers eines anderen Landes abhalten.

Auch später noch hat Köhler wiederholt auf die Bedeutung seiner Brandmauer hingewiesen, die vor allem den stabilitätsorientierten Deutschen Sicherheit gewährte. Streng genommen war sie ein Hauptgrund dafür gewesen, dass der Maastricht-Vertrag und die Einführung des Euro in Deutschland überhaupt akzeptiert wurden. Denn alle unsere Politiker versicherten mit Hinweis auf Köhlers Klausel: Es wird keinen Schuldentransfer geben, nicht mit uns.

Noch während meiner BDI-Zeit habe ich einmal in den späten Neunzigerjahren Prof. Joachim Starbatty besucht, den bekannten Wirtschaftswissenschaftler der Uni Tübingen, der von Anfang an zu den entschiedensten Gegnern des Euro gehörte und deswegen mehrmals vor das Bundesverfassungsgericht gezogen ist. Der Hauptanlass meines Besuchs war der Student Hans Henkel, mein ältester Sohn, der mich öfter auf Starbatty als seinen Lieblingsprofessor an seiner Universität aufmerksam gemacht hatte. An die Brandmauer, mit denen die Deutschen geschützt werden sollten, hat Starbatty nie geglaubt. Ende Mai 2013 ist Joachim Starbatty der Alternative für Deutschland beigetreten.

Bei meinem Besuch in Tübingen schienen mir viele seiner Argumente überzeugend. Voller Zweifel an der Solidität der zukünftigen Währung kehrte ich damals in mein Kölner Büro zurück. Doch versicherten mir meine Mitarbeiter, dass die Szenarien, die der skeptische Professor vor mir entworfen hatte, in Wirklichkeit gar nicht auftreten konnten: »Schließlich gibt es die *No-bail-out*-Klausel, und die ist eine unüberwindliche Brandmauer.«

Der große historische Fehler, den Kanzlerin Angela Merkel begangen hat, war die Zerstörung dieser Brandmauer. Damals hat sie auf französischen Druck die *No-bail-out*-Klausel aufgegeben. Durch die Abschaffung des *No-bail-out* wurde die Brandmauer eingerissen, die bis dahin den deutschen Steuerzahler vor den ausgabefreudigen, das heißt brandgefährlichen Politikern anderer Länder geschützt hatte. Von nun an wussten die Südländer, dass ihnen bei Bedarf der Zugang zu den Ersparnissen der Deutschen offenstand.

Auch Wolfgang Schäuble, der an jenem verhängnisvollen 10. Mai im Krankenhaus war, wusste um die Funktion der Schutzmauer und die Probleme, die sich durch ihren Abriss ergaben. Später gab er dem Wort einen neuen Sinn. »Keine Brandmauer wird funktionieren«, sagte er 2012 in Davos, »wenn die zugrunde liegenden Probleme nicht gelöst werden.« Damit meinte er natürlich nicht die *No-bail-out*-Klausel, die er mit gekippt hatte, sondern die Milliardenrettungsschirme, die den

Bankrott europäischer Staaten und ein Übergreifen ihrer Probleme auf andere Länder verhindern sollten. Klang irgendwie gut: die Rettungsschirme als Brandmauern. Allerdings muss man aus seiner Aussage die deprimierende Konsequenz ableiten: Keine Brandmauer wird funktionieren, wenn es brennt.

An jenem 10. Mai 2010 wurden deutsche Interessen nicht verkauft, sondern verschenkt, weil Nicolas Sarkozy, Christine Lagarde, Jean-Claude Trichet, Dominique Strauss-Kahn – alles Franzosen – und der unvermeidliche Jean-Claude Juncker eine massive Drohkulisse aufgebaut hatten. Wie sich hinterher zeigte, wurden mit den Milliarden des ersten Griechenland-Hilfspakets hauptsächlich französische Banken gerettet.

Der Gedanke daran, dass deutsche Steuerzahler ab sofort die durch Misswirtschaft entstandenen Schulden anderer Länder tragen müssen, raubte mir in den Maitagen 2010 förmlich den Schlaf.

Seit jenem fatalen Tag, an dem unsere Regierung zeigte, dass ihr die deutsch-französische Freundschaft und deren Unterpfand, der Euro, wichtiger ist als ihre eigenen Bürger, bin ich entschiedener Gegner der Einheitswährung. Zur Warnung unserer Gesellschaft habe ich 2010 das Buch *Rettet unser Geld!* geschrieben.

Damals konnte ich dennoch nicht ahnen, welche Dimensionen der Betrug an unseren Bürgern durch die Politik annehmen würde. Beispielhaft dafür ist Wolfgang Schäubles im Januar 2013 aufgestellte Behauptung, Zyperns möglicher Bankrott sei »nicht systemrelevant«. Von wegen. Als wollte er Hans-Peter Strucks fragwürdigen Ausspruch »Deutschlands Sicherheit wird am Hindukusch verteidigt« in ein »Deutschlands Wohlstand wird in Zypern verteidigt« umwandeln, warnte er im April vor dem Bundestag: »Wir müssen verhindern, dass aus Problemen in Zypern Probleme für andere Länder werden.« Mit anderen Worten: Zypern *ist* systemrelevant. Und deshalb muss das deutsche Parlament den Milliardenhilfen zustimmen. Es stimmte »Zypern« zu. Der kurzen Diskussion um das milliardenschwere Rettungspaket ging eine nicht enden wollende Auseinandersetzung im Bundestag um die Frauenquote voraus. Man könnte fast glauben, die Regisseure des Stückes »Euro-Rettung« hätten den Streit um die Frauenqoute zwischen Frau von der Leyen und ihrer Kollegin Schröder so terminiert, dass die Medien und die Öffentlichkeit nicht merkten, dass es im Bundestag keine ernsthafte Diskussion über das neuerliche Rettungspaket gab. Allein dieses Beispiel beleuchtet, warum wir eine Alternative für Deutschland im Bundestag dringend brauchen.

Fragt sich, ob die Abgeordneten wussten, was sich in dem Geschenkpaket, das die Abgeordneten nach Nikosia verschickten, verbarg. Es war jedenfalls nicht das, worüber sie zu votieren glaubten. Wie alle Bundesbürger – Wolfgang Schäuble wohl ausgenommen – glaubten sie, es ginge um 10 Milliarden Euro, wobei 9 Milliarden vom Rettungsschirm ESM und 1 Milliarde von Christine Lagardes IWF kommen sollten.

Hans-Werner Sinn hat wieder einmal nachgerechnet und der Regierung Merkel ihre Falschangaben vorgerechnet. In Wahrheit, so Sinn in der *Wirtschaftswoche*, hat Zypern »bereits 9 Milliarden Euro an Target-Krediten erhalten, um damit sein Leistungsbilanzdefizit zu finanzieren«. Und von der Öffentlichkeit unbemerkt hat auch der EZB-Rat noch sein Scherflein beigetragen, nämlich weitere 3 Milliarden über einen Notfall-Hilfsmechanismus. Damit betragen die ausländischen Rettungskredite an Zypern nicht 10 Milliarden, wie uns weisgemacht wird, sondern 22 Milliarden Euro.

Wie ein weiteres Rechenexempel Hans-Werner Sinns demonstriert, könnte der Skandal bald endgültig zum Fanal werden: Die 22 Hilfsmilliarden entsprechen 123 Prozent des zyprischen Bruttoinlandsprodukts. Einen noch höheren Prozentsatz hatten die Hilfen von bislang 320 Milliarden Euro für Griechenland ausgemacht, nämlich 193 Prozent des griechischen BIP. Würden Italien und Spanien mit Zahlungen in vergleichbarer Größenordnung bedacht, so Sinn, müsste Rest-Europa 5 Billionen Euro gewähren. 40 Prozent davon, also 2000 Milliarden Euro, müsste der deutsche Steuerzahler beisteuern – das entspricht der Summe, die deutsche Politiker innerhalb von 60 Jahren an Schulden aufgetürmt haben. »Da jeder weiß, dass das nicht geht«, so Hans-Werner Sinns Fazit, »könnte sich die Stunde der Entscheidungen in Europa schneller nähern, als viele denken.«

Der Schrecken ohne Ende würde in einem Ende mit Schrecken gipfeln. Rückblickend wird man dann sagen, dass die europäische Währungsunion zuerst zur Haftungsunion mutierte, dann zur Schuldenunion verkam, bevor sie zwangsläufig in einer Inflationsunion endete. Und dieses Ende bedeutete den Zerfall jener europäischen Einheit, die gerade durch den Euro befestigt werden sollte.

4. Wie man ein reiches Land ärmer macht

Wie ein Gewitter sich durch Windstille und Schwüle ankündigt, so lässt sich die Inflationsunion bereits an einer Veränderung der innereuropäischen Atmosphäre ablesen. Klar, die meisten Ökonomen meinen, dass es keine Signale für eine heraufziehende Inflation gäbe. Als Segler auf dem Bodensee ist mir dieses Phänomen nur zu gut bekannt. Gerade vor einem Sturm herrscht die Ruhe. Das Großsegel schlottert schlaff am Mast, das Schiff taumelt in den durch Motorboote verursachten seichten Wellen. Wenn dann aber der Föhnsturm einsetzt, ist buchstäblich in Sekunden die Hölle los.

Deutschland hat bereits zweimal die Schrecken einer Inflation durchleben müssen, nach dem Ersten und nach dem Zweiten Weltkrieg. Deshalb bemühen sich Politiker, Medien und selbst die Statistiker, von der Tatsache abzulenken, dass die Geldentwertung bereits begonnen hat. Genauso schleichend wie die Selbstermächtigung Brüssels und die Selbstentmündigung der Deutschen wird sich die Erkenntnis breitmachen, dass unsere Euros an Wert verlieren, auch wenn sie im Verhältnis zum Dollar noch stabil erscheinen.

Um das wahre Ausmaß dieses Erosionsprozesses zu verschleiern, wird behauptet, die Inflation des Euro sei geringer als früher die der D-Mark. So berichtete der *Spiegel* im November 2011, dass die »Teuerung in Deutschland seit Einführung der Gemeinschaftswährung deutlich niedriger gewesen ist als zu Zeiten der D-Mark«. Im Oktober 2012 stand in der *Wirtschaftswoche* zu lesen: »In Deutschland stiegen die Verbraucherpreise seit der Euro-Einführung im Schnitt um rund 1,6 Prozent pro Jahr. Zu D-Mark-Zeiten, in den Siebziger- und Achtzigerjahren, lag sie noch bei knapp 4 Prozent.« Und im April 2013 frohlockte die *Tagesschau*, dass die »Inflation auf den tiefsten Stand seit 2010« gesunken sei.

Eine makellose Bilanz, so scheint es, und zudem von Dauer. Tatsächlich gab es in den Siebzigerjahren zu Zeiten der Ölkrisen und dann unter Helmut Schmidt eine galoppierende Inflation, und viele werden sich noch an sein fatales Wort erinnern: »5 Prozent Inflation sind nicht so schlimm wie 5 Prozent Arbeitslosigkeit.« So sprechen Schuldenmacher.

Tatsache ist: Eine Gegenüberstellung »damals – heute« ist irrelevant, weil man den Vergleich, den man zur objektiven Beurteilung bräuchte, gar nicht ziehen kann. Die Zeiten waren einfach zu verschieden. Eigentlich müsste die Frage lauten: Wie hätte sich in Deutschland die Inflation entwickelt, wenn wir die D-Mark beibehalten hätten? Und auch: Wie wäre die Teuerungsrate in den Ländern gewesen, denen ich den Nord-Euro empfehle? Nimmt man beispielsweise Skandinavien oder die

Schweiz, die nicht zum Euro-Pakt gehören, so haben sich deren Währungen besser entwickelt als der Euro.

Auf die Tatsache, dass uns mit solchen Statistiken blauer Dunst vorgemacht wird, hat auch Professor Roland Vaubel von der Uni Mannheim hingewiesen, der ebenfalls die Alternative für Deutschland unterstützt. Vergleicht man nämlich, so demonstrierte er mir, die Inflationsentwicklung von Euroländern und europäischen Nicht-Euroländern, dann fällt das Ergebnis eindeutig zuungunsten des Euro aus.

Wie sehr der übliche Euro/D-Mark-Vergleich in die Irre führt, wird deutlich, wenn man das viel relevantere Zinsniveau heranzieht. Dem deutschen Sparer wird zwar vorgerechnet, die Inflation seiner Einlagen betrage nur knapp 2 Prozent, doch weiß er genau, dass ihm sein Festgeldkonto nur 0,4 Prozent einbringt. Das bedeutet, dass der Deutsche mit der moderaten Inflation und den minimalen Zinsen nur negative Renditen erzielt. Wer spart, dem wird sein Geld geschrumpft. 2012 nannte der *Focus* das eine »heimtückische Enteignung«.

Dahinter steckt natürlich System. Denn nicht nur die Vermögen der Sparer werden kleiner, sondern auch die Schulden der Staaten. »Wenn Deutschland, Frankreich, Italien & Co.«, so der *Focus*, »nur noch Zinsen bezahlen müssen, die unterhalb der Inflationsrate liegen, sinkt auch der reale Wert ihrer Kreditberge und sie können mit neuen Staatsanleihen billiger neue Schulden auftürmen.« Nimmt man das Geldvermögen der Bundesbürger, sind davon fast 3 Billionen Euro in zinsabhängigen Papieren angelegt. Wird der Zins nur um einen einzigen Prozentpunkt gesenkt, »entgehen den Sparern damit schon gut 30 Milliarden Euro Einnahmen pro Jahr«. So viel zu Mario Draghis hochgelobter Niedrigzins-Politik.

Obwohl wir uns bereits in einer Phase systematischer Geldvernichtung befinden, gibt die Bundesregierung vor, nichts davon zu wissen, oder vielmehr: Sie gibt es nicht einmal vor – sie schweigt darüber, damit die Deutschen nicht auf abwegige Gedanken kommen: etwa darüber, dass die Regierung nicht mehr im Interesse der eigenen Bürger handelt. Eigentlich müssten deutsche Sparer deutlich mehr Zinsen bekommen, aber sie tun es nicht, weil die Euro-Rettungspolitik eine *One-size-fits-all*-Zinspolitik voraussetzt. Die EZB kann schlecht sagen: In Deutschland nehmen wir reichlich Zinsen, in Spanien dagegen nur wenig. Im selben Moment hätten sie die alten Währungen wieder. Da sich der Euroraum in einer rezessiven Phase befindet, wüsste ich nicht, wie man aus dieser Klemme herauskommen könnte. Es sei denn, man löste den Euro, wie ich es vorschlage, in zwei unterschiedlich starke Blöcke auf.

In diesem Jahr 2013 wird die Weltwirtschaft um knapp 3 Prozent wachsen. Dagegen wird die Euro-Zone schrumpfen. Das schlägt sich unter anderem in den 19 Millionen Arbeitslosen nieder, die wiederum nicht zum Wachstum beitragen, sondern vom Minuswachstum mitfinanziert werden müssen. Nebenbei bemerkt, handelt es sich hier um den höchsten Stand der Arbeitslosigkeit, der je in der Euro-Zone registriert wurde.

Und all das soll mit dem Euro nichts zu tun haben? Wie kommt es dann, dass sich die Arbeitslosenzahlen in den europäischen Nicht-Euroländern weniger dramatisch entwickeln? Uns bleibt nichts, als festzustellen, dass die Euro-Zone in eine Rezession hineingeschlittert ist, von der jetzt auch Deutschland erfasst wird. Unsere Nachbarn, die auf den Euro verzichtet haben, bleiben dagegen verschont.

Aber unsere Politiker bringen dieses Faktum mit dem Taschenspielertrick zum Verschwinden, dass sie unser Land gern mit anderen Ländern der Euro-Zone vergleichen. Da schneiden wir natürlich blendend ab – wie der Einäugige unter den Blinden. Man verkündet zufrieden, dass die anderen Euroländer alle schrumpfen, während die deutsche Wirtschaft wieder um 0,3 oder 0,4 Prozent wächst. Doch, wie gesagt, gleichzeitig wächst die Weltwirtschaft um fast 3 Prozent. Die Vereinigten Staaten legten im ersten Quartal 2013 aufs Jahr hochgerechnet um 2,5 Prozent zu. Und doch sprach Wirtschaftsminister Philipp Rösler von der deutschen »Erfolgsgeschichte« und sah das Wirtschaftswachstum wegen der kommenden Bundestagswahl sehr optimistisch bei 0,5 Prozent. Sollte er in seiner Euphorie übersehen haben, dass das amerikanische Wachstum fünfmal so hoch liegt?

Trotz des für unsere Exportwirtschaft sehr attraktiven, weil schwachen Euro-Kurses, der sich, wie beschrieben, den Subventionen durch deutsche Sparer verdankt, beginnt auch unsere Wirtschaft zu schwächeln, was unweigerlich zu steigenden Arbeitslosenzahlen führen wird. Ich will hier nicht die Kassandra spielen, aber angesichts des Brüsseler Euro-Rettungskurses lässt sich das gar nicht vermeiden. In Abwandlung von Helmut Schmidts Satz über Arbeitslosigkeit und Inflation wage ich die Prognose: Wir werden 4 Prozent Inflation *und* 8 oder gar 10 Prozent Arbeitslosigkeit haben. Das wird zwar nicht so sehr auf unsere eigene Kappe als vielmehr auf die unserer Euro-Freunde gehen. Doch hier gilt das Prinzip »Mitgefangen, mitgehangen«.

In meinem 2009 erschienenen Buch *Die Abwracker – Wie Zocker und Politiker unsere Zukunft verspielen* habe ich eine Empfehlung abgegeben, wie man sein Erspartes am besten krisensicher anlegt. Damals schrieb ich: »Da ich beschlossen habe – zum ersten Mal in meinem Leben –, unter Aufnahme von möglichst hohen Schulden ein Zinshaus mit ein paar Wohnungen zu kaufen, informiere ich mich regelmäßig über den Immobilienmarkt. Im Fall der Inflation, mit dem ich rechne, wird der Wert des Hauses stabil bleiben, wenn nicht sogar steigen – die Schulden dagegen, die ich zur Finanzierung aufgenommen habe, werden mit jedem Inflationsprozent leichter zurückzuzahlen sein.«

Meinen damaligen Entschluss habe ich realisiert und es nicht bereut. Aber nicht deshalb habe ich das Zitat gebracht. Mir kommt es seit einiger Zeit vor, als hätten in den Großstädten alle mein Buch und meine Empfehlung gelesen. Aber Scherz beiseite – was sich im Augenblick in den deutschen Ballungszentren abspielt, macht sprachlos. Selbst in Berlin, wo seit Jahren ein gewaltiger Leerstand besteht, werden den Maklern die Wohnungen sprichwörtlich aus der Hand gerissen, oft ohne dass die Käufer sie überhaupt angesehen haben. Ähnliches höre ich aus Hamburg, Stuttgart, München.

Auf meiner Dachterrasse in Berlin-Mitte, die einen weiten Rundblick über die Stadt bietet, waren wir zu Anfang des letzten Jahrzehnts umgeben von einem Wald aus Kränen, die nachts teilweise witzig beleuchtet waren und zu Weihnachten Christbäume mit bunten Lichterketten trugen. Ab Mitte des letzten Jahrzehnts war der Wald aus Kränen plötzlich verschwunden, was übrig blieb, ließ sich an einer Hand abzählen.

Wenn ich heute, im Sommer 2013, auf meiner Terrasse sitze, bietet sich wieder der vertraute Anblick: Der Wald von Kränen ist wieder zwischen den Häusern emporgewachsen und deutet mit seinen Auslegern in alle Himmelsrichtungen. Genau wie in den frühen 2000ern wird überall gebaut, werden Büro- und Apartmenthäuser in Windeseile emporgezogen.

Und doch stelle ich beim Bummeln durch die Straßen fest, dass es in Berlin weiterhin einen riesigen Leerstand gibt. Es werden neue Bürogebäude errichtet, und zugleich stehen überall Büros leer. Es werden neue Läden hingestellt, und doch stehen massenhaft Läden leer. Und über den Straßen sehe ich leere Wohnungen, viele ganz neu, bestens ausgestattet, mit herabgelassenen Jalousien.

Die einzige Erklärung, die ich dafür finde, ist die Angst der Menschen vor Inflation. Sie kaufen Häuser, Wohnungen und Grundstücke, nicht um sie zu nutzen, sondern um ihr Erspartes in Sicherheit zu bringen, bevor es der Inflation oder einem in Brüssel beschlossenen *haircut* zum Opfer fällt. Auch wenn nicht offen darüber geredet wird, weil man damit gegen die *Political Correctness* verstößt, haben viele das Vertrauen in den Euro verloren. Was kann eine Währung auf Dauer wert sein, die ihre Besitzer schnellstmöglich loswerden wollen?

Im Frühjahr 2013 befindet sich Deutschland im Kaufrausch, hat das Verbrauchervertrauen einen neuen Fünf-Jahres-Rekord erklommen. Wenn die Politiker allerdings glauben, damit ließe sich das Vertrauen der Deutschen in den Euro belegen, dann täuschen sie sich. Das Gegenteil ist der Fall.

Nach der neuesten Umfrage zur Akzeptanz von Währungen vertrauen in der Schweiz über 90 Prozent dem Franken, in Schweden 87,1 Prozent ihrer Krone, selbst die Türken stehen zu 80,9 Prozent zur Lira. Einst haben auch die Deutschen ihrer Währung vertraut: 90 Prozent glaubten an die D-Mark. An den Euro glauben 2013 nur 38,4 Prozent.

Das legt den Schluss nahe, dass die Deutschen deshalb so viel einkaufen, weil sie nur eines wollen: rein in die Waren, raus aus dem Euro.

Man braucht sich nur zwei Fragen zu stellen und für sich selbst zu beantworten. Erstens: Wer profitiert von der Inflation? Die Antwort: immer der Schuldner. Die zweite Frage: Wer ist der größte Schuldner? Die Antwort: der Staat.

5. Europa zerbricht am Euro

Im Bewusstsein der meinungsbildenden Klasse ist das langsam erwachende Misstrauen der Deutschen gegenüber dem Euro noch nicht angekommen. Tapfer hält man an der Einheitswährung fest, und man glaubt auch das Patentrezept zu kennen. Wenn man den Euro erhalten will, so hört man, dann muss man die Unterschiede in den Volkswirtschaften der beteiligten Län-

der einebnen. Entscheidend dabei ist, dass die Produktivitätsunterschiede zwischen den nördlichen und den südlichen Ländern
verringert werden. Nur so lassen sich die Fliehkräfte, die den
Euro auseinanderzureißen drohen, dauerhaft bändigen.

Niemand weiß das besser als Angela Merkel, die 2011 voll
Stolz verkündete, dass der Fiskalpakt die Südländer dazu ver-
pflichte, ihre Wirtschaft mehr oder weniger nach dem deutschen
Modell zu organisieren. Dazu gehört vor allen Dingen die Selbstbeschränkung im Schuldenmachen: Man darf nicht mehr Geld
ausgeben, als man einnimmt. Das war die zentrale Idee, und
die ist immer noch das Feigenblatt für alle jene, die wider besseres Wissen am Euro festhalten.

Man behauptet, alles halte sich an den Pakt, und weiß doch
genau, dass er nur auf dem Papier steht. Wann immer ich einen
Vertreter des BDI, einen Unternehmensführer, Bundespoliti-
ker oder Ökonomen auf die unhaltbare Lage des Euro anspre-
che, bekomme ich die stereotype Antwort zu hören: »Ja, ja, Sie
haben ja recht, alles ist schiefgelaufen. Aber zum Glück haben
wir den Fiskalpakt.«

Welch ein Selbstbetrug! Wie bereits im Merkel-Kapitel berichtet, zeigen sämtliche jüngere Statistiken aus den Südländern, dass
die der Troika zugesicherten strengen Vorgaben, gut gemeinten
Selbstverpflichtungen und heiligen Versprechen ausnahmslos
für die Katz waren. Das Wachstum ist rückläufig, die Arbeitslosigkeit steigt, in allen Südländern lässt sich das Horrorszena-
rio der Rezession beobachten, die sich höhnisch gegen Merkels
mit rosa Schleifchen versehenen Fiskalpakt durchsetzt.

Als ich 2010 in *Rettet unser Geld!* auf den beginnenden Zwist
innerhalb der Euroländer hinwies, wurde ich von vielen Kri-
tikern zurechtgewiesen: Ich hätte wohl nicht begriffen, dass
der Euro im Gegenteil die große einigende Kraft sei, die mit
den früher herrschenden Spannungen endgültig Schluss gemacht
habe.

Leider hat sich meine düstere Voraussage seitdem bestätigt, wurden meine Befürchtungen sogar noch übertroffen. Es ist noch nicht lange her, dass Deutschland laut EU-Umfragen die beliebteste Nation Europas war, selbst in Griechenland, das periodisch von der Erinnerung an die deutsche Besetzung und dem Glauben an gewaltige Schadenersatzansprüche heimgesucht wird.

Als Angela Merkel im Oktober 2012 das Land besuchte, das von allen Euroländern am meisten Grund hätte, ihr dankbar zu sein, musste sie von 7000 Polizisten beschützt werden. Bürgerkriegsähnliche Zustände herrschten, Vermummte warfen Molotowcocktails, die Polizei antwortete mit Knüppeln, Wasserwerfern, Tränengas. Das bei linken Protesten übliche Spektakel. Aber die Demonstranten waren nicht nur Linke, sondern Vertreter aller Bevölkerungsschichten. Und mittendrin zündeten sie eine am Galgen hängende Merkel-Puppe an.

»Die Wütenden von Athen machen einige Denkfehler«, schrieb damals der Zürcher *Tages-Anzeiger*. »Nicht die deutsche Kanzlerin ist für die Misere des Mittelmeerlandes verantwortlich, sondern die Griechen selbst.« Die Griechen selbst mit ihrem Schuldenberg – mehr aber noch der Euro, der ihnen das Schuldenmachen leicht gemacht hat.

In gewisser Weise habe ich sogar Verständnis dafür, dass die Griechen auf die Barrikaden gehen, damals auf dem Syntagma-Platz, heute in Brüsseler Konferenzsälen. Denn den Schuh der Euro-Retter haben wir uns selbst angezogen. Die undankbare Rolle, in der wir uns befinden, ist die des größten potenziellen Gläubigers, der streng auf Einhaltung der Geschäftsgrundlage und auf Rückzahlung des geliehenen Geldes besteht. Wenn man den Euro retten will – und darin lassen die Nachbarn uns gern den Vortritt –, dann muss man den Schuldnern unablässig die Leviten lesen.

Fragt sich nur, ob die Anklage stimmt. Denn das Problem ist nicht nur das Akkumulieren von Euro-Schulden, sondern auch der Euro selbst, der es möglich machte. Er wurde für Länder wie Griechenland zum süßen Gift, mit dem man sich in Form von billigem Geld sämtliche Wohlfahrts- und Immobilienträume erfüllen konnte.

Natürlich haben die Griechen wie die meisten anderen Südländer eine falsche Haushaltspolitik betrieben und sozusagen von der Hand in den Mund gelebt – der Hand der kreditgebenden Banken, versteht sich. Aber erst seitdem wir mit ihnen eine Gemeinschaftswährung haben, fühlen wir uns aufgerufen, ihnen unablässig in die Wirtschaftspolitik hineinzureden. Die Ursache liegt jedoch eben nicht nur in der Schuldenpolitik, sondern auch in unserer eigenen harten Währung, die wir den Griechen zugänglich gemacht haben. Und dies führte zum Gegenteil dessen, was blauäugig angestrebt wurde. Nicht die große Völkersympathie war das Ergebnis, sondern Streit, Hader und das, was bei einem freiheitsliebenden Volk wie den Hellenen besonderen Hass auslöst: Bevormundung durch die Deutschen. Ralf Dahrendorf hat das schon vor 20 Jahren alles vorhergesehen. Ich nicht.

Erschwerend für uns kommt hinzu, dass die anderen Nordländer wie Österreich, die Niederlande und Finnland schlau genug sind, auf die Rolle des Mahners und Levitenlesers zu verzichten. Obwohl sie in derselben unangenehmen Lage wie Deutschland sind und ganz ähnliche Positionen gegenüber den Schuldenstaaten vertreten, halten sie sich mit Kritik diskret zurück – das übernimmt dankenswerterweise Frau Merkel für sie. Sie bekommt die Prügel ab, doch von dem, was sie mit ihrem rigiden Kurs erreicht, profitieren auch die Schweiger im Hintergrund.

Im Mai 2013 kamen die französischen Sozialisten auf die Idee, Merkel als »egoistisch« zu bezeichnen, wobei ich diesen Vorwurf insofern seltsam finde, als mir altruistisches Verhalten aufseiten Frankreichs nie aufgefallen ist. Das werfe ich ihnen nicht einmal vor, denn alle Euroländer wahren ihren Vorteil. Außer die Deutschen. Sie übernehmen den Löwenanteil der Schulden wie der Schmähungen. Letzteres auch, weil die Deutschen sich nun einmal als klassische Buhmänner eignen.

Die traurige Wahrheit ist, dass der Euro nicht eint, sondern spaltet. Schon seine Einführung führte zur unvermeidlichen Konsequenz, dass der stärkste Partner sich in einer Rolle wiederfindet, vor der die schwächeren sich wohlweislich hüten: Zahlmeister und Zuchtmeister in einem zu sein. Das hätte man schon zu Zeiten von Maastricht vorhersehen können, und spätestens im Mai 2010 war die Rollenverteilung ein für alle Mal geklärt: Die Deutschen sind die Bremser, denen Frankreich Beine machen muss. Gelingt es, streichen die Franzosen den Triumph ein, und die Deutschen bezahlen die Rechnung.

Während bei uns alles von Griechenland, Zypern und Italien spricht, ist längst unser französischer Nachbar zum größten Gefahrenherd geworden, sowohl für die Währungsunion als auch für Deutschland. Frankreich, so brachte es der britische *Economist* auf den Punkt, ist die Zeitbombe Europas. Seine Neuverschuldung war 2011 dreimal so hoch wie die deutsche.

Der Hauptgrund für die sinkende Wettbewerbsfähigkeit Frankreichs liegt im übergroßen öffentlichen Anteil der Wirtschaft von fast 57 Prozent. *Peu à peu* ist das zweitgrößte Land der EU zur Staatswirtschaft mutiert. Klagen wir Deutschen schon über ein Zuviel an Staatsdienern – immerhin 50 pro 1000 Einwohner –, so sind es in Frankreich mit 90 Beamten pro 1000 Bürger deutlich mehr.

Vor allem wegen der exorbitant hohen Sozialbeiträge liegen die dortigen Arbeitskosten weit über den deutschen. Der Sozialist François Hollande hat sich bei den Franzosen für seine Wahl bedankt, indem er die Mindestlöhne und zugleich die Unternehmenssteuern erhöhte. Von den Arbeitnehmern dürfen nun, statt wie bisher mit 62, 190 000 schon mit 60 Jahren aus dem Berufsleben scheiden. Dafür müssen die Deutschen bis 67 arbeiten.

Und wie will Frankreich seine Privilegien auf Dauer finanzieren? Die Antwort kennen wir: Deutschland soll sich via Bankenunion und Euro-Bonds an den Schulden seines Nachbarn beteiligen. Dieser Gedanke hat in Frankreich lange Tradition. Als Deutschland im Ersten Weltkrieg besiegt und in Versailles zu ungeheuren Reparationen verpflichtet wurde, gab es in Paris bei jeder Gelegenheit das geflügelte Wort zu hören: »L'Allemagne paiera« – »Deutschland wird zahlen.«

Sehr aufschlussreich schien mir, dass zu Zeiten der Maastricht-Verträge der Chefredakteur des *Figaro* schrieb: »Deutschland wird zahlen, das sagte man in den Zwanzigerjahren. Heute bezahlt es Maastricht, das ist der Versailler Vertrag ohne Krieg.« Übrigens zahlte Deutschland am 3. Oktober 2010 mit 200 Millionen Euro die letzte Rate aus dem Versailler Vertrag, bei dem es, daran sei erinnert, um die Niederlage des kaiserlichen Heeres 1918 gegangen war. Wie damals, so wanderte auch jetzt ein Teil des Geldes in französische Taschen. *Vive l'amitié franco-allemande.*

Auch sonst gelang es Frankreich, die eigenen Interessen gegen die seiner »besten Freunde« durchzusetzen. Von den einstigen Bedingungen, unter denen Deutschland den Maastrichter Verträgen beitrat, ist heute nur noch der Name Euro und die EZB in Frankfurt geblieben. Alles andere ist inzwischen französisch, wozu auch der widersinnige, ja empörende Abstimmungsmodus in der EZB beiträgt.

Wie erwähnt, sieht sich Deutschland einer numerischen Übermacht hungriger Geberländer gegenüber, deren Führung Frankreich übernommen hat. Unser Land wird regelmäßig überstimmt, man kann auch sagen: zum Schweigen gebracht, weil jedes der 17 Mitglieder dasselbe Stimmgewicht hat wie Deutschland. Dass Deutschland, das zahlt, nichts zu sagen hat, und die anderen, die kassieren, über die deutschen Zahlungen entscheiden, setzt dem Monsterkonstrukt Euroland die Krone auf. Ich frage mich, welcher deutsche Politiker eine solch absurde Abstimmungsregel unterschrieben hat. Man sollte ihm für seine Förderung der deutsch-französischen Freundschaft das Bundesnebenverdienstkreuz verleihen. Was man in Berlin nicht begreifen will: Gerade die *special relationship* zwischen den beiden Großen ist Hauptursache für die Nöte des Euro. Ohne französischen Druck hätte es die Gemeinschaftswährung nie gegeben. Dasselbe gilt für die Aufnahme Griechenlands in den Euro. Es war Nicolas Sarkozy, der gegen Angela Merkel den Abriss der *No-bail-out*-Brandmauer durchsetzte. Damals drohte er sogar mit dem Ende der deutsch-französischen Freundschaft und der Wiedereinführung des Franc. Ach, wäre die gute Frau Merkel ihm nur in den Arm gefallen. Um wie viel besser stünden wir heute da.

Die Erfolgsliste französischer Diplomatie im Interessenkonflikt mit den Deutschen ließe sich unendlich fortsetzen. Vor allem, weil das eigene Interesse, früher Staatsraison genannt, in Berlin zum Schimpfwort verkommen ist. So wurde, weil die Pariser Freunde es wollten, der Stabilitätskurs der EZB aufgegeben, eine europäische Wirtschaftsregierung *à la française* vorbereitet, die Idee einer Finanztransaktionssteuer übernommen. Die Durchsetzung solcher Modelle, die eigentlich deutschen Interessen völlig zuwiderlaufen, von unserer Mentalität ganz zu schweigen, fällt Paris deshalb so leicht, weil an allen Schaltstellen von IWF, EU, Euro-Gruppe und EZB ein Landsmann oder eine Landsfrau sitzt oder zumindest ein Sympathisant mit einer Schwäche für die französische Küche.

Übrigens setzt der Sozialist François Hollande genau dort an, wo sein konservativer Vorgänger Nicolas Sarkozy aufgehört hat: Die nötige Stärkung seiner Wirtschaft kann Frankreich nicht aus eigener Kraft leisten. Um den Euro zu stärken, will er

Deutschlands Wirtschaft schwächen. Wir sollen, so meint Hollande, unsere Arbeitskosten erhöhen und möglichst auch weniger exportieren. Gern füllt die französische Industrie die entstandenen Lücken.

François Hollande pfeift auch auf den Fiskalpakt, den Sarkozy unterschrieben hat und den unsere Regierung als Allheilmittel gegen weiteres Schuldenmachen in Europa lobt. Womit er nur das realisiert, was sein Vorgänger schon eingepreist hatte: dass die französische Unterschrift unter den von Deutschland zur Beruhigung seiner Bürger gewünschten Pakt nicht das Papier wert ist, auf dem sie steht.

Wie zum Beweis verkündete Hollandes Finanzminister Pierre Moscovici im Mai 2013, während sein Gastgeber Wolfgang Schäuble neben ihm saß, dass Deutschland einem »Kurswechsel« zugestimmt habe. Statt der verabredeten Sparpolitik und Schuldenbremse werde für die *Grande Nation* »die Notwendigkeit von Wachstum stärker berücksichtigt«. Zudem brauche man für die von Deutschland geforderte und von Sarkozy genehmigte Reduzierung der Staatsdefizite mehr Zeit – EU-Währungskommissar Olli Rehn habe Frankreich schon zwei Jahre zugestanden. Und der deutsche Finanzminister, hat er lautstark protestiert? »Schäuble«, so die *Zeit*, »stimmte den Aussagen seines französischen Amtskollegen im Grundsatz zu.«

Um Missverständnissen vorzubeugen: Ich habe 12 Jahre in Frankreich gelebt, genieße seit 30 Jahren im Urlaub mein normannisches Manoir aus dem 16. Jahrhundert und habe in Paris viele Freunde, die ich teilweise seit Jahrzehnten kenne. Obwohl ich Frankreich und sein *Savoir-vivre* bewundere, gefällt mir nicht, wie diese beneidenswerte Lebenskunst mit deutschem Steuergeld erhalten werden soll. Es erscheint paradox, aber meine zahlreichen französischen Freunde stimmen mir in dieser Diagnose zu – und auch meiner Einschätzung des Euro. Im Gegensatz zu Deutschland ist in Frankreich eine Diskussion über

Alternativen zum Einheitsgeld durchaus möglich, ohne dass deshalb die Freundschaft aufhörte.

Welch eine Paradoxie, dass deutsche Kanzler wie Helmut Kohl und Angela Merkel jedes Opfer bringen, um von Frankreich und den südlichen Euro-Partnern geliebt zu werden – und doch entweder schlauen, unter Liebenswürdigkeit versteckten Eigennutz ernten oder Misstrauen, Ablehnung, selbst Hass. Auch wenn Angela Merkel und die deutsche Presse das ignorieren, wird die Situation für Deutschland langsam unerträglich. Bei Besuchen in den Mittelmeerländern erlebe ich, wie die Vorurteile gegen die »arroganten und besserwisserischen« Deutschen sich verstärken, während die Einstellung gegenüber den anderen Nordländern unverändert positiv bleibt. Ungeachtet der Tatsache, dass sie weit mehr als die Deutschen ihren Vorteil suchen.

Ein typisches Beispiel, wie sich ein Nordland verhält, um weder finanzielle Risiken tragen noch die üblichen Wutausbrüche der Südländer erleben zu müssen, bot die finnische Regierung. Bei den letzten zwei Rettungspaketen für Griechenland und Spanien bestand Finanzministerin Jutta Urpilainen auf einer Sonderregelung: Um ihre Bürger gegen jedes Risiko abzusichern, ließ sie sich für ihre Kredite Sicherheiten in Form von Pfändern überschreiben. Athen und Madrid mussten Pfänder – man vermutet Devisen, Gold und Wertpapiere – hinterlegen, damit die Finnen im Gegenzug den Rettungspaketen zustimmten. Aufschlussreich, dass beide Südländer solch demütigendes Verhalten hingenommen haben, ohne zu klagen oder, wie bei Angela Merkel, auf die Barrikaden zu gehen. Und dabei hat Deutschland niemals Pfänder verlangt. Kein Wunder, denn das hätte sämtliche Rettungspakete ad absurdum geführt.

Im Mai 2013 stellte sich heraus, dass Athen versucht hatte, den Deal mit Finnland nicht bekannt werden zu lassen. »Griechenland«, so Jutta Urpilainen, »wollte das geheim halten.«

Doch das oberste Verwaltungsgericht der Finnen hat anders entschieden. Die Regierung wurde gezwungen, die Bedingungen des Abkommens von 2012 publik zu machen, wodurch bekannt wurde, dass beide Länder drei Bankkonten eröffnet hatten, auf welche von Griechenland die Sicherheiten in Form von Geld und Wertpapieren eingezahlt wurden.

»Denk ich an Deutschland in der Nacht«, klagte der Dichter Heinrich Heine, »dann bin ich um den Schlaf gebracht.« Ähnlich geht es mir, wenn ich mir vorstelle, dass das Risiko, das die finnische Regierung ihren Steuerzahlern, Sparern, Rentnern erspart hat, von Wolfgang Schäuble den deutschen Steuerzahlern, Sparern, Rentnern »aufs Auge gedrückt« wird. Ohne dass diese sich dagegen wehren können. Ja, sie wollen es nicht einmal, denn man hat sie blind gemacht für die Ungerechtigkeit, die Euroland uns zumutet.

Seit Monaten verfolge ich eine Diskussion in der finnischen Politik, über die nicht von der deutsch-, wohl aber von der englischsprachigen Presse berichtet wird: Euro oder Nicht-Euro? Es gibt bereits eine eigene Anti-EU-Partei, die sich die »Wahren Finnen« nennt und in Umfragen knapp 20 Prozent erreicht – sie ist die Alternative für Finnland, auch wenn sie, im Unterschied zur deutschen Variante, nationalistische Töne anschlägt. Durch ihren Erfolg sehen sich die Euro-Befürworter in die Defensive gedrängt.

Immer mehr finnische Politiker verlieren die Geduld mit der Einheitswährung, und selbst der Ministerpräsident kündigt an: Wenn es uns zu bunt wird, steigen wir aus. Nun ist es ihnen noch nicht zu bunt geworden, weil sie Zugriff auf die bilateralen Pfänder bekommen haben, die zulasten Deutschlands gehen. Die Bundesregierung wiederum sieht dies nicht mit Zorn, sondern, im Gegenteil, mit heimlichem Wohlwollen. Denn ein Ausstieg Finnlands würde für die Deutschen weit gravierendere Folgen nach sich ziehen. Ganz abgesehen von den höheren Kosten, die wir dann bei den Rettungsmaßnahmen zu übernehmen hätten, würden sich auch unsere Bürger fragen: Warum können wir das nicht?

Natürlich wäre die Debatte in Finnland schnell beendet, wenn ein Nord-Euro eingeführt würde, wie ich ihn fordere. So wenig populär diese Idee noch in Deutschland ist, finde ich doch immer mehr internationale Unterstützung. Die seltsame Nibelungentreue, mit der die Deutschen dem Euro anhängen, ist in einigen Euroländern und vor allem in den Nicht-Euroländern längst tiefer Skepsis gewichen. Und allen stellt sich die Frage: Wie soll das weitergehen? Wie viele Löcher sind noch zu stopfen? Wie viele überschuldete Länder, die laut Schäuble »nicht systemrelevant« sind, zerstören das Währungssystem und den Wirtschaftsraum gleich mit?

Im Frühjahr 2012 meldete sich das tschechische Präsidialamt in meinem Büro: Das Staatsoberhaupt, Václav Klaus, wolle mich gerne sehen. Mit meiner Frau fuhr ich im Zug von Berlin nach Prag. Vor der Ehrenwache auf dem Hradschin holte mich der Büroleiter ab, führte mich durch uralte Gänge, holzgetäfelte historische Räume und mehrere Sicherheitsschleusen, bis ich vom Assistenten des Präsidenten in einen Sitzungssaal gebeten wurde. Aus den Fenstern bot sich ein herrlicher Blick über das »goldene Prag« und die im Sonnenlicht funkelnde Moldau.

Ganz besonders wies mich der Assistent auf ein Fenster im Seitenflügel des Alten Königspalastes hin, und ich fragte, was es damit auf sich habe. »Aus diesem Fenster«, erklärte er, »haben meine Landsleute 1618 die königlichen Statthalter samt Sekretär gestürzt, wodurch der Dreißigjährige Krieg ausgelöst wurde.« Ich dachte an dieses epochale Ereignis, und dabei fiel mir die Parallele zur Gegenwart auf: Das kleine Volk der böhmischen Protestanten hatte sich damals gegen die Zentralmacht der katholischen Habsburger erhoben, die von Wien aus über ihre Köpfe hinweg entschied. Die Böhmen aber wollten ihr Geschick in die eigenen Hände nehmen, und das ging eben nicht ohne Gewalt ab.

Es war nicht das erste Mal, dass ich Václav Klaus traf. 1996, als er noch Ministerpräsident, war, hatte ihn Helmut Kohl zur Eröffnung der neuen Leipziger Messe eingeladen, und ich saß neben ihm. Die Rede, die Klaus damals hielt, habe ich nie vergessen: Auf eine ruhige, leise, aber unglaublich deutliche Weise übte er Kritik am deutschen Kanzler. Der gelernte Wirtschaftswissenschaftler Klaus sah sich als Vertreter einer Marktwirtschaft im Sinne Ludwig Erhards, und da die CDU damals die »neue ökologische« Marktwirtschaft proklamiert hatte, bat er um eine »Marktwirtschaft ohne Adjektive«, in der Leistung zählt und nicht Ideologie.

Zwar störte mich sein Festhalten an den unsäglichen Beneš-Dekreten zur Entrechtung und Vertreibung der Deutschen – aber als Ökonom gefiel er mir sehr. Noch nie habe ich einen Regierungs- oder Staatschef getroffen, der so viel von Wirtschaft versteht wie er. Bei den Prinzipien der Erhard'schen Ökonomie ist Václav Klaus nie Kompromisse eingegangen. Bis heute profitiert die tschechische Gesellschaft davon, dass er die Einführung des Euro in Tschechien verhindert hat. Nicht einmal dem Fiskalpakt, der, mit Ausnahme der Briten, für alle EU-Länder gelten soll, hat er zugestimmt.

Nach ein paar Minuten, die ich mit dem Ausblick auf Prag verbrachte, saß ich mit Václav Klaus an einem Tischchen, Tee wurde auf schönem böhmischen Porzellan gereicht. Wir waren uns einig, dass in den Euroländern immer weniger Marktwirtschaft, dafür immer mehr Staats- und Planwirtschaft betrieben wird. Über der sich wiederum, als Zentralgewalt, die Brüsseler Planungsbehörde erhebt.

Hauptgrund und zugleich Symbol für diese Verschiebung ist für Václav Klaus der Euro. Er hatte *Rettet unser Geld!* gelesen und war sehr interessiert an meinen Thesen, deshalb hatte er mich eingeladen. Was ihn besonders interessierte, war mein Vorschlag eines Nord-Euro. Während ich meine Gedanken dazu erläuterte, sah ich an seiner Mimik, dass ich bei ihm offene Türen einrannte. »Wissen Sie, Herr Henkel«, sagte er, »wenn Sie diesen Euro einführten, wären wir wohl mit dabei.«

Das fand ich umso bemerkenswerter, als Václav Klaus von Anfang an entschiedener Gegner der Gemeinschaftswährung gewesen war. Im Gegensatz zu den anderen EU-Staatschefs hatte er nämlich erkannt, dass der Euro einen großen Umverteilungsmechanismus auslösen würde. Vielleicht hatten die anderen Staatschefs das auch begriffen, aber verschwiegen es, weil sie sich davon einen Vorteil erhofften. Dieses Spiel, in dem die Deutschen die *big players* zu sein glauben, in Wahrheit aber die *big payers* sind, wollte Václav Klaus nicht mitspielen. Sein Volk übrigens auch nicht. In Tschechien, so sagte er mir, gebe es keine einzige Partei, die heute den Euro noch einführen möchte. Bei einer Umfrage im April 2013 votierten 77 Prozent gegen den Euro-Beitritt, zu einem klaren Ja zur Einheitswährung bekannten sich nur 4 Prozent.

»Mit einem Nord-Euro«, so sagte er, »wäre das vermutlich anders. Was Sie da vorhaben, kann man nämlich machen.« Und er stimmte meiner Einschätzung zu: Wenn man 17 Währungen durch eine ersetzen konnte, sollte es nicht allzu schwerfallen, eine Währung durch zwei zu ersetzen.

Als Beispiel, wie einfach eine solche Währungsteilung durchzuführen sei, nannte er mir das Auseinandergehen der Tschechoslowakei am 1. Januar 1993, als Tschechen und Slowaken zwei unabhängige Staaten bildeten. Er selbst als Ministerpräsident hatte diese Trennung betrieben, weil ihm ein Fortbestand des »Zentralstaats« ineffizient erschien. Damals musste eine Teilung der Währungen organisiert werden, und dies, so Klaus, ging so glatt über die Bühne, dass sich heute kaum ein Tscheche mehr daran erinnert, wann die tschechische von der slowakischen Krone getrennt wurde. »Ich sage Ihnen das deshalb«, fügte er hinzu, »weil es zeigt, wie einfach und unproblematisch sich derlei auch auf europäischer Ebene durchführen ließe.«

Konkret sei das so abgelaufen: Am Freitagabend, den 5. Februar 1993, wurde die Bevölkerung informiert, dass die Aufteilung der Krone unmittelbar bevorstehe. »Den Montag erklärten wir zu einem Bankfeiertag, und am Dienstag war die tschechoslowakische Krone Geschichte.« Als Folge war die tschechische Krone mehr wert als die slowakische, was für die Tschechen, die wegen ihrer Inflation besorgt waren, den großen Vorteil brachte, dass diese Sorgen mit einem Schlag vergessen waren. Aber auch die Slowaken, deren Wirtschaft stagnierte, profitierten von der Trennung: Durch ihre billigere Währung wurden sie wettbewerbsfähiger, konnten ihre Exporte steigern, und das schlug sich in unerwartetem Wirtschaftswachstum nieder.

Genau dies würde geschehen, wenn die Euroländer ihre Währung aufteilten – die Nordländer hätten weniger Inflation, die Südländer mehr Wettbewerbsfähigkeit. Natürlich gebe ich zu, dass es bei den 17 Euroländern nicht ganz so einfach wäre, die alten Währungen gleichzeitig wieder einzuführen. Auch kann Deutschland nicht, wie die Finnen es von Zeit zu Zeit erwägen, alleine aus dem Euro austreten. Kurz vor dem Austritt der Bundesrepublik würde aus den anderen Euroländern massenhaft Geld nach Deutschland eingeführt, weil es hier schon am nächsten Tag erheblich an Wert gewinnen würde.

Ein solch einsamer Ausstieg lässt sich in einem Land mit neun Grenzen kaum organisieren. Dagegen würde den Finnen das, was Tschechien vorexerziert hat, ebenso leichtfallen. Und sie könnten es, vielleicht schon beim nächsten Rettungspaket, über Nacht durchführen. An einem Freitagabend würde man den Schritt ankündigen, am Wochenende könnte man die alten Euro-Scheine mit einem finnischen Stempel versehen, am Montag wäre Bankfeiertag und am Dienstag hätte man wieder die gute alte Finnmark.

Eigentlich hätte die Bundesregierung das Sonderabkommen der Finnen mit Griechenland und Spanien nicht akzeptieren dürfen. Sie tat es aus Angst vor einem Austritt Finnlands. Ja, sie würde noch weit mehr zugestehen, um ihn zu verhindern. Man stelle sich vor, er fände trotzdem statt, drei Tage vor der Bundestagswahl. Was wäre bei uns los? Wie üblich würde die Bundesregierung ihre »Gelassenheit« zum Ausdruck bringen, würde darauf hinweisen, dass die anderen skandinavischen Länder ja auch nicht im Euro seien. *Business as usual* also. Mit dem einzigen Unterschied, dass die Alternative für Deutschland dann auf 20 Prozent käme.

Übrigens führt der Euro nicht nur zu einer Entfremdung von Geber- und Nehmerländern, sondern auch zu einer Vertiefung des Grabens zwischen Euro- und Nicht-Euroländern. Beispiel Ungarn: 2012 besuchte ich Budapest auf Einladung der dortigen Handelskammer. Ich nahm die Gelegenheit wahr, auf dem neuen Soldatenfriedhof die Grabplatte meines Vaters zu besuchen, der 1945 dort gefallen ist. Ich nahm meine Enkelin Marlene mit, die an der Semmelweis-Universität in Budapest Medizin studiert, weil sie in Deutschland den *Numerus clausus* knapp verfehlt hat. An dieser Universität wird Medizinstudenten übrigens ein eigener Studiengang in deutscher Sprache angeboten.

Nach meinem Vortrag in Budapest fand ich Gelegenheit, mit dortigen Geschäftsleuten und Akademikern zu sprechen. Obwohl es ihnen bei Weitem nicht so gut geht wie uns oder selbst den Tschechen, wollen die Ungarn nicht mehr in den Euro. Was vor Jahren noch heiß ersehntes Ziel war, ist jetzt bei Politikern und Bevölkerung ad acta gelegt.

Beispiel Schweden: Noch deutlicher zeigt sich, wie bereits angesprochen, die Situation in dem skandinavischen EU-Land.

Da die Bevölkerung den Euro zu über 90 Prozent ablehnt, haben sich auch die Politiker dem Trend angepasst. 1995, als die Situation noch rosig aussah, war das Land den Maastrichter Verträgen beigetreten. Damit wäre eigentlich der Eintritt in den Euroraum zwingend, sobald die Konvergenzkriterien erfüllt sind.

Doch mit diesem automatischen Beitritt haben sich auch schon viele andere Länder schwergetan. Dem Lissabon-Vertrag von 2007, durch den Maastricht erweitert wurde, haben die Nicht-Euroländer Großbritannien und Dänemark zwar zugestimmt. Sie wollen den Euro aber erst einführen, wenn ihre Bevölkerung dies verlangt – eine Klausel, die den Deutschen nie angeboten wurde.

Um ihr Volk nicht vor den Kopf zu stoßen, bleibt der schwedischen Regierung nur eine Möglichkeit, um dem vertraglich festgelegten Zwangsbeitritt zum Euro zu entgehen: Sie dürfen die Beitrittskriterien nicht erfüllen. Seit Längerem vermute ich, dass sie genau das versuchen. Eigentlich sollte EU-Kommissionspräsident Manuel Barroso einmal die Woche bei dem schwedischen Ministerpräsidenten Fredrik Reinfeldt anrufen: »Ihr müsst jetzt rein!« Doch er weiß: Die Schweden denken nicht daran. Wie die Griechen und andere mit den Zahlen getrickst haben, um in den Euro hineinzukommen, tricksen die Schweden, um draußen bleiben zu dürfen. Offensichtlich ist die Gemeinschaft der Europäer zu einer Gemeinschaft der Trickser verkommen.

Auch zu einer Gemeinschaft der Separatisten: Die Tendenz zur Dezentralisierung zeigte sich im Mai 2013 bei der Wahl der Katalonen. Sie stimmten gegen Spanien und für mehr Eigenständigkeit. Auch die Schotten werden demnächst per Referendum bekunden, dass sie »raus aus dem Vereinigten Königreich« wollen. Entsprechend wollen die Korsen »los von Frankreich«, und in Belgien sprechen sich immer mehr Flamen und Wallonen für eine Teilung des Landes aus. Keiner von ihnen will Europa verlassen, aber alle wollen ihr zentralistisches Staatssystem loswerden, das ihnen ihre Identität nimmt.

Wenn Regionen ihre Unabhängigkeit von einer Zentralmacht erklären, können Staaten das natürlich auch. Seit Neuestem muss mit einem möglichen EU-Austritt der Briten gerechnet werden. Die Folgen wären gravierend. Europa verlöre einen wichtigen Nettozahler, Deutschland einen Mitstreiter für Marktwirtschaft, Eigenverantwortung und Wettbewerb – wenn das überhaupt noch deutsche Kriterien sind.

Sind sich unsere fanatischen Euromantiker eigentlich bewusst, dass sich der Euro immer mehr zum Spaltpilz Europas entwickelt? Dass er den Graben zwischen dem Kontinent und der Insel, zwischen Euro- und Nicht-Euroländern vertieft? Und warum verknüpfen wir unser Schicksal auf Gedeih und Verderb mit unseren ausgabefreudigen, staatsgläubigen und zum Sozialismus neigenden Nachbarn, wenn wir uns ebenso gut mit den Briten liieren könnten, die uns mentalitätsmäßig viel näherstehen?

Die Rede von Premier David Cameron im Januar 2013 ließ keinen Zweifel daran, dass er das Europa, wie es den Euro-Rettern vorschwebt, satthat. Die deutsche Reaktion wiederum war vorauszusehen. Camerons Ankündigung, seine Bürger über den Verbleib in Europa entscheiden zu lassen, wird ihm als Naivität und Engstirnigkeit, wenn nicht Dummheit ausgelegt. Und Guido Westerwelle wie der EU-Parlamentspräsident Martin Schulz antworteten mit dem ebenso trotzigen wie einfallslosen »Mehr Europa!«.

Im Frühjahr 2013 traf ich mich mit dem ehemaligen Außenminister des Vereinigten Königreichs, Lord David Owen, der gerade ein Buch über die Eurokrise veröffentlicht hatte. Beim Tee in Berlin fragte ich ihn natürlich, wie er sich die steigende Abneigung der Engländer gegen die EU erkläre. Was die Briten störe, ja geradezu abschrecke, sagte er, seien die politischen Entscheidungen, die im Zusammenhang mit der Krise des Euro getroffen würden. Auch deshalb befürworte Cameron ein Referendum, das über die Einstellung seiner Landsleute zu Europa, EU und Euro endgültig Aufschluss geben soll.

Über die wahren Ursachen der wachsenden britischen Europamüdigkeit wird in unseren Medien eisern geschwiegen. Andernfalls könnte man, Gott bewahre, ähnliche Anwandlungen in der deutschen Bevölkerung auslösen, vielleicht gar die Forderung, ebenfalls über das eigene Schicksal abstimmen zu dürfen. Es wird so getan, als sei das wieder einmal eine typisch britische Marotte. Dabei hatte man bis zum Ausbruch der Eurokrise auch auf der Insel eine steigende Zustimmung zur EU feststellen können; nicht zum Euro wohlgemerkt.

Auch mit den Folgen eines möglichen Austritts der Insel mag sich keiner auseinandersetzen. Ohne die Briten stünden wir fast allein gegen die von Frankreich geführte Übermacht der Südländer. Es blieb dem britischen Deutschlandkenner David Marsh vorbehalten, den Deutschen im *Handelsblatt* mitzuteilen, dass inzwischen nicht länger Frankreich, sondern Großbritannien unser größter Handelspartner ist. Die Insel ist zweitgrößter Nettozahler der EU – man kann sich ausrechnen, wer bei ihrem Ausscheiden diesen Beitrag übernehmen würde.

Neben den Engländern haben auch andere Bürger Europas keine Lust mehr, sich eines Tages in einem großen Zentralstaat wiederzufinden, in dem sie nichts mehr zu sagen haben. »Die Eurokrise«, so *Spiegel Online* Mitte Mai 2013, »zerstört die Unterstützung der Bürger für eine engere Europäische Union nachhaltig.« Zum Beleg wurde eine neue Studie des renommierten amerikanischen Pew Research Centers zitiert, die aufgrund demoskopischer Umfragen feststellte: Binnen eines einzigen Jahres ist die Zustimmung der Europäer zum großen Einigungsprojekt von 60 Prozent auf 45 Prozent gesunken. Mehr als die

Hälfte der Europäer will also raus. Hat man aber jemals bei uns gelesen, woran das liegen könnte? Längst hätte man rufen müssen: »Haltet den Dieb!« Der Name des Diebes, der vielen Europäern ihre Begeisterung für das gemeinsame Projekt gestohlen hat, ist bekannt. Er hört auf den Namen »Euro«.

Was die Europäer wollen, ist kein »Übervater« Europa, der von Brüssel aus über alles und jeden entscheidet, sondern ein Europa der Vaterländer. Denn was sich im Wirtschaftsleben bewährt hat, gilt ebenso für die Völker: Je kleiner die Regionen sind, die über sich selbst bestimmen dürfen, dafür aber auch Verantwortung für sich selbst übernehmen, umso erfolgreicher können Staatengemeinschaften wie die EU funktionieren.

Föderalismus und Subsidiarität sind das Gebot der Stunde, dazu Abbau der Brüsseler Machtanmaßung und schließlich Ausstieg aus dem Einheits-Euro. Ob unsere Politiker das begreifen, bezweifle ich. Vielleicht hilft ihnen die Alternative für Deutschland auf die Sprünge.

KAPITEL SIEBEN

Was jetzt geschehen muss

1. Das Manifest der europäischen Solidarität

Anfang Juni 2013 verglich die *New York Times* Europa mit einem Gefängnis, in dem arbeitslose Südeuropäer gefangen gehalten würden. Die Gefängniswärter seien die Deutschen, die Gitterstäbe der Euro.

Trotzdem, in einem Punkt sind sich die Euroländer heute leider einig: Der Euro muss gerettet werden, koste es, was es wolle. Auch die Deutschen haben sich längst in das Lager der Euro-Retter hinüberziehen lassen. Unmerklich hat sich ihre Argumentationslage in den letzten Jahren verschoben. Bei uns wird nicht mehr darüber diskutiert, ob man den überschuldeten Südländern helfen will, sondern inwieweit dies ein Gebot der Gerechtigkeit ist. Was eine volkswirtschaftliche Option war, verwandelt sich in ein ethisches Muss.

Dies geht auch auf Wolfgang Schäubles geschickte Salamitaktik zurück, mit der er in den Deutschen die Bereitschaft zu einem Handeln weckt, das im Privatleben nach wie vor undenkbar wäre: die Schulden der Nachbarn zu übernehmen. Was noch vor ein paar Jahren als absolutes Tabu galt, nämlich Steuergelder für schlecht wirtschaftende Staaten auszugeben, erscheint jetzt wie eine Selbstverständlichkeit – und dies obwohl deren Privathaushalte im Durchschnitt über mehr Vermögen verfügen als die deutschen.

Da stellt sich natürlich die Frage, warum dies so ist. Deutschland, ein Wirtschaftsriese, europäischer Rekordhalter in allen Sparten, Fast-Exportweltmeister – und die Bürger sollten dies nicht in ihren Geldbeuteln spüren?

Ein erster Grund für dieses Ungleichgewicht liegt in der Besteuerung dieser Länder. Selbst wenn diese nicht erheblich geringer ist als bei uns, gibt es doch keine Finanzämter wie bei uns, die hinter den Euros her sind wie der Teufel hinter der armen Seele. Ein zweiter Grund ist die berühmte »Schattenwirtschaft«, die in den Südländern grassiert. Sie erweist sich nicht nur als Schaden für die betreffende Gesellschaft, sondern als ihr sie heimlich stabilisierender Faktor. Denn die Wirtschaftsleistung, die etwa Spanien oder Griechenland offiziell anmelden, entspricht bei Weitem nicht derjenigen, die tatsächlich »schwarz« erarbeitet wird. In Italien etwa soll der Anteil unversteuerter Arbeit 20 Prozent ausmachen.

Auf diese Weise werden »arme« Länder reich, ohne dass es in einer Statistik erscheint. Und auch in den Statistiken der Geberländer bleibt es unerwähnt. Entsprechend bieten die »reichen« Länder ihre Hilfsleistungen an, obwohl sie das transferierte Geld möglicherweise nötiger haben als die Empfänger. Wird dieses Spiel über Jahrzehnte ungestört betrieben, sammelt sich tatsächlich erhebliches Vermögen in den Privathaushalten an, dessen Herkunft von niemandem ernsthaft hinterfragt wird. Dazu kommt, dass die deutschen Familienvermögen im letzten Jahrhundert zweimal inflationär vernichtet wurden, was die meisten zwang, jeweils wieder am Nullpunkt anzufangen.

Man darf auch nicht vergessen, dass die nördlichen Länder eine andere Einstellung zur Arbeit und zum Steuerzahlen haben. Es war der große Soziologe Max Weber, der das Standardwerk *Die protestantische Ethik und der Geist des Kapitalismus* geschrieben hat, in dem er beide gewissermaßen gleichsetzte – wobei er diesen lutherisch-calvinistisch fundierten Kapitalismus als etwas durchaus Positives betrachtete. Für ihn bildeten Fleiß,

Zuverlässigkeit, Ehrlichkeit und Gerechtigkeitsempfinden das eigentliche Fundament der modernen Marktwirtschaft.

Bis heute kann man in puncto Fleiß und Steuerehrlichkeit die protestantisch geprägten Nordländer deutlich vom katholischen Süden unterscheiden. Auch deshalb fordere ich eine Aufteilung des Euro in zwei Zonen, die sich fast mit denen der jeweiligen Religionstradition decken. Welcher Unsinn zu glauben, man könne die Kulturen einer bestimmten Währung anpassen, wo der umgekehrte Weg nötig wäre, nämlich die Währung den Kulturen anzupassen. Ohne Zweifel hat sich im Mittelmeerraum eine ganz andere Kultur als im Norden gebildet, der es unter anderem leichter fällt, das Leben zu genießen, was mir sehr sympathisch ist. Wobei ich betone, dass ich mich beiden Bereichen zugehörig fühle. Zwar bin ich katholisch erzogen worden, lege aber auf Webers »protestantische Ethik« großen Wert, die für alle Konfessionen gültig sein sollte.

Parallel zu meinen Bemühungen, eine Partei zu finden, die sich für eine neue Euro-Politik starkmacht, habe ich auch Verbündete gesucht. Das heißt, lange musste ich nicht suchen, denn ich hatte das Glück, dass sie auf mich zukamen. In meinem Posteingang tauchte 2012 eine E-Mail von Stefan Kawalec auf. Als ehemaliger Vize-Finanzminister Polens war er dort nach der Wende entscheidend an der Einführung eines marktwirtschaftlichen Systems beteiligt. Er gilt dort als Gehirn und Motor der durch den damaligen Vize-Premier und Finanzminister Leszek Balcerowicz eingeführten Reformen. Das, was Ludwig Erhard nach dem Zweiten Weltkrieg in der Bundesrepublik erreichte, führten Balcerowicz und Kawalec in Polen ein. Auch Kawalec hatte mein Buch *Rettet unser Geld!* gelesen und interessierte sich seitdem für den Nord-Euro.

Ende 2012 trafen wir uns mit seinem Mitarbeiter Kamil Kaminski zum Essen im Berliner China Club, und wir sprachen den ganzen Abend über diese Idee. Seinerseits brachte er dabei eine andere Idee ins Spiel, die mich faszinierte. »Ihren Nord-Euro«, so sagte Kawalec, »begründen Sie mit dem Interesse der Steuerzahler im Norden. Warum begründen Sie ihn nicht lieber mit dem Interesse des Südens? Nicht nur aus taktischen Gründen, sondern weil es tatsächlich dem Süden nützt, die starken Länder aus dem Euro zu entlassen.«

Ein gewaltsamer »Rausschmiss« auch nur eines Landes, den ich auch nie gewollt hatte, käme ohnehin nicht infrage, weil sofort ein *bank-run* einsetzen würde, bei dem die Bürger ihre Euros schnellstens außer Landes bringen würden. Derlei Probleme ließen sich vermeiden, stimmten Kawalec und ich überein, wenn Deutschland und andere Länder ihrerseits austräten – was dem Süden die Chance auf neue Wettbewerbsfähigkeit und auf Wirtschaftswachstum eröffnen würde. Das Motto, unter dem dieses freiwillige Ausscheiden erfolgen würde, wäre »Solidarität mit dem Süden«.

Das Ergebnis unseres Brainstormings fasste Kawalec in Form eines Manifests zusammen, das den englischen Titel *European Solidarity Manifesto* trug. Kaum wurde es publik, meldeten sich zahlreiche Mitstreiter, die alle unser Manifest unterzeichnen wollten, darunter Brigitte Granville, eine französische Wirtschaftsprofessorin, die in London lehrt und, was man bei ihren Landsleuten nicht häufig erlebt, die wirtschaftliche Schwäche ihrer Heimat gnadenlos offenlegt. Andere Unterzeichner waren der italienische Wirtschaftswissenschaftler Claudio Borghi Aquilini, der frühere Chefvolkswirt der European Investment Bank Alfred Steinherr, heute Professor in Bozen, und Jean-Pierre Vesperini, Wirtschaftsprofessor an den Universitäten Rouen und Paris. Auffällig ist, dass die Unterstützer unseres Manifests überwiegend aus dem »Süden« kommen und sich ausnahmslos zu Europa bekennen. Kann es einen überzeugenderen Beweis dafür geben, dass eine Anti-Euro-Bewegung zugleich eine zutiefst europäische sein kann?

Zusammen mit diesen und weiteren Top-Wirtschaftsleuten saß ich im Januar 2013 auf einem Podium in Brüssel. In der Veranstaltung »Alternative Lösungen für die Krise der Euro-Zone«, die der niederländische Abgeordnete im Europaparlament Derk-Jan Eppink organisiert hatte, stellten wir unser Manifest der Öffentlichkeit vor. Im Juni 2013 wiederholten wir diese Veranstaltung in Paris – weitere Termine sind in Rom und Berlin geplant.

Da das Manifest bislang nur auf Englisch existiert, hier die Übersetzung.

Europäische Solidarität angesichts der Krise in der Euro-Zone

Die Krise der Euro-Zone untergräbt den Bestand der EU und des Binnenmarktes.

Die Gründung der Europäischen Gemeinschaft und des europäischen Binnenmarktes gehören zu den bedeutendsten politischen und ökonomischen Errungenschaften im Nachkriegs-Europa. Der bemerkenswerte Erfolg der europäischen Integration war Ergebnis eines Kooperationsmodells, das allen Mitgliedsstaaten nützte, ohne dabei einem einzigen zu schaden.

Der Euro wurde als weiterer wichtiger Schritt auf dem Weg zu größerem Wohlstand in Europa angesehen. Stattdessen stellt die Euro-Zone in ihrer derzeitigen Form eine ernste Bedrohung des Projekts der europäischen Integration dar.

Die südlichen Länder der Euro-Zone sitzen in der Rezessionsfalle und können ihre Wettbewerbsfähigkeit nicht mehr durch Abwertung ihrer Währung herstellen. Auf der anderen Seite werden die nördlichen Länder gedrängt, ihre Werte klugen politischen Handelns zu kompromittieren, und dienen dem Süden als Selbstbedienungstöpfe für nicht endende Bail-outs. Durch diese Praxis riskiert man den Ausbruch sozialer Unruhen in Südeuropa und untergräbt im nördlichen Europa in erheblichem Maße die öffentliche Zustimmung zur europäischen Integration. Statt Europa zu stärken, verursacht der Euro Spaltungen und Spannungen, die die Grundlagen der EU und des Binnenmarktes unterminieren.

Eine Strategie unter dem Vorzeichen der europäischen Solidarität

Die größte Chance, die Europäische Union als wertvollstes Ergebnis europäischen Zusammenwachsens zu retten, liegt unserer Ansicht nach in einer kontrollierten Aufteilung der Euro-Zone. Dies wird auf dem Weg eines gemeinsamen Austritts der wettbewerbsfähigsten Länder erreicht. Der Euro kann weiterhin – zumindest für einige Zeit – die gemeinsame Währung der weniger wettbewerbsfähigen Länder bleiben. Letztendlich würde diese Entwicklung eine Rückkehr zu den nationalen Währungen bedeuten beziehungsweise zu unterschiedlichen Währungen, welche die verschiedenen Gruppen kompatibler Länder gemeinsam einführen könnten.

Diese Lösung wäre ein Ausdruck europäischer Solidarität. Ein schwächerer Euro würde die Wettbewerbsfähigkeit der südlichen Länder verbessern und ihnen helfen, die Rezession zugunsten wirtschaftlichen Wachstums zu überwinden. Zudem würde sich in Südeuropa das Risiko eines bank-runs und eines Zusammenbruchs des Bankensystems verringern. Diese Folgen würden eintreten, wenn die Südländer zum Austritt aus der Euro-Zone gezwungen würden oder diesen unter internem öffentlichen Druck vollzögen, bevor es zum Ausstieg der wettbewerbsfähigeren Länder käme.

Europäische Solidarität würde zusätzlich durch ein neues System europäischer Währungskoordination unterstützt, das Währungskriege ebenso verhindern würde wie übertriebene Währungsschwankungen zwischen den europäischen Ländern.

Offensichtlich würden zumindest in einigen südlichen Ländern Schuldenschnitte (haircuts) nötig sein. Dennoch wären das Ausmaß dieser Maßnahmen und die Kosten für die Gläubiger kleiner als in dem Fall, dass diese Länder in der jetzigen Euro-Zone verblieben und ihre Volkswirtschaften unter geringerem Wachstum und hoher Arbeitslosigkeit litten. Auf diese Weise würde der Ausstieg aus der Euro-Zone nicht bedeuten, dass die wettbewerbsfähigsten Volkswirtschaften die Kosten einer Verkleinerung der Schuldenlast in den Krisenländern nicht tragen würden. Allerdings müsste dies unter der Maßgabe geschehen, dass solche Hilfeleistung ihnen dabei helfen würde, wirtschaftliches Wachstum zu erzeugen – im Gegensatz zu den heute üblichen Bail-outs, die uns nirgendwohin führen.

Warum ist diese Strategie so wichtig?
Überflüssig zu betonen, dass es in unserem gemeinsamen besten Interesse ist, dass die Europäische Gemeinschaft zum wirtschaftlichen Wachstum zurückkehrt – der besten Garantie für europäische Stabilität und Wohlstand. Die Strategie einer kontrollierten Aufteilung der Euro-Zone würde ein solches Szenario auf schnellstem Weg ermöglichen.

Dieses Manifest gab, kurz gefasst, den Inhalt meines Gesprächs mit Stefan Kawalec im Berliner China Club Ende 2012 wieder. Natürlich habe ich mir nach dieser fruchtbaren Begegnung mit Polens früherem Vize-Finanzminister weitere Gedanken gemacht, unter anderem darüber, wie die Euro-Gemeinschaft von dem heutigen Transferverbund zu einer kreativen Wettbewerbsgemeinschaft zurückkehren könnte. Erste Voraussetzung wäre natürlich ein Währungssystem, das den unterschiedlichen ökonomischen und kulturellen Eigenarten der Nationen im Süden und im Norden Rechnung trägt.

2. Die Zwei-Zonen-Lösung

Wie in unserem Manifest beschrieben, halte auch ich es für geraten, dass die Nordländer mit ihrer langen Stabilitätskultur die Einheitswährung verlassen. Neben Deutschland, Österreich, den Niederlanden und Finnland könnten andere EU-Länder mit ähnlicher Tradition in der Währungs- und Haushaltsdisziplin, die aber noch nicht zur Euro-Zone gehören, den Nord-Euro mit begründen. Schweden wäre da genauso ein Kandidat wie Dänemark oder Tschechien.

Damit bliebe für die meisten Euroländer der jetzige Euro erhalten. Unter Führung Frankreichs würden sie in der alten Euro-Zone verbleiben, wobei sich auch im Fall der Südländer weitere EU-Mitglieder anschließen könnten, die heute noch nicht mit Euro bezahlen, aber über ähnliche wirtschaftliche Voraussetzungen verfügen. In einer solchen Gemeinschaft ließen sich auch die Euro-Bonds einführen, wie die Politiker, Vertreter der Zentralbanken und Ökonomen dieser Länder sie heute fordern.

Natürlich ist der Weg dorthin nicht einfach und bedarf gründlicher politischer und technischer Vorbereitung. Vor allem müssen Risiken, wie eine Verunsicherung der internationalen Finanzmärkte und der Sparer im Süden und eine Gefährdung der nördlichen Exportwirtschaft, begrenzt werden. Gleichzeitig sollte der immer noch marode Bankensektor der Südländer saniert werden, der den Löwenanteil jener Rettungsmaßnahmen beansprucht, die offiziell dem Euro gelten. Auch für die Altschulden müsste eine Lösung gefunden werden, besonders für die Griechen, die bei der Wiedereinführung der Drachme in größte Schwierigkeiten geraten würden. Und eins ist mir klar: Die Deutschen müssten ein teures Austrittsticket lösen, auch um ein kräftiges Signal für deutsche Solidarität mit den Südländern, einschließlich Frankreich, zu senden. Die Höhe der Kosten, die bei einem Austritt auf die Deutschen zukämen, wird höchst unterschiedlich taxiert. Ich halte das aber nicht für entscheidend. Projiziert man nüchtern die ökonomischen Folgen eines »weiter so« für Deutschland, kann man nur zu dem Schluss kommen, dass das Geld »sowieso schon weg« ist. Denkt man an die politischen Folgen eines »weiter so« für Europa, dann wäre es in jedem Fall gut angelegtes Geld.

Bedenkt man die Konsequenzen, die sich aus einer Beibehaltung des heutigen Euro *at all costs* ergeben, scheint eine Aufteilung in zwei unterschiedliche Euro-Zonen die weitaus beste Lösung. So könnten die im Einheits-Euro verbleibenden Länder durch eine höhere Toleranz gegenüber Inflation und die Möglichkeit regelmäßiger Abwertungen ihre Wettbewerbsfähigkeit steigern. Nicht länger müssten sie sich von EU und EZB in die Zwangsjacke deutscher Stabilitätsforderungen einschnüren lassen, die zur Senkung ihrer wirtschaftlichen Produktivität und Erhöhung der Arbeitslosigkeit führt. Stattdessen hätten sie die Möglichkeit, »nach ihrer Fasson selig zu werden«, will sagen: auf ihre bewährte Art wettbewerbsfähig zu bleiben.

Apropos Zwangsjacke: Welch absurde Vorstellung, dass Südländer wie Griechenland oder Portugal ihren gewaltigen Schuldenberg abbauen können, indem sie durch exzessive Sparsamkeit ihr Wachstum abwürgen, Insolvenzrekorde ihrer Unternehmen sowie wachsende Arbeitslosigkeit verzeichnen und mit immer geringerem Steueraufkommen immer höhere Zinslasten stemmen!

Traurig genug, dass diese Länder seit der Einführung der Gemeinschaftswährung gegenüber Deutschland mehr als ein Drittel ihrer Wettbewerbsfähigkeit eingebüßt haben – hauptsächlich, weil sie auf die Herausforderungen des Marktes nicht mit Reformen reagieren wollten, aber auch nicht mit Abwertungen reagieren konnten. Der eiserne Sparkurs, die gefürchtete *austerity*, nimmt ihnen jede Zukunftsperspektive. Obwohl ich Gewalt in jeder Form ablehne, habe ich doch Verständnis für die Menschen, die in Athen, Madrid oder Rom auf die Straßen gehen und ihrer Frustration, wenn auch auf inakzeptable Weise, Luft machen.

Und wie sind wir in diese Sackgasse geraten? Als ich mich in den Neunzigerjahren für die Einführung des Euro engagierte und sogar den Eintritt von schwächeren Ländern wie Italien und Spanien befürwortete, schienen die Fehlentwicklungen, die bald darauf einsetzten, noch unvorstellbar: Hätte ich ahnen können, dass ausgerechnet ein deutscher Kanzler wie Gerhard Schröder die Maastrichter Stabilitätsziele vom Tisch wischen würde, wäre ich zu einer anderen Einstellung gekommen. Auch habe ich übersehen, dass durch den starken Euro die schwächeren Länder auf Dauer in Bedrängnis geraten mussten, weil die niedrigen Zinsen unwiderstehlich zum Schuldenmachen verlockten.

Tatsächlich bekamen die notorisch klammen Griechen über Nacht Zugriff auf Niedrigzinskredite, mit denen sich all ihre Wohlfahrtsträume erfüllen ließen. Anstatt die Gelegenheit zu nutzen, mit dem Geldsegen die bereits existierenden Schuldenberge abzubauen, nahmen sie immer neue Kredite auf, um sie sogleich »verbraten« zu können. In Spanien wiederum kam es zu einer ungesteuerten Immobilienblase, in der sich solides Eurogeld in fragwürdiges Betongold verwandelte, weil die Nationalbank in Madrid nicht durch Zinserhöhungen gegensteuern konnte.

Mit zwei Währungsverbünden, die den ökonomischen Erfordernissen und kulturellen Mentalitäten ihrer Teilnehmer angepasst wären, könnten die Länder endlich wieder so wirtschaften, wie sie es am besten verstehen – immer konzentriert darauf, die Inflation zu begrenzen, oder aber, als Reaktion auf den ständigen Aufwertungsdruck, die Kosten zu dämpfen und die Produktivität durch Innovationen zu fördern. Dazu käme die beruhigende Gewissheit, für mangelnde fiskalische Disziplin anderer nicht mithaften zu müssen.

Eine Spaltung Europas wäre damit nicht verbunden, im Gegenteil: Schon heute stehen, wie bereits gesagt, den 17 Ländern der Einheitswährung zehn EU-Länder mit eigenen Währungen gegenüber, zumeist ohne Neigung, dem Einheits-Euro beizutreten – man frage die Briten, Dänen, Tschechen … Andere, die immer noch Appetit auf den Euro verspüren, wie die Rumänen oder die Bulgaren, haben kaum eine Chance, die Beitrittskriterien zu erfüllen. Das könnte sich mit Einführung eines südlichen Währungsverbunds ändern.

Sollten sich zukünftig Änderungen in der Produktivität oder Prosperität der jeweiligen Mitgliedsländer ergeben, wird ihnen natürlich die Möglichkeit geboten, von einer in die andere Euro-Zone überzutreten – die vom Berliner Professor Markus Kerber vorgeschlagene sogenannte *flexible membership*.

Meinem Vorschlag eines Nord-Euro wird entgegengehalten, dass bei einem Austritt Deutschlands und der anderen starken Staaten kein Süd-Euro entstünde, sondern die Gemeinschaftswährung schlicht zerfallen würde. Meine Antwort: Selbst das wäre noch besser als die jetzige Situation. Dann könnten die Nordländer dem Rest der EU demonstrieren, wozu eine Gemeinschaftswährung auf der Basis volkswirtschaftlicher Kompatibilität fähig ist. Und jedem Interessenten, der an einer stabilen Währung interessiert ist, würde man signalisieren: »Ihr wollt bei uns eintreten? Überlegt es euch gut. Denn ihr müsst euch an die strengen Bedingungen halten, die für uns gelten.« Ich glaube, durch diese Herausforderung würden viele Länder besondere Anstrengungen unternehmen, um zum »Klub der Erfolgreichen« zu gehören – statt wie bisher die Vorteile des Klubs genießen zu können, ohne sich an die einmal eingegangenen Verpflichtungen halten zu müssen.

Ganz unabhängig vom Nord-Euro-Klub sollten die Europäer sich auf ihren Binnenmarkt, diese wahre Quelle ihres Wohlstands, konzentrieren. Dies ist auch die Vision des ehemaligen britischen Außenministers Lord Owen, mit dem ich mich mehrfach getroffen habe. Wir sind beide der Meinung: Je mehr Länder diesem Binnenmarkt beitreten, desto stärker wird er sein. Ob es die Ukraine ist, die Türkei oder jedes andere europäische Nicht-EU-Land, alle sollten am freien Waren- und Dienstleistungsaustausch teilhaben können. Allerdings unter der Voraussetzung, dass europäische Demokratie- und Menschenrechtsprinzipien eingehalten werden. Aus diesem Grund wäre die autoritäre Türkei heute noch kein Beitrittskandidat, und leider heute weniger als noch vor zehn Jahren. Wenn sie aber so weit ist, Demokratie und Menschenrechte zu achten und die Religionsfreiheit zu garantieren – warum nicht?

Neben der Erweiterung unseres Binnenmarktes um Nicht-EU-Staaten könnte ich mir ein Freihandelsabkommen mit der amerikanischen NAFTA-Gemeinschaft vorstellen. Ein Binnenmarkt, der die USA, Mexiko, Kanada auf der einen Seite des Atlantik mit der europäischen Wirtschaftszone auf der anderen verbände, würde einen ungeahnten Wachstumsschub auslösen – unsere gegenwärtige Euro- und Schuldenkrise könnte so auch schneller überwunden werden. Nur ein Traum? Vielleicht noch, aber sicher wäre ein transatlantischer Binnenmarkt eine strategische Alternative, um den asiatischen Giganten gemeinsam zu widerstehen.

Seit 2012 arbeiten Bundesregierung, EU und auch die USA wieder verstärkt an einer atlantischen Freihandelszone. Nur fürchte ich, dass auch diesem Anlauf dicke Steine in den Weg gerollt werden: durch Barack Obama, aber auch durch die Franzosen, die an ihre Bauern denken, und durch Angela Merkel. Denn ohne die Zustimmung der Franzosen geht in Berlin bekanntlich gar nichts. Sie haben schon mal klargemacht, bei welchen Gütern und Dienstleistungen der freie Handel nicht stattfinden soll. Filme aus Hollywood? Gott bewahre! Auch bei den Verhandlungen um eine transatlantische Freihandelszone wird am Schluss das Ergebnis sein, dass Europa nicht etwa deutsch spricht, sondern französisch handelt.

KAPITEL ACHT

Mein Weg durch die Parteienlandschaft

1. Die FDP auf Abwegen

Als überzeugter Liberaler, für den die Freiheit den höchsten Wert darstellt, hatte ich immer eine große Nähe zur FDP. Eine erste Abkühlung trat allerdings schon 2007 ein, als sie auf ihrem Parteitag das »Soziale« als neues Leitmotiv entdeckte, als ob es nicht schon genug Advokaten dieses Themas in unserer Parteienlandschaft gäbe. Anstatt für die Abschaffung der Erbschaftssteuer zu stimmen, zogen die Liberalen es vor, das heikle Thema anderen zur Entscheidung zu überlassen, am besten den Bundesländern. Und schon damals fragte ich mich, wie freiheitlich eine Partei ist, die sich nicht einmal die Freiheit nimmt, sich zu dem zu bekennen, was sie als richtig erkannt hat und wofür sie im öffentlichen Bewusstsein steht.

Als die FDP in den Neunzigerjahren über die Einführung des Euro diskutierte, habe ich mich aktiv beteiligt und die Einheitswährung gepriesen, ja nach anfänglichem Zögern sogar den Beitritt Spaniens und Italiens befürwortet. Grund waren die eindrucksvollen Reformen, denen beide Länder sich verschrieben hatten – bis zur Einführung des Euro. Danach erlahmte der Eifer und endlich ließ man die Reformbemühungen fallen, da man sich ja nun billiges Geld zum Schuldenmachen leihen konnte.

Am nüchternsten beurteilt wurde diese Fehlentwicklung von Otto Graf Lambsdorff. Wie bereits gesagt, lehnte er die Einheitswährung ab. Ich erinnere mich, wie ich ihn zum ersten Mal sah, Mitte der Achtzigerjahre auf dem Weltwirtschaftsgipfel in Davos, als ich noch bei der IBM Deutschland arbeitete. Als deutscher Wirtschaftsminister nahm er damals an einer Podiumsdiskussion teil, und sofort fiel mir seine klare, unaufgeregte Sprache auf. Er scheute auch nicht die Konfrontation mit den Sozialpolitikern, für die Gleichheit vor Freiheit kommt. Deren logische Inkonsequenzen zu widerlegen, schien ihm regelrecht Spaß zu machen, was allerdings nur bei genauer Beobachtung auffiel.

In jenen Jahren war sein Stand in der Regierung Kohl nicht einfach. Was das Soziale betraf, führte der ehemalige Gewerkschaftsführer der IG Metall, Norbert Blüm, am Kabinettstisch das große Wort. Für den Kanzler war diese Verbindung so wichtig, dass Blüm als einziger Minister vom ersten bis zum letzten Tag der Ära Kohl im Amt blieb. Wenn wir als Wirtschaftsvertreter zu den Kanzlerrunden in Bonn eingeladen waren, saß er immer direkt neben dem CDU-Chef. Dank Blüms wortreichem Einsatz konnte Kohl die Renten- und Arbeitsreform jahrelang blockieren – und diejenigen, die sich für Reformen einsetzten, von der Bildfläche verschwinden lassen. Sein Einfluss, der 16 Jahre währte, war so groß, dass er schon lange vor Merkel die CDU auf sozialdemokratischen Kurs brachte.

Graf Lambsdorff war Blüms Gegenpol und damit auch die große Hoffnung der deutschen Unternehmer. Er war überzeugter Anhänger der sozialen Marktwirtschaft, und zugleich wusste er, wie man eine große Volkswirtschaft in Fahrt bringt. Übrigens war er es gewesen, der 1982 mit seinen im sogenannten Lambsdorff-Papier zusammengefassten Reformvorschlägen den Wechsel seiner Partei von der SPD zur CDU/CSU eingeleitet hatte. Ich erwähnte bereits den *Stern*-Titel, der den FDP-Parteivorsitzenden Genscher mit gespaltener Zunge zeigte. Dem »Marktgrafen« konnte man derlei nicht nachsagen, er ist seiner Linie immer treu geblieben.

Nicht so die FDP. Wie erwähnt, berief sie sich in der Diskussion um den ESM auf eine angebliche Tradition Genscher-Lambsdorff, um ihren Wackelkurs zu rechtfertigen. Nun konnte Graf Lambsdorff sich nicht mehr zur Wehr setzen, er war 2009 gestorben. Aber mir erschien es ziemlich dreist, den erklärten Gegner des Euro als Kronzeugen für die Euro-Rettung zu missbrauchen, und sei es auch nur indirekt.

Noch dreister fand ich die Verbindung Genscher-Lambsdorff. Für mich ist Genscher der Erfinder des »Genscherismus«, in dem das Diplomatische immer den Vorrang vor dem Ehrlichen, das Leisetreten vor der Selbstbehauptung hatte. Es ist die Kunst des Lavierens, des Um-den-heißen-Brei-Redens, des Es-jedem-recht-machen-Wollens – kurz, der unbegrenzten Anpassungsfähigkeit, bei der eigene Interessen zugunsten der Ziele des jeweiligen Gegenübers geopfert werden.

Dass dies hinterher als großer Sieg der Vernunft, des Humanismus und der Völkerverständigung verkauft wird, gehört auch zum Genscherismus. Und, nicht zu vergessen, die seltene Fähigkeit des Strippenziehens, des Hinter-den-Kulissen-Wirkens und der verborgenen Einfädelung von Bündnissen. Ich behaupte nicht, dass sich der Ehrenvorsitzende der FDP in allem von dieser Neigung zur Geheimdiplomatie leiten ließ, aber diese fragwürdigen Zwischentöne lassen sich für mich unter dem Begriff »Genscherismus« zusammenfassen.

Nach allem, was ich über Graf Lambsdorff gesagt habe, brauche ich nicht zu betonen, dass er als Charakter das genaue Gegenteil darstellte, wie auch sein geradliniges und Konflikte nicht scheuendes Verhalten scharf mit dem Genscherismus kontrastierte. Genschers forciertes Entgegenkommen gegenüber den Ostblockländern, das von Egon Bahr als »Wandel durch Annäherung« bezeichnet wurde, erschien mir immer als »Wandel durch Anbiederung«. Wie viel konnten politische Erfolge wert sein, so fragte ich mich oft, die mit der Aufgabe freiheitlicher Positionen und deutscher Interessen erkauft wurden?

Dass Hans-Dietrich Genscher über Jahre hinweg der beliebteste deutsche Politiker war, dürfte als besonderer Ansporn zur Nachahmung gewirkt haben. Als Genscher noch Außenminister war, hatten meine amerikanischen Freunde keine sonderlich gute Meinung von ihm. Ich glaube, dass sie es waren, die das Wort vom Genscherismus geprägt haben. Ihnen war aufgefallen, dass der deutsche Außenminister die meiste Zeit mit Hin- und Herfliegen zwischen verfeindeten Parteien wie den Israelis und den Palästinensern verbrachte, und sich dabei zu Hause als großer Friedensbringer feiern ließ. In Wahrheit hat seine fotogene Reisediplomatie politisch nichts gebracht, dafür riesiges Ansehen beim deutschen Wähler.

Damals kursierte der Witz, Genscher flöge so häufig zwischen Berlin und dem Nahen Osten hin- und her, dass er sich einmal selbst begegnet sei. Heute setzt der deutsche Außenminister diese Tradition fort. Genscher und seine Philosophie wurden zum großen Vorbild für seinen Nachfolger als FDP-Star, Guido Westerwelle. Auch er will überall Frieden bringen, selbst wenn er, wie im Fall Libyen, die eigenen Verbündeten vor den Kopf stößt, weil er statt mit ihnen mit China und Russland abstimmt. Wenn irgendwo ein Konflikt ausbricht, spult Guido Westerwelle mit seltsam maskenhafter, todernster Miene seine Friedenslitanei ab, die längst zur sinnentleerten Pflichtübung verkommen ist, weshalb auch niemand auf sie hört – außer der *Tagesschau*.

Der alte FDP-Recke Genscher ist noch lange nicht abgetreten. Trotz seiner 86 Jahre beeinflusst er die eurofreundliche Einstellung seiner Partei mehr als irgendein anderer. Natürlich müsste er längst eingesehen haben, dass sein einstiger Enthusiasmus für eine Aufgabe der D-Mark ebenso falsch war, wie die Ablehnung des Euro durch Otto Graf Lambsdorff richtig. Er müsste, aber er hat nicht.

Mir fällt die Betriebsamkeit auf, mit der er auf jeder FDP-Versammlung, seien es Dreikönigstreffen oder Parteitage, mit seinem gelben Pullover auf dem Podium sitzt und in alle Richtungen Einfluss ausübt. So wird Genscher immer noch als Machtfaktor wahrgenommen, und das heißt, dass er ein Machtfaktor ist. Er kann es bleiben, weil es in der FDP keine starke Führungspersönlichkeit mehr gibt. Genscher ist nach wie vor der Starke unter lauter Schwachen, und die heutige Europapolitik der FDP ist die Fortsetzung des Genscherismus mit gleichen Mitteln.

Wolfgang Gerhardt, den die Partei 1995 zum Bundesvorsitzenden wählte, verkörperte beide Richtungen, die Hans-Dietrich Genschers und die Otto Graf Lambsdorffs, in einer Person. Er verfügte über das Geschick und die Vermittlungsgabe Genschers, zugleich teilte er aber das marktwirtschaftliche Denken Graf Lambsdorffs. Den größten Fehler begingen die Liberalen, als sie ihrem Bundesvorsitzenden 2001 den Posten wegnahmen und ihn dem ehrgeizigen Generalsekretär Guido Westerwelle übergaben, der ihn für sich gefordert hatte. Westerwelle war in meinen Augen der ideale Generalsekretär, der nächsten Karrierestufe dann aber nicht mehr gewachsen.

Westerwelle schloss sich zuerst der wirtschaftsliberalen Richtung an und präsentierte sich, so man kann sagen, als ein Lambsdorff hoch drei. Bei der Bundestagswahl 2009 erreichte er dank Lambsdorff'scher Ideen wie dem Versprechen von mehr Marktliberalität und Steuersenkungen knapp 15 Prozent der Stimmen, ein sensationelles Ergebnis. Kaum von Angela Merkel zum Außenminister ernannt, trat er nicht nur in Genschers Fußstapfen, er wurde zu einem Genscher hoch drei. Nach meinem Gefühl übertrieb er alles, die Höflichkeit, die selbstverleugnende Konzilianz, selbst die aufgesetzte Friedenssehnsucht, die ihn manchmal wie einen Pastor erscheinen lässt.

Schon zwei Jahre später musste der Genscher-Darsteller den Bundesvorsitz wegen anhaltenden Misserfolgs abgeben. Weil er nicht lieferte, was er versprochen hatte, ließen ihn das Bürgertum und auch seine Partei fallen.

Seitdem ist die FDP orientierungslos, hat diverse Funktionäre wie Brüderle, Rösler und den Außenminister Westerwelle vorzuweisen, aber keine Führungsfigur. In dieses Machtvakuum ist Genscher vorgestoßen. Wie Kohl hinter Frau Merkel, steht er hinter den Parteigranden und wacht darüber, dass sie alles für Europa und den Euro tun. Koste es, was es wolle.

Heute scheint sich die Partei auf ihren Ehrenvorsitzenden wie auf eine delphische Pythia zu beziehen. Mit ihm träumt sie den alten Euromantiker-Traum von den Vereinigten Staaten von Europa, als hätte sich nicht längst gezeigt, dass es sie wegen der divergierenden Nationalinteressen niemals geben wird. Und als hätte sich nie gezeigt, dass Deutschland zum Verlierer des Wirtschaftskriegs um den Euro wird, dominiert die Genscher-Tradition, während die Lambsdorff-Tradition abgebrochen ist.

Damit dürfte klar sein, warum ich mich von der FDP abgewandt habe. Es geschah an jenem verhängnisvollen 10. Mai 2010, an dem die Brandmauer zwischen den deutschen Steuerzahlern und den ausländischen Schuldenpolitikern eingerissen wurde – unter aktiver Mithilfe der FDP, die im Bundestag zustimmte. Wenn auch nicht so sehr in ihrer Innen- und Menschenrechtspolitik, so doch in ihrer Europa- und Euro-Politik hat die Partei alle liberalen Grundsätze wie Wettbewerb, Subsidiarität und Eigenverantwortung aufgegeben, die Graf Lambsdorff vertreten hat und von denen ich selbst auch heute noch überzeugt bin.

Auch auf die Gefahr hin, dass es anmaßend klingt: In Wahrheit habe nicht ich mich von den wahren Idealen der FDP entfernt, sondern die FDP hat sich von Graf Lambsdorffs Überzeugungen abgewandt, die auch ich teile. Wo FDP draufsteht, ist nicht mehr FDP drin.

2. Zwischenspiel Freie Wähler

Einen ersten Versuch, mich einer liberalen Gruppierung anzu-
schließen, unternahm ich im Februar 2009, als ich zu einer Art
Parteitag der Freien Wähler nach Frankfurt eingeladen wurde.
Ihr damaliger Chef Armin Grein hatte mich gebeten, einen Vortrag zu halten. Das Thema, das mich beschäftigte, war nicht der
Euro, den ich damals noch unterstützte, sondern die Überheb-
lichkeit der Parteien. Wegweisend war mir ein Wort von Bundespräsident Richard von Weizsäcker gewesen, der sagte, dass
unsere Parteien nicht mehr, wie es das Grundgesetz vorsieht, an
der Willensbildung des Volkes teilnehmen, sondern sich sinngemäß die Macht unter den Nagel gerissen haben. Entsprechend
nannte ich meine Rede salopp »Wie die Freien Wähler das Mo-
nopol der Parteien knacken können«.

Bei jenem Treffen im Restaurant des Frankfurter Hauptbahn-
hofs sprach ich vor einem halben Hundert Interessierten darüber, was ich den Freien Wählern als bundespolitisches Partei-
programm empfehlen würde. Zu meinen Vorschlägen, die wir
teilweise im Konvent für Deutschland erarbeitet hatten, gehörten die Stärkung der plebiszitären Elemente, also mehr Betei-
ligung des Volkes an politischen Entscheidungen, und damit
zusammenhängend auch die Forderung, das Staatsoberhaupt
und die Ministerpräsidenten, wie in anderen demokratischen
Ländern üblich, vom Volk direkt wählen zu lassen. Ich erinnere
mich, schon damals den Zentralismus in Berlin und Brüssel scharf
kritisiert zu haben. Man muss einfach sehen, dass man nicht
Zentralismus *und* Demokratie haben kann, sondern nur Zentralismus *oder* Demokratie.

Schließlich habe ich den Freien Wählern – anlässlich des
60. Geburtstages unseres Grundgesetzes – vorgeschlagen, den
Artikel 146 ernst zu nehmen, demzufolge nach erfolgter Wieder-
vereinigung die Zeit gekommen ist, den Bürgern das Grund-

gesetz zur Abstimmung vorzulegen – andernfalls blieben wir
weiterhin das einzige moderne Land der Welt, dessen niederge-
schriebene Verfassung nicht vom Souverän verfasst oder auto-
risiert wurde.

Die Veranstaltung in Frankfurt lief nach Wunsch und ich erhielt auch viel Zustimmung. Bis eine auffällige Rothaarige in
den Saal hereinplatzte, die ihre Verspätung wie einen geplanten Auftritt inszenierte. Es handelte sich um die berühmt-be-
rüchtigte Gabriele Pauli, die einst als CSU-Abgeordnete am Sturz
Edmund Stoibers mitgewirkt hatte und dann 2007 aus der CSU
aus- und in die Freien Wähler eingetreten war. Als deren Vertreterin war sie 2008 in den Bayerischen Landtag eingezogen.
Nachdem sie im Folgejahr bei der Europawahl scheiterte, gründete sie eine eigene Partei, worauf die Freien Wähler sie an die
Luft setzten.

Damals in Frankfurt stand die Dame noch im Zenit ihres
Freie-Wähler-Erfolgs und genoss, als kecke, aus Funk und Fernsehen bekannte Diva, die Begeisterung der Menge. Schnell begriff ich, dass angesichts dieses neuen Brennpunkts des Inter-
esses meine eigenen Bemühungen ziemlich hoffnungslos waren,
und überließ die Freien Wähler ihrem Pauli-Rausch. Verwundert über diesen Personenkult und desillusioniert von der all-
gemeinen Kleinkariertheit, die mir recht provinziell erschien,
setzte ich mich in den nächsten ICE, wohl wissend, dass dies
die einzige Parteialternative gewesen war, die sich mir angeboten hatte.

So hatte ich mich von den Freien Wählern befreit, doch diese
sich nicht von mir. Ende 2011 erhielt ich einen Anruf von Hubert Aiwanger, der seine Partei 2008 mit erstaunlichen 10,2 Prozent in den Bayerischen Landtag geführt hatte. Da ihn meine
Gedanken zum Euro sehr interessierten, wolle er mich treffen. Ich wusste, dass er seit 2010 neuer Bundesvorsitzender der
Freien Wähler war und den Ehrgeiz hatte, seine Partei auf bun-

despolitischer Ebene zu etablieren. Die lokal verwurzelten Wählergruppen, die vor allem in Süddeutschland saßen, sollten den Kern einer neuen Partei bilden, die bei den Bundestagswahlen 2013 antreten würde.

Unser Treffen, zu dem er seine Bundesgeschäftsführerin, eine Frau Cordula Breitenfellner, mitgebracht hatte, fand im Berliner China Club statt. Wir ließen uns in den Ledersesseln nieder und plauderten bei einem Drink. Mir fiel sogleich seine Bodenständigkeit auf, gepaart mit einer für Politiker typischen Resolutheit. Er erzählte mir vom Leben auf seinem Bauernhof, mit Stolz auch von seinem Einzug in den Bayerischen Landtag. Ich spürte, dass dieser Mann mit beiden Beinen auf der Erde, besser: auf der Scholle steht, und mir gefiel auch, wie er die politischen Entwicklungen, an erster Stelle die unendliche Geschichte der Euro-Rettung, mit einem gesunden Menschenverstand beurteilte, der unseren Politikern in Berlin abgeht. Da das Wort »bauernschlau« einen negativen Beigeschmack hat, würde ich Aiwanger als »bauernklug« bezeichnen.

Mein Modell einer Aufteilung des Euro in zwei Zonen mit unterschiedlichen marktwirtschaftlichen Parametern schien ihm bereits bekannt, woraus ich schloss, dass der Anlass seines Anrufs die Lektüre von *Rettet unser Geld!* gewesen war. Bei unserem Gespräch versuchte ich ihn zu überzeugen, in den kommenden Wahlkämpfen die eurokritische Komponente seines Programms in den Vordergrund zu stellen. Das leuchtete ihm ein, und heute gelten die Freien Wähler bei vielen als Protestpartei gegen die Unsummen, die die Zwangsrettung des Euro verschlingt.

Wir verabredeten, im Dezember 2011 in Berlin gemeinsam bei einer Pressekonferenz aufzutreten. Von Medienseite herrschte enormer Auftrieb, und für Aiwanger war es wohl sein erster Auftritt auf Bundesebene. Eben darin bestand die Botschaft: dass die Freien Wähler sich zukünftig bundespolitisch organisieren wollen. Ich machte kein Hehl aus meiner Erwartung, dass sich mit dieser Partei endlich eine Alternative zur blinden Euro-Zustimmung der etablierten Parteien ergäbe. In den Medien wurde ich auch mit dem FDP-kritischen Satz zitiert: »Mit der Entscheidung der Mitglieder der FDP für den permanenten Rettungsschirm (ESM) zugunsten vieler finanzschwacher und weniger finanzstarker Länder hat die letzte im Bundestag vertretene liberale Kraft ihren Geist aufgegeben.« Und meine Hoffnung bestand eben darin, dass die Freien Wähler unter Hubert Aiwanger sich 2013 im Bundestag als neue liberale Partei im Geist Graf Lambsdorffs etablieren würden.

Die Frage, ob ich mich parteipolitisch engagieren und ein Mandat der Freien Wähler übernehmen würde, verneinte ich, wie immer. Ich kann mir einfach nicht vorstellen, als Politiker auch für jene Teile eines Parteiprogramms geradezustehen, die ich eigentlich ablehne. Da mir jeder Zwang verhasst ist, gilt das auch für den Fraktionszwang, diese menschenunwürdige Gängelung des eigenen Gewissens. Ich halte es nicht für übertrieben, dieses bei uns übliche Überzeugungs-*streamlining* von Abgeordneten als Zwang zur Lüge zu bezeichnen.

Selbst bei der FDP, deren liberale Überzeugungen sich jahrelang mit den meinen deckten, wollte ich nicht Mitglied werden. Als die damaligen Parteigranden Wolfgang Gerhardt und Günter Rexrodt mir das ehrenvolle Angebot machten, die Führung der Berliner FDP zu übernehmen, lehnte ich ab. Förderte ich doch die Freien Demokraten unter anderem deshalb, weil sie als einzige Partei den Begriff der Freiheit im Namen trugen. Und die wollte ich mir erhalten.

Mit den Freien Wählern hatte sich nun eine überraschende Alternative aufgetan. Auch ohne Mitgliedschaft erklärte ich mich bereit, sie bei ihrer bundesweiten Ausdehnung zu unterstützen – schließlich war es die einzige eurokritische Plattform mit Chancen auf den Einzug ins Parlament. In den folgenden Monaten bin ich für die Freien Wähler einige Male in Nordrhein-West-falen, Niedersachsen, Hamburg und Schleswig-Holstein auf-getreten. Dabei fiel mir auf, dass die meisten Parteimitglieder keine typischen Politiker sind, die im Herzen oft Zyniker sind, sondern ausgesprochene Idealisten, die für ihr Ziel alles geben wollen.

Genau darin aber lag auch das Problem. Da die meisten der 280 000 Mitglieder der Freien Wähler ihre politische Heimat in den Kommunen haben, also lokalpolitisch engagiert sind, fiel es ihnen schwer, Aiwangers bundespolitische Pläne zu teilen. Bald musste ich bemerken, dass die geplante Ausweitung und damit die Teilnahme am Bundestagswahlkampf 2013 nicht »in die Gänge kam«. Zudem meldeten sich manche der Mitglieder, deren Idealismus ich anfangs bewundert hatte, mit teilweise absonderlichen Vorschlägen zu Wort. Woche für Woche kamen neue Programmpunkte, als wäre die Partei ein Wunschkonzert zur Weltverbesserung. Unübersehbar war auch der plötzlich aus-brechende Opportunismus gegenüber der öffentlichen Meinung. Programm wurde, was gerade ankam.

Die Euro-Kritik, die mich zu einem Fan der Freien Wähler hatte werden lassen, rückte immer mehr in den Hintergrund, die Re-kommunalisierung von Wasserwerken oder die Gebührenpflicht für Diskotheken in den Vordergrund. Statt großem Wurf gab es Klein-Klein. Im Prinzip waren sie sich ja treu geblieben, aber die Details enttäuschten mich. So ging ich auf Distanz, wenn auch wohlwollende Distanz.

Eines Tages präsentierten die Freien Wähler erneut ein Mit-glied, das wie die kesse Frau Pauli mediale Aufmerksamkeit weckte. Zweierlei machte der Neue, Stephan Werhahn, für die Partei attraktiv: Zum einen war er jahrelang CDU-Mitglied ge-wesen, weshalb sein Umstieg als Prestigegewinn verbucht wurde. Zum anderen war er Enkel Konrad Adenauers. Ich erinnere mich, welchen Wert die CDU auf diese Tatsache gelegt hatte. Den

Namen Werhahn hörte man nie; der Adenauer-Enkel dagegen wurde auf dem Silberteller präsentiert. Man zeigte sogar ein Foto, auf dem der kleine Werhahn am Hosenbein seines Großvaters zupft. Und ausgerechnet der kehrte der Adenauer-Partei jetzt den Rücken.

Als Dank für die unverhoffte Ansehenssteigerung ernannten die Freien Wähler den prominenten Neuzugang zum Spitzenkandidaten. Auch ich freute mich, da Werhahn als Grund für seine Abkehr von der CDU deren Europapolitik angab. Vielleicht, so dachte ich, würde sich die Partei jetzt wieder auf das wichtigste Thema unserer Zeit, die Eurokrise, konzentrieren. Zudem schien mir vorteilhaft, dass die Führungsspitze mit dem Adenauer-Enkel nun gleichermaßen die ländlichen Bereiche wie die Städte abdeckte: Denn neben den bayerischen Volkstribun mit Schollennähe trat nun als ideale Ergänzung der geschliffene Abgeordnete mit Welterfahrung.

Mehrmals hatte ich Gelegenheit, mit Werhahn zu sprechen, und ich habe ihn als kultivierten und angenehmen Menschen in Erinnerung, der sein Geld mit Finanzdienstleistungen verdient. Aus diesem Grund haben die Freien Wähler ihn in ihre Führungsriege als Finanzfachmann aufgenommen. Leider haben sowohl der Landwirt als auch der Adenauer-Enkel Schwierigkeiten damit, eine klare Position zum Euro einzunehmen. Einmal wurde gefordert, zu den Maastrichter Verträgen zurückzukehren, ein andermal, die D-Mark wieder einzuführen. Und auf keines von beidem wollten sie sich festlegen, was auch für meinen Vorschlag eines Nord-Euros galt. Ich wusste nicht, was sie wollten, und sie wussten es vermutlich selbst nicht.

Schon bald aber wusste der Adenauer-Enkel: Die Freien Wähler waren nicht das erhoffte bundespolitische Terrain für ihn. »Eine Kampagnenfähigkeit der Freien Wähler«, so erklärte er, »ist außerhalb von Bayern schlicht nicht gegeben.« Außenstehende vermuten, dass seine alte Partei ihm einen sicheren Listenplatz für die nächste Bundestagswahl zu verschaffen versprach. Nach einem Jahr Fremdgehen kehrte er im März 2013 reumütig und unter dem Applaus seiner alten Kollegen in die Partei des legendären Großvaters zurück.

3. »Revolution in Österreich«

Ich bin gern Deutscher, liebe mein Vaterland. Aber ebenso gern bin ich Weltbürger und »verliebe« mich förmlich in fremde Länder. Auch wenn es seltsam klingt: Ich fühle mich überall zu Hause. Kein Wunder, über die Hälfte meines beruflich aktiven Lebens verbrachte ich im Ausland.

Auch in den letzten Jahren war ich sehr häufig unterwegs, was für mich seit meiner IBM-Tätigkeit zur Lebensform geworden ist. Ich besuchte die Schweiz, Österreich, Schweden, Polen, Tschechien, Ungarn, mehrmals Großbritannien, wo ich in Oxford einen Vortrag hielt, und auch die Vereinigten Staaten, wo ich sowohl an der Wharton School in Philadelphia als auch an der Yale University über die europäische Wirtschaft referierte.

Unvermeidlich, dass ich mit den Menschen in diesen Ländern über den Euro diskutierte, und dies nicht im *Small Talk*, sondern erregt, emotional: Sie wollten wissen, was ich von der europäischen Währung hielte, und ich ließ mir erklären, wie das Ausland dazu steht. Fast überall herrscht Verwunderung, ja Staunen über uns: Man kann kaum glauben, dass die Deutschen sich anstandslos dem Diktat von Paris, Brüssel und der EZB beugen, obwohl es nicht zu ihrem Vorteil ist. Man staunt darüber, wie wir auf die uns zustehende Führung in Europa verzichten, um uns stattdessen von anderen gängeln, um nicht zu sagen an der Nase herumführen zu lassen. »Warum lasst ihr euch das alles gefallen?«

Die nächsten Fragen, die ich überall zu hören bekam: Wie lange kann das noch gut gehen? Gibt es bei euch nur Merkels und Schäubles, die erst einmal zögern und zaudern, bis sie doch jeder Zumutung nachgeben, als hätten sie nur bis 100 gezählt? Gibt es denn in Deutschland nur Parteien, denen die Einheitswährung wichtiger ist als die Wettbewerbsfähigkeit Europas und des eigenen Landes? Gibt es keine Partei, die sich den Interessen der Bürger verschrieben hat? Ich pflegte dann auf meinen französischen Freund zu verweisen, der vom deutschen »Nationalmasochismus« gesprochen hat. »Leider muss ich ihm recht geben«, sagte ich. »Bei uns herrscht die Lust an der nationalen Selbstverleugnung.« Meinen Gesprächspartnern war das nicht neu – neu war höchstens, dass ein Deutscher es sagte.

Allgemein bekannt ist auch, dass die anderen nordeuropäischen Länder, die ähnlich gerupft werden, viel selbstbewusster agieren. Wie schon erwähnt, haben sich die Finnen erst bereit erklärt, für Griechenland zu bürgen, als Athen ihnen seinerseits Pfänder in Form von Anlagen mit AAA-Wertung überschrieb. Und auch in den Niederlanden gibt es eine stattliche Opposition gegen den Euro-Kurs der Selbstaufgabe.

In Österreich gibt es das »Team Stronach«. Dessen Gründer Frank Stronach wehrt sich gegen die schwindelerregende Euro-Rettungspolitik, was auch in Deutschland schon zu einiger Aufregung führte. Ganz unerwartet erhielt ich einen Anruf. Ich solle einmal nach Wien kommen, er wolle mich kennenlernen. Warum nicht?, dachte ich. Im Aufsichtsrat der Conti hatte ich schon manches Erstaunliche über diesen Österreicher gehört, der in Kanada sein Glück, oder sagen wir es vorsichtiger, sein Vermögen mit einem Wettbewerber von Conti gemacht hatte. Frank Stronach ist ein Selfmademan alter Schule. Er kam 1954 mit 200 Dollar in der Tasche in seine neue Heimat und wurde zum Gründer eines der größten Automobilzulieferer weltweit, Magna International, mit heute 90 000 Mitarbeitern. In *Forbes* wird sein Vermögen auf 1,2 Milliarden Dollar geschätzt.

Aber nicht dem eigenen Geld gilt seine politische Leidenschaft, sondern dem Geld seiner Landsleute, dessen Wert er durch den Euro und die damit verbundenen Rettungsmaßnahmen bedroht sieht. Der kanadische Topunternehmer wurde nach seiner Rückkehr zum österreichischen Top-Patrioten. 2011 gründete er ein »Institut für sozialökonomische Gerechtigkeit«, das politische Reformen in seiner Heimat fordert: Schuldenbremse, *Flat Tax*, Abbau von Bürokratie. Noch wichtiger ist ihm, dass den Zentralisierungstendenzen der EU die nationale Souveränität entgegengestellt wird, verbunden mit einer Stärkung der Marktwirtschaft und des Wettbewerbs. In großen Zeitungsanzeigen forderte er 2012 nicht weniger als eine »Revolution in Österreich«. Das eigentlich Revolutionäre an der Partei, die im September 2012 gegründet wurde, war aber das Ziel einer Rückkehr Österreichs und der anderen Euroländer zu ihren nationalen Währungen.

Nach meiner Ankunft in Wien führte mich Frank Stronach durch den Park, den er in der Nähe gegründet hat, mit einem wunderschönen Teich in der Mitte und Häusern, die aussehen wie amerikanische Villen und nicht wie unsere standardisierten Einfamilienklötze und steril-weißen Wohnkisten. Es war wie eine Welt für sich. Und das ist keine Frage des Preises, sondern des Willens und der Fantasie, die dahinterstehen.

Ich habe lange in den Vereinigten Staaten gelebt, und tatsächlich fühlte ich mich im Stronach-Park in unsere dortige *community* in Greenwich, Connecticut, zurückversetzt. Nur dort und in Kanada findet man solches Landschafts- und Wohndesign, bei dem Häuser, Gärten, Golf- und Tennisklubs samt Klubhäusern, dazu ein See mit Ruderbooten und schön angelegte Uferwege prächtige Ensembles bilden. In den USA werden solche Anlagen mit riesigen Baumaschinen förmlich aus dem Boden gestampft, während in Deutschland tausenderlei Bau- und Umweltschutzbestimmungen die Realisierung solcher landschaftsarchitektonischen Träume verhindern.

Stronach erzählte mir, ihm sei aufgefallen, wie die Zweifel seiner Mitbürger am Euro wuchsen. Denn da die Einheitswährung nicht aus eigener Kraft überleben kann, sondern mit Milliardenrettungsschirmen mühsam am Leben erhalten werden muss, so meinte er, wird irgendwann der »Tag der Wahrheit« kommen. Das, wofür man scheinbar nur gebürgt hat, wird dann als reale Zahlung fällig werden. Als könne diese Notwendigkeit nie eintreten, »schnürt« die Politik in aller Ruhe ihre Rettungspakete und tut, als hätte das mit einem selbst gar nichts zu tun.

Um die drohende Gefahr von seinen Mitbürgern abzuwenden, gründete er das Team Stronach, seine Pro-Österreich- und Anti-Euro-Partei. Nachdem wir im Klubhaus seiner Anlage mit Blick auf den See gegessen hatten, erklärte er mir, wie er im letzten Abschnitt seines Lebens – er ist über 80 – politisch noch einmal etwas bewegen will. Und das scheint bereits zu funktionieren. In den Umfragen kommt seine Partei auf rund 10 Prozent.

Im Anschluss an das gemeinsame Mittagessen traten Stronach und ich gemeinsam bei einer Veranstaltung in Wien auf. Ich erklärte meine Idee eines Nord-Euro, worauf er zu meiner Verblüffung sagte, diese Lösung wäre noch besser als die Rückkehr zum Schilling – vorausgesetzt, sie ließe sich durchsetzen. Andernfalls sei die Landeswährung immer noch dem Schulden-Euro vorzuziehen. Wie mir auffiel, sind viele Österreicher, im Gegensatz zu deutschen Politikern, durchaus aufgeschlossen für den Nord-Euro. Auch FPÖ-Chef Heinz-Christian Strache hat die Idee überzeugt und, so der Wiener *Kurier*, »er propagiert sie«, seit er sie kennengelernt hat.

Frank Stronach hat mich beeindruckt mit seiner Verbindung aus amerikanischer Lockerheit – »call me Frank« – und der

»altmodischen« Liebe zu seinem Vaterland. Dagegen wirken unsere Berliner Politiker grau und eindimensional. Wenn diese oder die ihnen hörigen Medien bereits schimpfen, Stronach sei »populistisch«, kann ich ihnen dazu nur sagen: Diese Art von »Populismus« kommt dem Ideal der Demokratie näher als eure *Political Correctness*. Im Gegensatz zu euch hat der Mann nämlich seinen gesunden Menschenverstand, den *Common Sense*, bewahrt. Und wenn ich das sage, schwingt sogar etwas Neid mit. Denn einen Stronach haben wir bei uns nicht.

4. Die »Alternative« zur Alternativlosigkeit

Schon immer habe ich mich über Angela Merkels Machtwort geärgert, die Euro-Rettung sei »alternativlos«. Das Wort erscheint mir absurd. Es gibt nichts, zu dem sich keine Alternative finden ließe, nichts, das nicht irgendwie umkehrbar wäre. Nichts, außer dem Tod.

Durch ihre Behauptung der Alternativlosigkeit will die Kanzlerin nur die Idee zementieren, dass gerettet werden muss. Zugleich will sie davon ablenken, dass diese edle Tat unangenehme Konsequenzen haben wird. Denn wenn etwas zwingend geschieht, muss man über die ohnehin unvermeidlichen Folgen nicht nachdenken. Man muss nicht einmal wissen, dass es überhaupt Folgen gibt.

Auch die österreichische Regierung hat sich für diese »Augen zu und durch«-Politik entschieden. Und zum Glück hat sich ein Frank Stronach gefunden, der sich dem mit aller Kraft widersetzt. Bietet Stronach die Alternative für Österreich, so tut dies für Deutschland die Alternative für Deutschland. Sie ist heute die einzige Partei, die das »für Deutschland« auch verdient. Kein Wunder, dass sie von den anderen Parteien weitgehend ignoriert, von den Medien als Sammelbecken weltfremder Professoren und Rechter disqualifiziert wird. Denn etwas für Deutschland zu tun, kommt in Deutschland nicht gut an. Als Weltmeister der Selbstverleugnung will man einfach nicht dulden, dass eine Partei den Kopf erhebt und sagt: Es ist legitim, seine Interessen zu verteidigen, selbst wenn es deutsche sind.

Und wie kam ich zu der neuen Partei? Wie gesagt, habe ich seit Jahren eine Alternative zu unserer geölten Politikmaschine in Berlin gesucht. Dort herrscht der parteiübergreifende Konsens, dass Euro-Rettung vor Europarettung geht. Auch die Opposition kritisierte nicht die Milliardenbürgschaft für Griechenland, sondern allenfalls, dass sie »zu spät kam«. Ginge es nach Rot-Grün, würden wir unser Geld noch schneller verschenken, unsre Souveränität noch früher auf dem Altar Europas opfern.

Mein Buch *Rettet unser Geld!* entstand als Antwort auf dieses verstörende Unisono des Bundestags, unseren »Nationalmasochismus«. Konkret ausgelöst wurde es durch die europäische Entscheidung, die von den Deutschen geschaffene *No-bail-out*-Klausel zu kippen. Statt eine Brandmauer zu errichten, sorgt man jetzt für Funkenflug.

Ich weiß nicht, ob man im heutigen Deutschland überhaupt verstehen kann, wie verzweifelt ich über diese Entwicklung war. Nicht weniger darüber, dass es bei uns in Europafragen keine Opposition gibt. Und wenn sich in der CDU/CSU je Stimmen erhoben, die sich gegen die Selbstaufgabe wandten, wurden sie erst von Helmut Kohl, dann von seiner Nachfolgerin zum Schweigen gebracht. Dasselbe geschah in der FDP, wo sich einiger Widerstand rührte, worauf Hans-Dietrich Genscher den Dritten Weltkrieg an die Wand malte.

Was das beklemmende Schweigen über die Gefahren der Euro-Politik angeht, herrscht bei uns die ganz große Koalition. Als im Juni 2012 die Abstimmung des Bundestags zum ESM vorbereitet wurde, meldeten sich kritische Stimmen wie Wolfgang Bosbach und Klaus-Peter Willsch in der CDU, Peter Gauweiler in der CSU oder Frank Schäffler in der FDP zu Wort, die ihr Nein ankündigten. Die Reaktion kam prompt. In den Regierungsparteien führte das zu Abstrafungsmaßnahmen: Schäffler verlor seinen Vorstandsjob, klagte mir gegenüber über das veränderte Verhalten seiner Parteikollegen, die ihn plötzlich schnitten.

Über Wolfgang Bosbach, den ich persönlich sehr schätze, wurde Ähnliches berichtet. Das Mobbing ging so weit, dass ein Merkel-Intimus, Kanzleramtsminister Ronald Pofalla, dem Abweichler Bosbach ins Gesicht schrie: »Ich kann deine Fresse nicht mehr sehen!« Diese Grobheit blieb für den Kanzleramtsrüpel folgenlos, und der Eklat wurde dadurch abgedämpft, dass die Kanzlerin den Beleidigten sehr geschickt zum Versöhnungsgespräch bat. Der kroch wieder unter das Federkleid der großen Glucke.

Der ehemalige Erste Bürgermeister meiner Heimatstadt, Henning Voscherau, machte mich darauf aufmerksam, dass ohne Ausnahme alle Abgeordneten der großen Parteien, die im Bundestag gegen den ESM stimmten, ein Direktmandat haben, also nicht über die von der Parteispitze kontrollierten Landeslisten in den Bundestag einzogen. Keiner derjenigen, die über die Landesliste, also gleichsam durch Gnadenakte der jeweiligen Partei- und Fraktionsführung der CSU, CDU und SPD in den Bundestag kamen, stimmte gegen die Euro-Rettung.

Allein dies zeigt, was bei der Euro-Rettung im Parlament wirklich gespielt wird. Die Abgeordneten sind nur ihrem Gewissen gegenüber verantwortlich?

Kein Wunder: Wer sich von den Abgeordneten öffentlich gegen die ESM-Verträge aussprach, wurde drangsaliert, marginalisiert, lächerlich gemacht. Jeder Widerspruch schien schon deshalb absurd, weil diese Verträge, so Angela Merkel, »unumkehrbare Schritte hin zu einer nachhaltigen Stabilitätsunion« seien. An diesem Satz, den nicht nur ihre Partei beklatschte, stimmte nichts: Mit den notorischen Schuldenmachern Südeuropas wird es keine Stabilitätsunion geben, und die angebliche Unumkehrbarkeit gehört in Merkels rhetorisches »alternativlos«-Arsenal.

Im eurobegeisterten Bundestag war die Lage also hoffnungslos, und dies trug nicht wenig zu meiner Verzweiflung bei. Hunderte Volksvertreter finden es in Ordnung, nicht ihr Volk, sondern das Interesse anderer Völker, genannt Europa, zu vertreten. Um dieser Tatsache Gehör zu verschaffen, musste ich mich also weiter nach politischen Strömungen außerhalb des Parlaments umsehen. Mit einem entsprechenden Programm, an dem ich mitwirken wollte, so dachte ich, könnte sich eine Partei entwickeln, die über Mandate im Bundestag Einfluss auf die deutsche Euro-Politik nehmen würde.

Im Januar 2013, inmitten des gärenden Meinungsbildungsprozesses der Freien Wähler, erhielt ich von einem mir unbekannten Professor der Volkswirtschaft an der Hamburger Universität eine E-Mail. In ihr rief er mich, was mir des Öfteren passiert, zur Mitwirkung an einem politischen Projekt auf. Bei dem Absender handelte sich um Bernd Lucke, ein ehemaliges CDU-Mitglied, und das Projekt bestand in einer Wahlinitiative, die zwar mit den Freien Wählern zusammenhing, doch in puncto Euro-Politik eine klarere und entschiedenere Position bezog. Da Lucke mit seinem Vorschlag, die Einheitswährung aufzulösen, meiner eigenen Überzeugung nahekam, sagte ich nichts ahnend zu – im ersten Kapitel habe ich beschrieben, zu welchem Missverständnis in den Medien dies geführt hat.

Obwohl wir also gemeinsame Sache machten, hatten wir uns bis dahin nie persönlich kennengelernt. Der Kontakt lief ausschließlich über E-Mails und Telefonate, zum ersten Mal überhaupt habe ich ihn beim Berliner Gründungsparteitag seiner neuen Partei Alternative für Deutschland im April 2013 gesehen.

Bereits im Januar also hatte Lucke mich für ein konkretes Projekt mobilisiert: Vor der Niedersachsenwahl wollte er zusammen mit den Freien Wählern ein Wahlbündnis organisieren. Dahinter stand die Idee, die mir auch schon einmal gekommen war, dass man die Infrastruktur der Freien Wähler nutzen könnte. Voraussetzung wäre, die Partei selbst für eine alternative Europapolitik zu gewinnen und mit dieser auch in den Landtag einzuziehen.

Die gemeinsame Plattform war schnell gebildet, auf der Liste der Freien Wähler erhielt Lucke Platz 3. Ich selbst beschloss, mich auf die Rolle eines Vordenkers und europapolitischen Beraters zu beschränken. Das operative Geschäft, dem Lucke zustrebte, lag mir einfach nicht. So unterstützte ich das Wahlbündnis, mit dessen Hilfe die Freien Wähler auf Kurs gebracht werden sollten, und bald fanden sich auch die Namenszüge mehrerer Prominenter und Wissenschaftler unter Luckes Projekt.

Das Wahlergebnis war ernüchternd. Die Freien Wähler inklusive Wahlbündnis kamen auf mickrige 1,2 Prozent. Und doch war ihre Wirkung ganz und gar nicht mickrig: Weil viele CDU- und FDP-Wähler für die Freien Wähler votiert hatten, verlor der niedersächsische Ministerpräsident David McAllister die Wahl und Angela Merkel ihre Mehrheit im Bundesrat. Nicht, dass man sich dessen rühmen sollte, denn Niedersachsen war kaum damit gedient, dass Rot-Grün sich nun auch hier breitmachte. Aber es bietet ein schönes Beispiel dafür, welch gewaltige Wirkungen auch mit kleinem politischen Einsatz zu erzielen sind – wenn es auch nicht immer die sind, die man sich erhofft hatte.

Es zeigte sich also, dass man den Großen in die Suppe spucken kann, auch wenn man selbst nichts von ihr abbekommt. Ich zweifle nicht daran, dass es die eurokritische Einstellung des Wählerbündnisses war, die für die Abwanderung der liberal-konservativen Wähler gesorgt hat. Seltsamerweise vermieden es die Medien, denen sonst keine Spekulation zu abenteuerlich ist, über lange Zeit, diese Konsequenz zu ziehen. Ich nehme an, sie wollten nicht.

Wieder kam eine E-Mail von Bernd Lucke. Nachdem es mit den Freien Wählern nicht wie erhofft geklappt hatte, kam er zu der Einsicht, dass seine europakritischen Ideen, die er mit der Wählerinitiative hatte fördern wollen, für diese Partei niemals im Mittelpunkt stehen würden. Ihm wiederum missfiel deren unübersehbare Schwäche beim Wähler. Kurz, er wollte eine eigene eurokritische Partei gründen. Wann, wo und wie sie heißen sollte, verriet er mir noch nicht. Ich hätte es auch vorläufig nicht mitbekommen, da ich, wie berichtet, mit meiner Frau zu einer Reise auf die Galapagosinseln aufbrach. Der Rest ist den Lesern bekannt.

Am 14. April 2013 fand der Gründungsparteitag der Alternative für Deutschland statt – wie gesagt, ich fand den Namen witzig, weil er sich über Merkels »alternativlos« lustig machte. Lucke, der von meiner Abneigung gegen Parteimitgliedschaften wusste, hatte mich vorher telefonisch gebeten, wenigstens als Gast teilzunehmen. Ich zeigte mich auch nicht abgeneigt, obwohl ich mir eigentlich vorgenommen hatte, das gute Wetter zu nutzen und in meinem Dachgarten ein wenig für Ordnung zu sorgen. Der Kompromiss sah dann so aus, dass ich mein Laubfegen, Baumbeschneiden und Algenentfernen morgens und abends unterbrach, um an Luckes Parteitag teilzunehmen.

Zusammen mit Beatrix von Storch, der Betreiberin der erfolgreichen Internetplattform *FreieWelt.net*, die auch gern über politisch inkorrekte Zusammenhänge aufklärt und inzwischen einen hoffnungsvollen Platz 2 auf der Berliner Landesliste der AfD für die nächste Bundestagswahl belegt, fuhr ich am Morgen des 14. April zum Versammlungssaal des Interconti-Hotels, in dem einmal im Jahr auch der berühmte Presseball stattfindet. In der Straße war eine ganze Kolonne von Polizeifahrzeu-

gen geparkt, als rechnete man mit handgreiflichen Auseinandersetzungen.

Ich hatte keine schriftliche Einladung bekommen, dafür hielt
ich einen Zettel in der Hand, den mir jemand am Eingang auf-
gedrängt hatte. Als ich ihn las, dachte ich: Um Gottes willen,
ein Wahlpamphlet der NPD. Einige Schritte weiter erhielt ich den
nächsten Zettel, diesmal von den Republikanern. Die Rechts-
extremen hofften wohl, in diesem Teich fischen zu können.
Welch gefundenes Fressen für die Medien, die dieser armseli-
gen Handvoll von Rechten am nächsten Tag dieselbe Aufmerksamkeit schenkten wie den 1500 Mitgliedern der Alternative für
Deutschland, die sich drinnen versammelt hatten.

Die eigenwillige Motivauswahl der Presse setzte sich im Saal
fort, wo ein älterer Mann mit Bart, eine Deutschlandflagge um
den Bauch gewickelt, begeistert eine zweite schwenkte, als wäre
er bei einem Fußballspiel. Wie er wohl wusste, zog er damit,
obwohl für die Veranstaltung vollkommen irrelevant, die Foto-
apparate und Fernsehkameras geradezu magnetisch an. Das
lächerliche Bild des Jubeldeutschen, das er abgab, bot nämlich
genau das, was man für die Abendnachrichten brauchte. Und für
die Titelseite der *FAZ* am nächsten Morgen.

Die anderen 1499 Anwesenden, die keine Plakate trugen und
keine Fahnen schwenkten, kamen selbstverständlich nicht dagegen an. Ein Lehrbeispiel, wie man die Medien und damit die
Öffentlichkeit an der Nase herumführen kann. Ein wenig Spektakel, und schon hat die Wahrheit keine Chance mehr. Keine
Spur aufrichtiger verhielt sich die FDP, die zu Recht um ihre
Wähler fürchtet. »Nazis und Verfassungsfeinde sind Freunde
der AfD«, behauptete Generalsekretär Patrick Döring dreist.
Und zeichnete für den Fall, dass es die neue Partei in den Bundestag schafft, ein Schreckensszenario. Die durch die AfD betrie-
bene »Isolation« Deutschlands wäre »politisch das Ende Europas
in Frieden und Freiheit«.

Noch bevor ich meinen Platz erreichte, sah ich mich von einer Journalistenschar samt Kameras umdrängt, deren Fragen ich entnehmen konnte, dass sich keiner von ihnen für die Anliegen der neuen Partei interessierte. Man wollte nur eines wissen: Was ich zu dem Vorwurf zu sagen hätte, dass dies hier ein rechtsnationales Sammelbecken sei. Nur das interessierte sie, vermutlich waren sie deshalb von den Redaktionen losgeschickt worden. Meine Antwort dürfte ihnen nicht gefallen haben.

Nachdem ich Platz genommen hatte, konzentrierte ich mich auf den Mann in der Mitte des Podiums, seine Mimik, seine Gesten, die Art, wie er sprach. Ich muss sagen, er beeindruckte mich. Bernd Lucke verfügt zwar über keine politische Erfahrung, aber wie die meisten Ökonomen denkt er klar und verfügt über das Selbstbewusstsein eines von seinen Erkenntnissen überzeugten Mannes. Er hat Ausstrahlung. So umsichtig präsidierte er der Versammlung, dass das drohende Chaos aus Anträgen und Gegenanträgen, wie es für Parteitage üblich ist, ausblieb.

Jeder bemerkte, dass Lucke genau wusste, was er wollte und wie er es seinen Anhängern vermitteln konnte. Er tat dies mit einer Mischung aus Durchsetzungsfähigkeit und einem fast jungenhaften Charme. Er hatte, salopp gesagt, den Laden in der Hand. Und viele mochten das Gefühl haben: Dieser Mann da oben *ist* die Alternative für Deutschland.

Hätten die Medien bei seiner Rede zugehört, wäre ihnen aufgefallen, dass er nicht nur liberale, sondern, etwa in der Asylpolitik, geradezu linke Positionen vertrat. Von rechtem Gedankengut, das man gerne aufgespürt hätte, war er meilenweit entfernt. Wer meine Bücher gelesen hat, konnte ihre Botschaft fast eins zu eins in Luckes Ausführungen wiederfinden. Und wie ich selbst auch, meidet er das bei vielen Rednern beliebte Pathos oder die notorischen Politikphrasen. Nein, Lucke ist nicht der Volkstribun, der die »Volksseele hochkochen« ließ.

Ganz uneitel und ohne großen rhetorischen Aufwand sagte er, was Sache ist, als stünde er als Ökonomieprofessor in einem Hörsaal vor Studenten.

Dennoch wurden seine volkswirtschaftlichen und europapolitischen Äußerungen, so nüchtern sie waren, nach jedem dritten Satz von enthusiastischem Beifall unterbrochen. Noch nie hatte ich erlebt, dass ein Redner nur wegen der schlichten Fakten, die er vortrug, so gefeiert wurde. Es war, als spräche er aus, was allen am Herzen lag. Dafür nannte die Presse ihn dann einen Populisten.

Schon immer frage ich mich, worin eigentlich der im Wort enthaltene Vorwurf besteht. Populistisch – von lateinisch *populus*, das Volk – heißt: dem Volke zugehörig, ihm entsprechend. Nun liegt ja die Besonderheit einer Demokratie gerade darin, nicht das Interesse einzelner Mächtiger, sondern das des ganzen *populus* durchzusetzen. Wenn einer also populistisch spricht, ist das eigentlich grunddemokratisch. Ob seine Rede gut oder nicht gut ist, hängt allein davon ab, ob er nur sagt, was ankommt, oder sagt, worauf es ankommt. In letzterem Fall ist mir ein populistischer Redner lieber als ein Bundestagsabgeordneter, dessen Plenarrede darin besteht, seine Parteimantras abzuspulen.

Nicht nur die Medien, sondern auch die Berliner Politik reagierte säuerlich auf den Newcomer aus Hamburg. Neben dem Vorwurf des Populismus wurde Lucke das Etikett der »Europafeindlichkeit« verpasst, von der es zum dummen Nationalismus nicht mehr weit ist. Wen kümmerte es schon, dass er in seiner Rede klar ausgedrückt hatte, wie wichtig ihm ein funktionierendes Europa ist und dass die Alternative für Deutschland eben auch eine Alternative für Europa bietet – statt Brüsseler Zentralstaat ein Europa der Vaterländer.

Ein anderes Etikett das man sich für Bernd Lucke ausdachte, besagte, dass er ein »Angstmacher« sei. Tatsache ist, dass er klarer als jeder andere Politiker die reale Gefahr benannte, die von den Schutzschirmen und Rettungspaketen ausgeht. Sie alle sind Bürgschaften, in denen unsere Ersparnisse aufs Spiel gesetzt werden. Früher gab es den Ausdruck »einen Wechsel unterschreiben«, und das hieß, sein Schicksal unkontrollierbar mit einem anderen verknüpfen. Rettungsschirme sind Wechsel, die unsere Regierung für uns unterschreibt. Nicht die Warnung davor macht Angst, sondern die blinde Willfährigkeit unserer Politiker.

Kurz vor der Abstimmung über das ESM-Transfersystem veröffentlichte die FDP zur Stützung ihrer Euro-Position einen historischen Aufklärungsfilm: Zuerst wurde die Epoche des Euro gezeigt, dann ging der Film zurück bis in D-Mark-Zeiten, doch dabei blieb es nicht. Plötzlich fand man sich mitten im Zweiten Weltkrieg wieder, und die Botschaft war: Wer die Katastrophe verhindern will, muss den Euro retten.

Lucke, ein »Angstmacher«? Es ist genau umgekehrt: Den Menschen machen jene Angst, die behaupten, ohne den Euro falle Europa auseinander, breche die deutsche Exportwirtschaft zusammen, komme gar der nächste Weltkrieg. Und das behauptet der ganze Bundestag, vom letzten Hinterbänkler bis zur Kanzlerin. Sie alle drohen den Deutschen, ein Abschied vom Euro werde ihre Zukunft ruinieren. Und auch hier ist das Gegenteil der Fall. Scheitert der Euro, gewinnt Europa.

Lucke selbst fühlte sich beim Parteitag in seinem Element. Da ich nur morgens und abends anwesend war, fiel mir die Veränderung auf, die mit der Riege auf dem Podium vor sich gegangen war. Jedem sah man an, dass er stundenlang herumgesessen war und mit Ermüdungserscheinungen zu kämpfen hatte. Heimliches Gähnen wirkte schon beim Hinschauen ansteckend.

Lucke dagegen sah so taufrisch aus wie am Morgen. Keinerlei physische Veränderung, keine Heiserkeit, und immer noch dasselbe Sendungsbewusstsein, das die Versammlung wach hielt.

Man hing an seinen Lippen. Mir kam es sogar vor, als wäre der 50-jährige Ordinarius zum jungen Mann mutiert, der mit unerschöpflicher Energie seinem Steckenpferd nachgeht.

Zu einer richtigen persönlichen Begegnung sollte es auch hier nicht kommen. Bernd Lucke, der Herr im Ring, hat mir nur freundlich zugewinkt, so beschäftigt war er. Und ich dachte mir: An einem geborenen Organisator und Parteichef wie ihm wird die Bonner Politik wenig Freude haben.

So sehr der Parteigründer der Alternative mich beeindruckte, muss ich doch zugeben, dass mir solche Massenveranstaltungen nicht behagen. Schon Gremiensitzungen oder Mitgliederversammlungen stellen eine harte Prüfung für mich dar. Grußbotschaften, Grundsatzreden, das Abarbeiten von Tagesordnungspunkten, das Abzählen von Jastimmen, Neinstimmen, Enthaltungen trieben mich schon beim BDI und der Leibniz-Gemeinschaft zur Verzweiflung. Vielleicht gehört das zu den unterbewussten Gründen, warum ich Parteien am liebsten von außen sehe und sie lieber berate, statt Mitglied zu werden.

So berate ich heute die Alternative für Deutschland, trete auch mal als Redner bei ihren Veranstaltungen auf und spende ihr Geld. Häufig sehe ich mich von der Presse mit dem Vorwurf konfrontiert, man bewege sich in die rechte Ecke. Das ist zwar Unsinn, aber es kommt gut an, wirkt irgendwie überzeugend. Wer »für Deutschland« sagt, muss einfach ein engstirniger Nationalist sein – was für einen Franzosen, der sich an Feiertagen die Trikolore um den Bauch bindet, natürlich nicht gilt.

Ein anderer Einwand ist ernster zu nehmen. Er kommt nicht von den Medien, die die Alternative am liebsten totschweigen würden und, da das nicht geht, als rechtsextrem disqualifizieren, sondern von den Sympathisanten. Obwohl sie sich zu den Zielen der Alternative bekennen, fragen sie sich, ob mit der Teilnahme an der Bundestagswahl nicht eine große Gefahr verbunden ist. »Wenn wir die 5 Prozent nicht erreichen«, so die Argumentation, »fehlen die Stimmen dem schwarz-gelben Lager. Dann bringen wir Steinbrück und Trittin an die Macht, denen es nicht schnell genug gehen kann, deutsches Vermögen in Richtung Süden umzuverteilen.« Bei der Niedersachsenwahl im Januar 2013 hatte sich, wie erwähnt, eine solche paradoxe Wirkung bereits ergeben. Man wählte konservativ und bekam, eben deshalb, links.

Nach Abwägung des Pro und Kontra bleibe ich dabei, dass sich unser Engagement und das Wahlkreuzchen an der richtigen Stelle auszahlen werden. Auch wenn die bekannten Wahlforschungsinstitute und einschlägigen Demoskopen im Fernsehen diese Partei eine Zeit lang dadurch marginalisierten, dass sie sie oft nicht einmal beim Namen nannten, sondern unter »Sonstige« versteckten, stehen die Chancen sehr gut. Aus den Umfragen geht hervor, dass das Wählerpotenzial für diese Partei an die 24 Prozent ausmacht. Und das sind nicht nur »Leihwähler« der schwarz-gelben Koalition, sie kommen auch aus den Wählerlagern von SPD, Den Grünen und Der Linken.

Sehr attraktiv scheint die Partei auch für die größte der deutschen Parteien zu sein, die der Nichtwähler. Haben sie sich vom politischen System verabschiedet, weil es sich parteiübergreifend als »alternativlos« präsentierte, so könnten sie nun, um der Alternative willen, an die Wahlurnen zurückkehren. Gelingt es, einen Teil dieses Reservoirs zu mobilisieren, wird die Alternative nicht nur eine Macht – sie leistet auch einen Beitrag im Kampf gegen Politikverdrossenheit und stärkt damit die Demokratie.

Nehmen wir den Fall an, dass die neue Partei für Deutschland die 5-Prozent-Hürde schafft. Welche Optionen bieten sich ihr dann? Die eine bestünde darin, dass Schwarz-Gelb sie zur Bildung einer Koalition braucht. Dann könnte die Alternative im Koalitionsvertrag europolitische Verbesserungen durchsetzen, mit denen sich der Geldabfluss bremsen ließe. Die andere

Option böte sich, wenn Schwarz-Gelb eine Koalition mit den »antieuropäischen Wirtschaftsbanausen« ablehnte und Merkel sich mit Steinbrück auf eine Große Koalition einigte. Dann böte sich der Alternative für Deutschland die Chance, als einzige Partei im Bundestag nicht nur die Interessen der deutschen Sparer und Steuerzahler, sondern aller ehrlicher Europäer zu vertreten.

Und das, finde ich, wäre den Aufwand wert.

Statt eines Nachworts – ein Traum

Kürzlich saß ich wieder einmal im ICE Berlin–Hamburg–Berlin und überlegte, wie viel Lebenszeit ich wohl in dieser silberglänzend dahinsausenden Röhre schon zugebracht habe. Zu viel, dachte ich zuerst, dann aber: Zwar viel, aber keine Minute zu viel.

Warum? Weil diese eineinhalb Stunden im komfortablen Samtsessel mit verstellbarer Rückenlehne immer auch eineinhalb Stunden Entspannung bedeuteten, Zeit ohne Termine, Zeit zum Meine-Gedanken-Sammeln. Nun saß ich also, sammelte mich und meine Gedanken, lauschte den Fahrgeräuschen, die mich an den Wind im Segel meines Bootes erinnerten, hörte die Klingelgeräusche der Handys, gefolgt von aufgeregten Telefonaten, das Klappern der Löffel auf den Untertassen, das Rascheln der Gratiszeitungen …

Irgendwo zwischen Spandau und Ludwigslust muss es passiert sein. Ich bin eingeschlafen. Es gehört ja zu den Phänomenen der menschlichen Psyche, dass man den Augenblick des Einschlafens, wie auch den des Wiederaufwachens, nicht mitbekommt. Irgendwann »muss« man eingeschlafen sein, und wenn man es bemerkt, ist man schon erwacht.

Ich schlief, ich träumte.

Im Kanzleramt herrschte helle Aufregung. François Hollande hatte angerufen und – nein, nicht mit Krieg gedroht, aber fast:

Es könne nicht so weitergehen wie bisher, dass Deutschland vom Euro alle Vorteile, Frankreich dagegen nur die Nachteile habe. Dass Deutschland sich in der Sonne der Weltwirtschaft bade, während Frankreich im Schatten dahinvegetiere. Schluss damit, von einer *amitié franco-allemande* könne nicht länger die Rede sein. *Tout est fini!*

Angela Merkel war bleich geworden. »Einen Stuhl, Beate«, rief sie. Wie sollte sie das ihrer Fraktion, ihrem Volk und vor allem Helmut Kohl erklären? Wie gern hatte sie als europäische Friedens- und Freundschaftskanzlerin in die Geschichte eingehen wollen. Und jetzt das. Schon sah sie die *FAZ*-Schlagzeile vor sich: »Merkel riskiert offenen Bruch mit Paris.« Oder die Riesenlettern der *Bild*-Zeitung: »Alles aus! Paris stoppt Export von Bordeaux und Camembert!«

Zum Äußersten entschlossen, sprang Frau Merkel auf, riss den Hörer von der Gabel und drückte auf den Selbstwahlknopf für den Élysée-Palast. »Gnade«, rief sie François Hollande zu, nachdem er es zehnmal hatte klingeln lassen. »Ich gebe nach. Deutschland tritt aus dem Euro aus. Ihr könnt mit ihm machen, was ihr wollt!« Sie hörte nur noch ein »Magnifique«, dann wurde aufgelegt. »Beate«, rief sie ihre Assistentin, »was meinte er eigentlich mit seinem letzten Wort?«

Die Medien diesseits und jenseits des Rheins waren sich einig, dass Frankreich nun freie Hand haben würde, die Euro-Zone einer herrlichen Zukunft entgegenzuführen. Kein deutscher Stabilitätswahn mehr! Keine Schuldenbremse! Vor allem würde es nicht länger das deutsche Dominanzstreben geben, gegen das immer mehr südliche Euro-Staaten rebellierten. Frankreich würde mit sanfter Hand führen wie zu Napoleons Zeiten und den Euro schön weich machen. Kuschelweich.

Freudenfeste in Nîmes und Nikosia, Autokorsos in Nantes und Neapel. Helle Aufregung in deutschen Unternehmerkreisen. Es kam zu lautstarken Auseinandersetzungen zwischen den

Familienunternehmen und Sparkassen einerseits, die sich vom Abschied aus dem Euro neue Stabilität erwarteten – und den DAX-Unternehmen und Großbanken andererseits, die ihrem Spitzenexport und den Staatsgarantien (»too big to fail«) nachweinten. Die Flamme des Streits sprang auf den Bundestag über. FDP-Brüderle begrüßte den Austritt als »Eintritt in eine goldene Zukunft«, Oppositionsführer Lucke (AfD) sah sich »in vollem Umfang« bestätigt, während der Noch-SPD-Parteichef Gabriel mahnte: »1933 darf sich nicht wiederholen.«

Am Abend nach einer Kabinettssitzung, die von gewöhnlich gut informierten Kreisen als »turbulent« bezeichnet wurde, trat Angela Merkel, sichtlich erhitzt, in der Gemeinschaftssendung von ARD und ZDF auf: »Michel, was nun?« Moderator Jörg Schönenborn, dem man die Verzweiflung darüber ansah, nicht zu wissen, auf welche Seite er sich schlagen sollte, sprach wertneutral von einer »Schicksalsfrage« und der »Sorge, die wir mit Millionen Zuschauerinnen und Zuschauern teilen«.

In einer gemeinsamen Limousine waren die Altkanzler Helmut Kohl und Helmut Schmidt (»Helmut & Helmut«, wie die Presse witzelte) beim Studio vorgefahren, um ihre schwersten Bedenken anzumelden. Außenminister Genscher, der neben dem Chauffeur hatte sitzen dürfen, verlieh im gelben Pulli und nuschelnd seiner Sorge »vor dem Dritten Weltkrieg« Ausdruck, »bei dem wir nicht so glimpflich davonkommen werden«. Worauf Schmidt einen tiefen Zug aus seiner Zigarette nahm, und bedeutungsvoll einnickte.

Schon am nächsten Tag forderten Sigmar Gabriel und DGB-Chef Sommer in einer gemeinsamen Pressekonferenz, im gemeinsamen Euro zu bleiben und dafür die deutschen Löhne, Gehälter und Renten um 20 Prozent anzuheben, und zwar sofort. Damit sollte, so Gabriel zornrot, »ein Beitrag zur Nivellierung der unsere französischen und südeuropäischen Freunde bedrohenden Produktivitätsunterschiede und damit zum Erhalt des

Einheits-Euro« geleistet werden. Sommer fügte mit der ihm eigenen finsteren Entschlossenheit hinzu: »Mehr Geld, sonst gibt's Ärger.«

Auch der Bundesverband der Industrie legte eine seltene Geschäftigkeit an den Tag. »Hat man übersehen«, so BDI-Chef Grillo, »dass nach Europa 60 Prozent unserer Exporte gehen, die sich jetzt erheblich verteuern werden?« Worauf ihn Bundesbankvorstand Dombret, der strahlte wie selten, auf den »kleinen Unterschied« zwischen Euroland und Europa aufmerksam machte: »Nur noch 36 Prozent unserer Exporte gehen ins Euroland, über 60 Prozent landen außerhalb der Euro-Zone.« Die Nicht-Euroländer Europas kämen hervorragend ohne die Gemeinschaftswährung aus, so Dombret. Zudem würden über 40 Prozent unserer Exporte vorher von uns selbst importiert, und das hieße, sie würden durch die Aufwertung billiger.

In Europa überstürzten sich die Ereignisse. »Wenn die Moffen austreten dürfen«, sagten die Niederländer, »dann wollen wir das auch.« »Wenn die Niederländer austreten dürfen«, sagten die Finnen, »dann wollen wir das auch – ehrlich gesagt, wollten wir das schon längst.« Auf Vorschlag der niederländischen Regierung wurde eine neue Währung gegründet, die nicht, wie ein ehemaliger BDI-Präsident aus Berlin vorgeschlagen hatte, Nord-Euro heißen sollte, sondern Euro-Gulden. Angela Merkel zeigte sich entzückt. Die *Bild*-Zeitung titelte: »Hurra! Camembert und Bordeaux billig wie nie! Deutschland dankt König Willem-Alexander!«

Nach Finnland, den Niederlanden und Österreich, das vergebens mit einem Euro-Schilling liebäugelte, wurden bei der Kanzlerin auch die Nicht-Euro-Staaten Dänemark, Schweden, Polen und Tschechien vorstellig.

Worauf Merkel die berühmte Gretchenfrage stellte: »Wie haltet ihr's mit Maastricht?« Die versammelten Diplomaten hoben ihre Hände zum Eid. Diese Geste löste in dem ebenfalls anwesenden Schweizer Botschafter eine sentimentale Erinnerung aus, worauf er ebenfalls reflexartig die Hand hob. »Ein europäischer Rütli-Schwur«, titelte am nächsten Tag die *Neue Zürcher*.

Am Abend des dritten Tages nach der neuen Zeitrechnung hielt Angela Merkel eine Fernsehansprache. Sie trug zum ersten Mal einen kleinen Button auf der Brust: *Euro-Gulden for peace*, der in den nächsten Wochen ein europaweiter Verkaufshit wurde. »Liebe in Deutschland lebende Mitbürgerinnen und Mitbürger«, sagte sie, wobei ihr das Wort »Deutsche« nicht über die Lippen kam, weil es dazu keine weibliche Form gibt. »Wir stehen vor einer historischen Wende. Entscheidend für ihren Erfolg wird sein, dass es keinen Rückfall in nationalistische D-Mark-Zeiten gibt. Es bleibt Präsident François Hollandes und mein langfristiges Ziel, unsere nun geteilten Euro-Währungen wieder zusammenzuführen, das heißt, sobald die ökonomischen Voraussetzungen gegeben sind.« Manche meinen, ein Zwinkern in ihrem linken Auge bemerkt zu haben, aber das ist ungewiss.

Mit ihrem patentierten Jungmädchenlächeln zog sie dann eine gekühlte Flasche *Moët & Chandon* von unter dem Tisch hervor. Während sie den Zuschauern zuprostete, konnten diese dem Preisetikett entnehmen, dass sich nun selbst Hartz-IV-Empfänger französischen Champagner würden leisten können.

Bei *hart aber fair* sekundierte der Chef der Allianz AG, Diekmann, am gleichen Abend: »Endlich gibt es in Deutschland wieder höhere Zinsen für die Kunden unserer Lebensversicherungen.« Arbeitsministerin von der Leyen betonte, dass die Zeiten der kalten Enteignung der Rentnerinnen und Rentner durch zu hohe Inflation einerseits und zu niedrige Rentenerhöhungen andererseits jetzt vorbei seien. Der Kovorsitzende der Deutschen Bank, Fitschen, verlieh seiner Freude darüber Ausdruck, »dass nun die Politik des leichten Geldes der EZB ein Ende hat«, und schlug als Präsidenten der neuen Nordeuropäi-

schen Zentralbank (NZB) den ebenfalls anwesenden Bundesbankvorstand Dombret vor.

Am nächsten Tag erinnerte der Herausgeber des *Handelsblatts*,
Steingart, in einem auf der ersten Seite seiner Zeitung veröffentlichten Leitartikel daran, dass er eigentlich schon immer
gegen den Einheits-Euro gewesen sei. Finanzminister Schäuble
erklärte am Abend bei *Anne Will*, dass der französische Vorschlag
nichts weiter als eine logische Konsequenz der von ihm verfolg-
ten Währungspolitik sei. »Ist doch klar«, so Schäuble, »dass man
nicht die unterschiedlichen ökonomischen Kulturen den Bedürf-
nissen einer Einheitswährung unterordnen kann!« Umgekehrt
müsse man vorgehen: »Die Währungen müssen den tatsächli-
chen ökonomischen Realitäten entsprechen!« Seiner Politik sei
es zu verdanken, dass mit dem weiter bestehenden Euro für
den Süden und dem neuen Euro-Gulden für den Norden dieser
Selbstverständlichkeit jetzt endlich Rechnung getragen würde.
Dem ebenfalls anwesenden Talkshow-Gast Henkel, der in der
Runde nicht zu Wort kam, warf er vor, dieses Ergebnis durch
»jahrelange unqualifizierte Kritik« verzögert zu haben.

In der Zwischenzeit gab Bundestagspräsident Kretschmann
die Einsetzung einer Wahrheitskommission bekannt, deren Aufgabe es sein soll, mittels öffentlicher Anhörungen die zahllosen
Verletzungen des Maastricht-Vertrages durch frühere Bundes-
regierungen aufzuarbeiten und die Verantwortlichen zur Rechenschaft zu ziehen. Wie bekannt wurde, hat die Schweiz den Ge-
suchen der ehemaligen Finanzminister Eichel und Schäuble auf
politisches Asyl stattgegeben. Über den ebenfalls eingereichten
Asylantrag des ehemaligen Finanzministers Steinbrück sei noch
nicht entschieden.

Was geschah noch? Der britische Premier Cameron sagte, »die
neue realistische Europapolitik« sei *very british*. Das angekün-
digte Volksbegehren über den EU-Austritt würde natürlich ab-
gesagt. Präsident Hollande konnte seinen beeindruckten *Fran-*

çaises et Français mitteilen, dass auch durch den Eintritt der anderen bisher im Nicht-Euroraum verbliebenen Länder Bulgarien, Rumänien und Ungarn der »alte Euro« gegenüber dem »Euro-Gulden« so abgewertet würde, dass französische Produkte von nun an wieder zu wettbewerbsfähigen Preisen auf dem Weltmarkt angeboten werden könnten. Es sei der Entschlossenheit der französischen Regierung zu verdanken, dass die Zeiten sinkenden Wohlstands und steigender Arbeitslosigkeit bald vorbei seien.

Am selben Abend brachten die *Heute*-Nachrichten einen Bericht aus dem ZDF-Hauptstadtstudio von ihrer ZDF-Hauptstadtstudio-Leiterin direkt aus dem Schloss Bellevue, wo Bundespräsident Gauck den eurokritischen Professoren Hankel, Nölling, Schachtschneider, Starbatty, Spethmannn und der Professorin Renate Ohr wegen ihrer Verdienste um Wirtschaft, Wohlstand und Weltfrieden das Bundesverdienstkreuz verlieh, nachdem sie sich ins Gästebuch eingetragen hatten.

Kaum hatte Gauck seine salbungsvolle Laudatio begonnen, wonach die Geehrten »trotz jahrelanger Marginalisierung, Banalisierung und Verleumdung als blutige Amateure« unbeirrt zu ihrer Ablehnung des Euro gestanden hätten – da wachte ich auf, in Altona. Ich war zu weit gefahren. Aber das war das geringste Problem.

Personenverzeichnis